청년창업 길라잡이

극동기술경영연구원

신용하 · 김병찬 · 김명환 · 이상기

A Guide for Startup!

드림플러스
DREAM PLUS

머리말

본서는 일반 예비창업자는 물론, 대학(원) 재학생 등 창업에 관심을 가지고 있는 청년창업자들이 필요로 하는 창업이론 및 실무를 정리한 창업입문서이다.

최근 급격한 경제·산업 전반에 걸친 구조조정이 진행되고 있는 등 새로운 활로를 모색해야 하는 위기상황에 직면해 있다. 이러한 위기상황의 유일한 탈출구는 기업가 정신과 도전정신으로 무장된 기업가의 배출에 있다 하겠다. 한때 우리는 "한강의 기적"이라고 할 만큼 전례없는 경제성장으로 세계 각국의 표준모델로 주목을 받기도 하였다. 그 근저에는 우리의 왕성한 도전정신이 있었음을 깊이 인식할 필요가 있는 것이다. 우리는 창업을 통해 성공한 기업가와 관련한 뉴스의 홍수 속에서 화려한 성공에만 관심의 초점을 맞추고 있는 느낌이 없지 않은 바, 우리는 성공의 기반이 된 각고의 노력에서 새로운 방향을 모색해야 한다.

그 동안 수많은 창업관련 서적이 출간되었으나 그 대부분이 기술형 창업에 초점을 맞추고 있기 때문에 특별한 기술기반이나 노하우를 가지고 있지 못한 청년 창업자들에게는 실질적인 도움이 되지 못한 것이 사실이다. 이에 저자는 기술 중심의 창업에 편중되어 있어 기술보다는 시장 니즈를 충족시키고자 하는 모든 소호 예비 창업자들에게도 충분한 창업정보를 제공하는 한편, 청년창업자의 창업실무능력 배양에 중점을 두고 본서의 구성을 시장형 창업과 기술형 창업으로 구분, 창업유형에 따른 특성을 이해할 수 있도록 함으로써 청년창업자의 창업특성에 따른 성공전략을 수립할 수 있도록 하였다.

이를 위하여 본서는 첫째 창업자의 사업적성, 창업환경·창업아이템과의 상관성, 사업계획서의 수립, 사업타당성 및 재무타당성 등 창업과 관련하여 고려해야 할 사항을 체계적으로 정리하였다.

둘째, 청년창업자들이 사업적성을 분석할 수 있는 적성평가 방법을 제공하여 창업자 스스로 자신의 강·약점을 알아보고 보완할 수 있도록 하였다.

셋째, 창업에 있어서 가장 기초적인 관문이라 할 수 있는 사업계획서 작성에 대한 실례를 시장형 창업과 기술형 창업 등 창업 특성별로 나누어 제시함으로써 사업계획서 작성의 실무안내로서의 기능을 확립하였다.

그 동안 "창업과 벤처", "밀레니엄 실천 창업"에 보내주신 독자 여러분의 격려와 성원에 힘입어 본서를 출간하게 된 점 다시 한 번 깊이 감사드리며 모쪼록 청년창업자의 창업 지침서로 충분히 활용되기를 간절히 바란다.

끝으로 본서가 출간될 수 있도록 도움을 주신 분들과 바쁘신 중에도 좋은 책이 될 수 있도록 세심한 배려를 아끼지 않으신 본 연구원의 여러 연구원 여러분들에게 감사의 마음을 전한다.

2014년 1월

저자 씀

목 차

제1장
창업이란 무엇인가?

1. 정의

창업이란 '새로이 기업을 설립하는 것' 즉, "창업자가 이익을 얻기 위하여 자본을 이용하여 사업아이디어에서 설정한 재화와 서비스를 생산하는 조직 또는 시스템을 구축하는 행위로서 사업은 사업가가 고객이 요구하는 것에 대한 만족을 제공하고 그 보답으로 이윤을 창출해 가는 종합적인 형태"라고 정의할 수 있다.

이는 우리나라 중소기업 창업지원법에도 잘 나타나 있다. 동법에서는 창업의 범위를 [표 1-1]과 같이 ①새로운 기업조직을 설립하는 것, ②기존의 기업이 이제까지와 전혀 다른 새로운 기업조직을 설립하는 것, ③기존의 기업이 이제까지와 전혀 다른 새로운 종류의 제품을 생산하거나 판매하는 일을 시작하는 것으로 정하고 있다.

그러므로 창업은 이윤 창출을 위한 사업의 기초를 세우는 것으로 사업가적인 능력을 가지고 있는 개인 또는 집단이 사업 아이디어를 가지고 사업목표를 세워 적절한 사업기회에 자본・인력・설비・원자재 등 경영자원을 확보하여 재화의 생산 또는 용역・서비스를 제공하는 기업 즉, 하나의 시스템을 구축하는 작업을 의미한다.

이 경우, 시스템이란 투입→변환→산출의 기본적인 구조와 목적성, 상호관련성,

전체성, 통제성을 가진다. 창업도 투입요소, 변환요소, 산출요소가 필요하다. 투입요소로는 사람(Man), 기계설비(Machine), 원재료(Material), 자금(Money)등의 요소를 의미하여 이를 4M이라고 최근에는 사업정보(Information)를 추가하여 4M 1I로 칭하고 있다.

이제까지 수 많은 창업자들이 있었고, 지금도 많은 사람들이 창업준비를 하고 있지만 창업은 남들이 다 한다고 해서, 또 사업아이디어가 좋다고 해서, 어떤 계기가 있다고 해서 무조건 유행처럼 따라 한다고 성공할 수 있는 그런 것이 결코 아니다.

창업은 하기는 쉬우나 창업후 경영성공과 수성에 이르기까지는 매우 어렵다는 점을 인식해야 한다. 실제로 최종적인 성공에 이르기까지는 수많은 난관을 극복해야 한다. 사업성공이 100개의 관문을 아무 탈없이 무사히 통과해야만 비로소 달성될 수 있는 것이라면 창업은 그 첫번째 관문 앞에 서는 하나의 과정에 불과하다 할 수 있다.

따라서 창업을 계기로 들어서는 사업세계는 난관에 봉착했을 때 되돌아 나올 수 있는 길이 봉쇄되어 있는 치열한 승부의 세계라는 사실을 명심하고 사업세계로 들어서는 첫단계인 창업 구상단계에서부터 냉철한 자기분석에 힘을 기울여야 한다.

표 1-1. 중소기업 창업지원법에 의한 창업의 범위

주 체	사업장소	사 례		창업여부
A 개인이	"갑" 장소에서	갑장소에서의 기존사업을 폐업하고	B법인을 설립하여 동종 생산	조직변경
			B법인을 설립하여 이종 생산	창 업
		갑장소에서의 기존사업을 폐업않고	B법인을 설립하여 동종 생산	형태변경
			B법인을 설립하여 이종 생산	창 업
A 법인이	"갑" 장소에서	갑장소에서의 기존사업을 폐업하고	B법인을 설립하여 동종 생산	위장창업
			B법인을 설립하여 이종 생산	창 업
		갑장소에서의 기존사업을 폐업않고	B법인을 설립하여 동종 생산	형태변경
			B법인을 설립하여 이종 생산	창 업
A 개인이	"을" 장소에서	갑장소에서의 기존사업을 폐업하고	B법인을 설립하여 동종 생산	법인전환
			B법인을 설립하여 이종 생산	창 업
		갑장소에서의 기존사업을 폐업않고	B법인을 설립하여 동종 생산	창 업
			B법인을 설립하여 이종 생산	창 업
A 법인이	"을" 장소에서	갑장소에서의 기존사업을 폐업하고	B법인을 설립하여 동종 생산	사업승계
			B법인을 설립하여 이종 생산	창 업
		갑장소에서의 기존사업을 폐업않고	B법인을 설립하여 동종 생산	창 업
			B법인을 설립하여 이종 생산	창 업
A 개인이	"을" 장소에서	갑장소에서의 기존사업을 폐업하고	B법인을 설립하여 동종 생산	사업이전
			B법인을 설립하여 이종 생산	창 업
		갑장소에서의 기존사업을 폐업않고	B법인을 설립하여 동종 생산	사업확장
			B법인을 설립하여 이종 생산	업종추가

주 1. "갑"장소는 기존의 사업장, "을"장소는 신규 사업장으로서 사회통념으로 볼 때 공장확장으로 인정할 수 없을 정도의 거리를 충분히 유지한 경우임.

2. "B"법인은 A가 출자한 법인임.

3. 동종사업의 범위 : 한국표준산업분류의 세분류(4단위)가 같은 업종

4. 이종업종의 범위 : 한국표준산업분류의 세분류를 달리한 업종이 매출액의 50/100을 넘는 경우임.

자료. 김철교·조준희, 「벤처기업 창업과 경영」, 삼영사, 1999. p.48.

2. 창업의 기본요소

창업의 기본요소에는 창업자, 사업아이디어, 경영자원 등이 있다. 창업자는 위험부담은 있지만 그에 상응하는 보상을 기대하여 가치있는 새로운 것을 창조하려는 자, 또는 사업기회를 획득하고 제약된 경영자원을 가지고 사업을 일으키려는 자라고 할 수 있다. 사업아이디어는 무엇을 대상으로 사업을 할 것인가, 어떠한 재화(물건)와 용역(서비스)을 생산할 것인가 등 사업동기에 대한 구체적 아이디어를 의미한다. 경영자원은 인력, 사업장, 설비, 원자재 등으로 구성되며 기술개발, 영업조직의 구축 등 유·무형 자산을 형성하는데 필요하다.

(1) 창업자

창업자란 창업 아이디어의 확보, 사업성 분석, 사업계획의 수립과 실행 등을 주도하는 책임자이다.

창업자는 기업 설립에 필요한 유·무형 자원(Resources)을 동원하고, 이들을 적절히 결합하여(Organize) 기업이라는 시스템을 만들고, 창업 기업이 의도한 대로 기능을 발휘하도록 관리하는(Manage) 역할을 해야 한다.

창업자의 능력·가치관 등은 창업기업의 성패와 효율에 지대한 영향을 미치게 되므로 창업에 있어 가장 중요한 요소라 할 수 있다.

유능한 창업자가 되려는 노력은 창업성공을 위해 필요하며, 그러한 창업자를 양성하려는 사회적 또는 국가적 노력은 해당 사회와 국가의 경제적 발전을 위해서 반드시 필요한 것이다.

(2) 사업아이디어

사업아이디어란 어떤 재화와 서비스를 생산할 것인가 하는 계획을 의미한다. 생산품은 구체적인 형태를 가진 생산품을 재화라고 하며 형태가 없는 무형의 재화를 서비스라 한다. 사업아이디어의 원천은 전문적 기술이나 노하우로부터 나오거나 시장수요로부터 발생되고 있다. 이러한 사업아이디어의 원천이나 형태에 관계없이 사업아이디어가 만족시켜야 할 조건은 사업아이디어에 의한 생산활동 결과가 창업기업이 목표로 하는 수익을 창출할 수 있는 것이어야 한다는 점이다.

좋은 사업아이디어는 쉽게 얻어지지 않으며 끊임없이 노력을 필요로 한다. 우연한 발견이나 취미 등에 의해서 도출되기도 하나 체계적인 사업아이디어의 발굴노력이 필요하다. 예를 들어 삼성전자 반도체 부문의 모부장은 창업을 하기 위해서 약 200개에 달하는 사업아이디어를 검토하고 나서야 비로소 자신에게 맞는 사업아이디어를 찾아냈다고 한다.

로젠넥커와 무어(1987), 게리 헤멀(2001)은 사업아이디어 창출 가능영역으로 다음을 제시하고 있다[1].

[가] 경험(Work Experiences) : 새로운 사업아이디어의 가장 좋은 원천은 작업현장이다. 현재 또는 최근의 경험을 통해 현장 종사자들은 기존제품의 개선, 서비스의 개량, 공장입지의 조정 등에 관한 아이디어를 제공한다. 예를 들어, 신규사업자는 자기가 종사했던 기존 업체의 사업전략을 그대로 답습할 수도 있고, 기존 업체의 단점을 개선하고 이를 차별화한 전략의 구사를 통해 새로운 시장을 개척해 나갈 수도 있을 것이다.

[나] 발명 : 창업자는 발명가들로부터 새로운 아이디어를 획득할 수 있다. 각종 연구소나 대학의 연구기관 등을 통해 발명아이디어를 획득하여 상품화함으로써 신상품을 개발할 수도 있다.

[다] 취미 : 또 다른 하나의 사업아이디어 원천은 취미이다. 그 대표적인 것이 미국의 팬시 엘렌 프로덕트사(Pansy Ellen Products Inc.)의 사례이다. 이 회

---

1) J. G. Logenecker & C. W. Moore, "*Small & Business Management*", 1987. pp.81~83.
G. Hamel, "Leading the Revolution", Sejong Books Inc.

사의 사장인 팬시 엘렌 에스만(Pansy Ellen Essman)은 그녀의 손자를 돌보면서 손자가 엄마의 품이 아닌 곳에서도 보채지 않고 목욕을 잘 할 수 있는 방법을 연구한 끝에 엄마의 체온을 그대로 느낄 수 있는 어린이용 베개를 개발하였고, 이것이 사업으로 연계되어 연간 1천억 달러의 어린이용 목욕기구를 생산・판매하는 커다란 성공을 거두었다. 이외에도 스포츠센터, 꽃배달 전문점 등과 같이 취미가 성공으로 이어진 사례는 많다.

[라] 우연한 발견 : 운좋은 뜻밖의 우연한 발견(Serendipity)이 사업아이디어로 연결될 수도 있다. 우연한 발견은 처음 계획했던 방향성・목표와 다른 것이 발견되는 것으로 창업자의 통찰력・관찰력 그리고 메모하는 습관이 기반이 되며 이러한 기반이 구축될 때 평범한 생활속에서 훌륭한 사업아이디어가 발견될 수 있다. 그 대표적인 것으로는 노벨상 수상자의 이야기에서도 많이 알려져 있으며 기업의 사례로는 소니의 워크맨[2]을 들 수 있다.

[마] 적극적인 제안(심사숙고) : 기업가의 탁월한 통찰력에 의하여 생겨나기도 한다. 이러한 통찰력을 향상시키는 심사숙고의 방법에는 심플(M. L. Cimple)이 제시한 내외 접근법(Inside-out approach)과 외내 접근법(Outside-in approach)의 두 가지 방법이 있다. 전자는 회사내에서 먼저 기술을 개발한 후 기술 및 시장수요에 따라 상품을 개발하는 접근방식이며, 후자는 시장의 수요를 먼저 파악한 후에 기술을 개발하는 접근방식을 말한다.

[사] 비즈니스 모델혁신 : 게리 헤멜(2001)은 사업아이디어는 고객의 불연속점의 해결로부터 독창적인 것이 창출된다고 하였다. 대표적인 예로써 세포라를 들고 있다.

---

2) 자세한 내용은 織畑基一, 日本企業の商品開発, 1999. P.88을 참조.

화장품 사업에서의 비즈니스 개념에 대해 1분 정도만 생각해보자. 고품질의 화장품은 고급 백화점을 중심으로 판매되고 있으며, 이것이 매장 이익의 20% 정도를 차지하고 있다. 화장품 제조업체들은 브랜드별로 전문매장과 직원을 두고 제품 판매와 진열까지 엄격하게 통제한다. 제조업체로부터 급여를 받는 판매원들은 고객의 구매를 자연스럽게 유도하기보다는 일방적인 판매를 위한 훈련만 집중적으로 받으며, 판매 실적에 따른 일정액의 수수료를 받는다. 당신이 어떤 특정한 색상의 립스틱을 사려고 한다고 치자. 조금 전에 본 샤넬 립스틱이 지금 당신 속에 들려 있는 랑콤 립스틱보다 더 연한 핑크인지 아닌지를 가늠해가면서 이 매장에서 저 매장으로 돌아다녀야 한다. 뿐만 아니라 당신은 직원에게 진열장 안에 들어 있는 제품 하나 하나를 일일이 보여달라고 요구해야 한다. 이들의 머천다이징은 고객들이 이젠 거의 당연시하고 있는 "구매시 선물 증정" 방식에 의존한다.

다수의 명품 브랜드를 보유한 LVMH가 최근 인수한 프랑스의 화장품 체인 세포라(Sephora)는 요즘 경이로운 성장을 달성하고 있다. 화장품 사업의 전통적인 규범을 뒤집어 놓았기 때문이다. 세포라 점포를 방문하는 순간 당신은 당신 앞에 벽처럼 우뚝 서 있는 비디오 스크린에 깜짝 놀라게 된다. 고정 급여를 받고 근무하는 판매원들은 모두 검정색의 유니폼을 입고 있으며, 한 짝씩만 착용한 검은 장갑은 섬세한 향수병을 더할 나위 없이 도두라져 보이게 한다. 흑백 대비를 통한 매장내 제품 진열은 단아한 선(禪)적 분위기를 자아낸다. 당신은 이곳에서 미용 관련 단행본,

잡지, 비디오, 번쩍이는 전광판에 씌어 있는 시구(詩句), 그리고 6백개가 넘는 상이한 브랜드를 만나볼 수 있다. 그러나 무엇보다도 놀라운 것은 상품을 진열하는 세포라 만의 독특한 방식이다. 전세계에서 판매되는 모든 향수가 벽을 따라 알파벳순으로 가지런히 진열되어 있으며, 365여 종 이상의 립스틱이 색상순으로 진열되어 있다. 얼굴 및 바디 제품도 제조업체별이 아니라 카테고리별로 진열되어 있다. 당신은 어번 디케이(Urban Decay)의 힙(Hip)에서부터 랑콤의 트레시크(très chic)까지 대중 브랜드와 최고급 브랜드를 동시에 만나볼 수 있다. 판매원은 당신이 선호하는 향수가 어떤 종류인지만 물어본 후, 그와 유사한 향수들을 권해주는 정도이다. 향수는 여러 층으로 진열대에 가지런히 진열되어 있다. 모든 제품을 직접 발라볼 수 있도록 진열대는 완전히 개방되어 있다. 상품을 구매해도 선물 제공같은 것은 하지 않는다. 신(神)대접을 받는 고객들로 북적이는 미(美)의 왕국만이 존재할 뿐이다.

	전통적인 모델	세포라 모델
판매보조원에 대한 수수료	예	아니오
구매시 선물 증정	예	아니오
진열대당 한개의 브랜드	예	아니오
제조업체가 디스플레이를 통제	예	아니오
샘플 사용이 용이	아니오	예
방해받지 않는 쇼핑	아니오	예
제품 비교의 용이함	아니오	예
고객의 주도권	아니오	예

자료. G. Hamel, Leading the Revolution, Sejong books Ins., pp.111~114에서 발췌수록

(3) 자 본

자본이란 기업을 설립하는 데 필요한 금전적인 자원 뿐만 아니라 자본을 이용하여 동원할 수 있는 토지, 기계, 기술자, 원재료 등을 포함하는 포괄적인 의미의 경영자원을 의미한다.

자본은 창업자 자신의 출자에 의한 경우나 창업팀에 속한 사람들이 제공하는 경우 그리고 창업과정과 경영에 직접 참여하지 않는 제3자로부터 조달될 수도 있다. 창업의 가장 큰 장애요인은 창업자금 확보의 어려움으로 아무리 유망한 사업아이디어가 있다고 해도 자금이 없는 아이디어는 사장되어 버릴 수 밖에 없다.

일반적으로 창업시 애로요인을 살펴보면 산업평균적으로 자금조달(39.8%)이 가장 높게 나타나고, 다음으로는 기술인력확보(26.1%), 판매선 확보(11.5%)의 순으로 나타나고 있다.

창업을 위한 자금공급의 필요성은 개인적인 차원 뿐만 아니라 공익적인 차원에서도 그 중요성이 인정되어 여러 가지 지원제도를 운용하고 있으나 기술형 창업에 지원의 중점이 두어지고 시장형 창업에 대한 지원은 상대적으로 빈약한 실정이다.

표 1-2. 창업시 업종별 애로요인

항 목	구 분	자금조달	각종 인·허가	기술인력 확보	판매선 확보
업 종	기계금속	56.9	22.0	14.7	6.4
	전기전자	48.5	14.4	22.7	14.4
	화 학	63.8	17.0	8.5	10.6

3. 창업의 유형

창업의 유형은 기준에 따라 여러 가지로 분류할 수 있다. 즉, 창업동기에 의한 구분, 창업자의 연령에 의한 구분, 기술과 시장을 기준으로 한 구분, 그리고 업종에 따라 제조업 창업, 도·소매업 창업, 서비스업 창업 등으로 구분할 수 있다. 이외에 사업의 신규성, 경영의 독립성, 소유자의 수 등에 따라 분류하기도 하는데 이들 기준에 따라 사업의 분류와 그 특징을 간단히 설명하였다.

(1) 창업동기에 의한 구분

창업을 창업동기별로 구분해 보면 스핀오프(Spin-off), 하이브오프(Hive-off), 모방형, 독자형 등이 있다. 이중에서도 가장 일반화되어 있는 것이 스핀오프형 창업이라고 할 수 있다.

[가] Spin-off형 : 창업자나 동업자가 이전직장에서 착안한 기술적인 아이디어를 독자적으로 사업화를 위한 창업.

[나] Hive-off형 : 대기업 및 중견기업이 중소기업의 규모로 첨단 신기술의 개발에 참여하기 위한 창업

[다] 모방형 : 외국에서 개발된 제품에서 힌트를 얻어 국내 최초로 사업화를 위한 창업

[라] 독자형 : 창업자 또는 동업자가 개인적으로 창안한 발명, 특허 또는 기술적 아이디어를 사업화하기 위한 창업

(2) 창업자 연령에 의한 유형구분

새로운 사업을 시작하는 데는 자금, 창업자의 연령 등 창업자의 내·외적 환경에 따른 여러 가지 제약이 있을 수 밖에 없다. 그 중에서도 가장 큰 제약은 아마도 창업자의 연령일 것이다. 창업성공사례를 조사한 통계에 의하면 창업하여 성공에 이른 기업창업자의 연령층은 25세부터 35세까지가 가장 많은 것으로 나타나고 있다.

이는 동 연령층이 두뇌의 움직임과 신체의 활동이 기민하여, 환경 변화에 재빨리 적응할 수 있기 때문일 것이다. 그러나 나이가 들면 들수록 자신이 쌓아 온 기반위에서만 활동하려는 안정지향적 성향이 강해지기 때문에 40세가 되면 모험정신이 약화되고 신체의 활동도 둔화되며, 50세가 되면 모험정신은 거의 사라지고 극히 신중해진다. 60세가 되면 보수적 성향이 짙어지면서 지금까지 해왔던 일과 전혀 다른 일에 적응하는 것이 매우 어려워지는 시기다. 따라서 퇴직 후의 전업(轉業)이나 재취업은 지금까지의 경험분야나 연관 분야에서 아이디어를 찾는 것이 효과적이다.

이와 같이 창업자의 연령에 따라 창업유형을 구분해 보면 다음과 같이 5가지 유형으로 나눌 수 있다.

[가] 모험창업 : 모험창업에 속하는 연령은 20대이다. 이 연령층은 자기의 전공, 직업과 관계없이 모든 분야에서 도전정신을 기반으로 한 창업을 실행한다. 경험과 지식이 부족한 상태에서의 창업이기 때문에 타연령층에 비해 실패율이 높으나 잠재적 성공가능성 또한 매우 높으며 설령 실패하더라도 재기의 가능성이 높은 것이 특징이다.

[나] 선택창업 : 31세부터 35세까지의 연령층에게는 자신의 적성에 맞는 분야를 찾아서 하는 선택창업이 요구된다. 적성과 기존 업무와의 상관관계를 고려하여 사업아이템을 발굴해야 한다.

[다] 기반창업 : 36세에서 40세까지의 연령층은 기반창업 즉, 사회생활 및 일정 분야에서 자기가 닦아 놓은 기반과 경험을 최대한 활용할 수 있어야 한다.

[라] 전문창업 : 41세에서 50세까지의 연령층은 기존 업무분야에서 20여년 이상의 경험과 전문적 지식 또한 풍부하게 축적되어 있는 연령층으로 학력을 불문하고 자기업무 분야에서는 최고의 실무 전문가라 할 수 있다. 따라서 자신의 전문분야 내에서 창업아이디어를 찾는 전문창업이 바람직하다.

[마] 안정창업 : 51세 이상의 연령층은 안정창업 유형에 속한다. 이들은 사회경륜과 전문지식은 풍부하나 많은 지식이 오히려 행동보다 생각을 깊게 하는 원인이 되기 때문에 모험성이 전혀 없는 안전한 사업분야를 선택하려는 특성을 보인다. 신중한 선택 끝에 창업에 들어가기 때문에 일단 창업한 후에는 다른 연령대에 비해 실패율은 낮으나 창업을 통한 성공가능성이 극히 낮은 특징을 보인다.

그림 1-1. 창업연령, 실패위험성, 경험과 지식정도의 관계

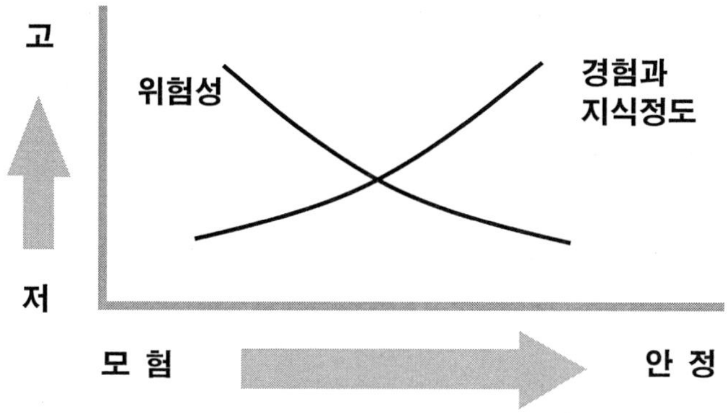

창업연령과 실패의 위험성, 경험과 지식정도의 관계를 살펴보면 [그림 1-1]과 같다. 그러나 여기서 주의할 점은 모험창업이라고 해서 단순히 경험과 지식정도가 낮다고 일방적으로 말할 수 없다는 사실이다. 최근 기술형창업의 경우를 살펴보면 상당한 전문지식을 기반으로 한 창업이 많아지고 있음을 알 수 있기 때문이다.

(3) 사업아이디어 원천에 의한 유형구분

창업자는 사업을 시작하기 전에 자신의 사업체가 어떠한 재화(상품)와 서비스를 생산하여 어떻게 소비자에게 공급할 것인가를 분명히 해 두어야 한다. 왜냐하면 창업의 출발점에 따라 성공가능성이 달라지기 때문이다.

사업아디이어 원천에 의한 창업은 기술과 시장으로 크게 나누어 볼 수 있다. 전문적 기술이나 노하우를 기반으로 한 창업을 기술형 창업(Tech nology-driven inauguration)이라고 한다. 기술형 창업의 대표적인 형태로는 벤처창업을 들 수 있다.

기술형 창업은 제품이나 서비스 창출에 필요한 창업자의 전문적인 지식과 기술이 바탕이 되므로 만약 자동차 제조업의 경우에는 자동차 기술에 대하여 잘 알고 있어야 한다. 이와 같이 기술형 창업의 경우에는 기존 기술은 물론 하이테크기술까지 습득해야 보다 안정적인 창업을 할 수 있다.

사업아이디어의 원천이 시장수요에 기반을 두고 있는 창업을 시장형 창업(Market-driven inauguration)이라 한다. 시장형 창업은 기술과 많은 자본이 필요한 기술형 창업과는 달리 적은 자본으로 시장 및 사회변화에 부응한 참신한 아이디어를 가지고 시장수요에 입각하여 창업하는 경우를 말한다.

시장형 창업의 예로서는 프랜차이즈·소호(SOHO : Small Office Home Office)·소점포 창업 등을 들 수 있다. 시장형 창업에 있어서는 전문적인 지식과 기술보다는 수요가 증명된 기존시장에 진출하거나 또는 기존시장이 가지지 못한 사각지대 즉, 틈새(Niche)시장 등 잠재적 시장수요를 탐색하여 이를 공략하는 것이 효과적이다.

그림 1-2. 사업아이디어 원천과 창업과정

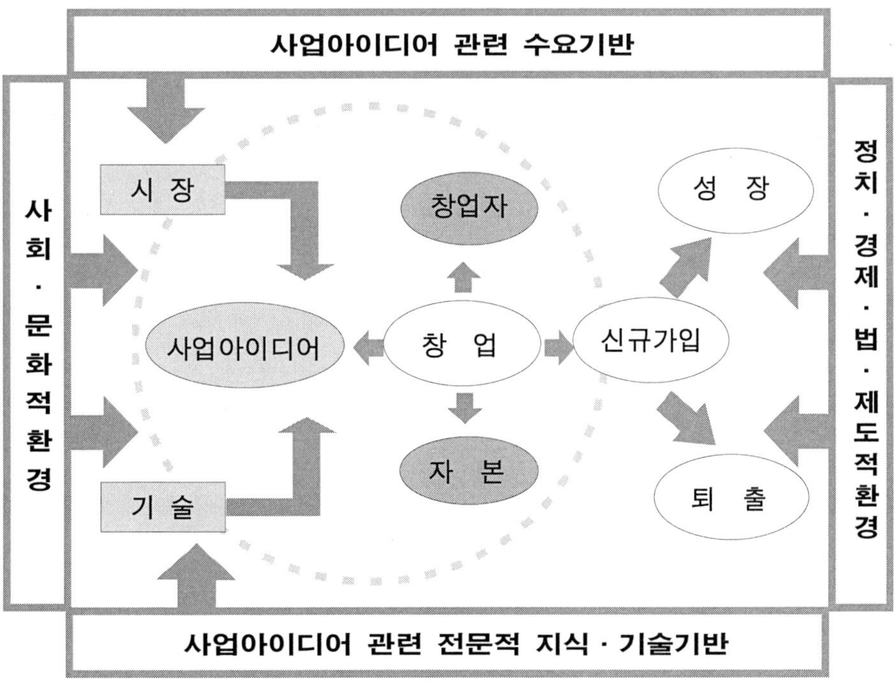

자료. 신용하·이인우·장동훈, 「창업과 벤처」, 1998. p.38.

그러나 기술형 창업 또는 시장형 창업 모두 기술과 시장 어느 한쪽을 완전히 무시할 수 있는 것은 아니다. 기술형 창업이라 해도 소비자의 수요 즉, 시장환경을 전혀 고려하지 않는다면 성공할 수 없고 역으로 시장형 창업이라고 해도 경쟁기업의 상품이나 서비스와 차별화 할 수 있는 기술이 없다면 기업성장에 한계가 있을 수 밖에 없는 것이다.

창업을 계획할 때 창업자의 기술적·시장적 지식수준 정도에 따라 개념적으로 기술형 창업, 시장형 창업, 균형창업으로 구분할 수 있다. 즉, [그림 1-3]과 같이 ① 창업자가 기술적으로 경험과 지식이 전혀 없고 오직 시장수요만을 고려하여 창업하려고 하거나, ②시장의 수요변화, 소비자의 잠재수요 등 시장에 대한 지식이 전혀 없는 상태에서 배태조직에서 터득한 기술·지식만 가지고 창업하려고 하는 경우, ③시장의 수요를 충분히 파악함과 아울러 그것을 실현하는데 필요한 전문적인 기술과 지식을 동시에 보유하고 창업하는 경우로 나누어 볼 수 있다.

그림 1-3. 창업자의 지식수준에 의한 유형구분

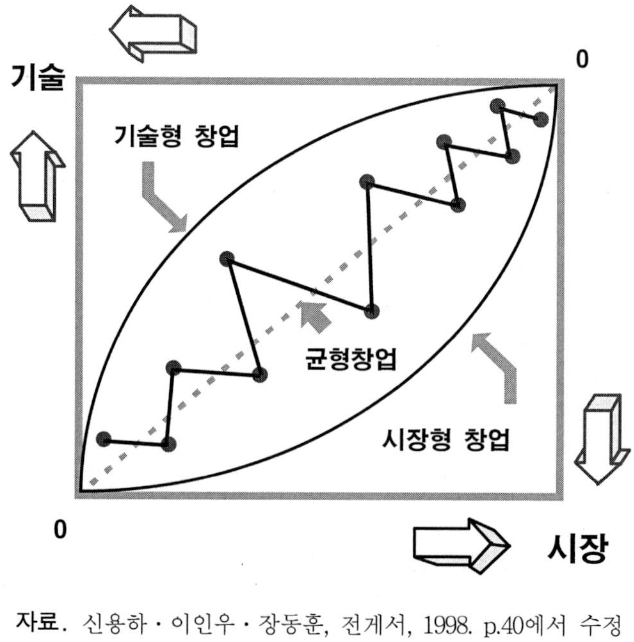

자료. 신용하·이인우·장동훈, 전게서, 1998. p.40에서 수정

창업초기 대부분의 경우 기술·시장적 기반이 어느 한 방향으로 편중된 경우가 많다. 즉, 기술자 출신은 기술적 기반은 갖추고 있으나 시장환경의 파악 등 시장에 대한 지식기반이 미흡한 경우가 많으며 어떤 창업자는 시장의 수요나 소비패턴 등 시장환경 변화에 대해서는 잘 알고 있으나 제품관련 기술에 대해서는 전혀 모르는 경우도 있다. 그러므로 대부분의 창업자는 자신의 취약한 부분을 보완하기 위해 전문기술자 또는 전문경영인을 창업 이전에 보완하려고 한다. 이러한 노력을 기울이는 이유는 기술·시장의 균형점의 탐색 즉, 기술적 능력과 시장환경을 고려한 균형창업이 사업기반 구축과 성장·발전에 매우 중요하다는 것을 인지하고 있기 때문이다.

(4) 산업분류에 의한 유형구분

산업분류에 의하면 산업을 제조업, 음숙 및 서비스업, 유통업 등으로 대별하고 있는데 창업도 이와 같은 기준에 따라 분류해 볼 수 있다.

제조업 창업은 원료를 투입하여 새로운 제품을 만드는 사업을 말한다.

서비스업이란 그 형태가 다양하여 간단히 정리하기는 어려우나 한가지 특징은 제공된 서비스를 원래 상태대로 환원하기 어려운 업종이 이에 속한다고 할 수 있다. 예를 들면, 이발을 한 경우에 고객이 만족스럽지 않다고 해서 그것을 처음 상태로 되돌리기는 불가능하다. 서비스업 분야의 창업은 산업사회가 고도화됨에 따라 그 비중이 증가하고 있다.

유통업 창업이란 도매 및 소매점을 창업하는 것을 말한다.

창업이라 하면 먼저 공장을 연상하는 등 제조업 창업을 생각하기 쉬우나 통계적으로는 제조업 창업보다는 생활과 밀접하게 관련된 서비스업 및 유통업 분야의 창업이 많다. 제조업 창업은 경제적 파급효과가 크기 때문에 그 중요성이 강조되고 각종 지원이 집중되고 있으나 산업의 균형발전을 위해서는 제조업 창업과 서비스업과 유통업 분야의 창업이 상호균형을 이뤄야 한다.

(5) 경영독립성에 의한 유형구분

창업유형을 사업경영의 독립성 정도에 따라서도 구분할 수 있다. 즉, 독립사업과 체인가맹사업으로 나누어 볼 수 있다.

독립사업은 독자적인 상호를 사용하고 원자재 구입, 제공하는 재화와 서비스의 종류를 독자적으로 결정을 할 수 있는 사업을 말한다. 일반적으로 이러한 독립사업이 주종을 이루고 있다.

체인가맹사업(Franchise)이란 체인가맹사업본부(Franchisor)로부터 상품, 경영 등에 대한 전반적 지원을 받는 대신 전반적인 운영・관리 즉, 경영은 체결한 계약에 따라 제약을 받게 된다. 예를 들면, 맥도날드 햄버거점은 “맥도날드”라는 상호의 사용, 원자재의 공급과 경영기술을 지도받는 대신 본부와 계약에 의해 약속한 경영원칙을 지켜야 한다. 즉, 햄버거의 종류・크기・가격・서비스 방법 등에 있어서 점포 주인의 자의로 결정하지 못하고 본부와 약속한대로 해야 한다.

최근에는 많은 소매업 및 서비스업에서 체인가맹점 형태의 사업이 확산되고 있으며 이러한 추세는 앞으로도 상당 기간 동안 지속될 전망이다. 체인가맹점 사업이 성장하는 것은 여러 점포가 동일한 품질・가격의 물건을 취급하게 됨에 따라 규모의 경제(Economics of scale)를 극대화할 수 있을 뿐만 아니라 본부업체와 가맹점이 효과적으로 협력을 통한 경영효율을 높임으로써 수익성과 경쟁력을 배가시켜 나갈 수 있기 때문이다.

(6) 혁신성에 의한 유형구분

창업기업은 혁신성 정도에 따라 혁신창업기업과 모방창업기업으로 나누어 볼 수 있다. 혁신창업이란 기존의 사업과는 기술・경영・제품 등에 있어서 크게 다른 형태의 창업을 의미한다. 예를 들면, 발명품을 사업화하는 경우, 발명품은 아니더라도 신규성이 큰 제품을 생산하고자 하는 창업 또는 경영방식에 있어서 혁신적인 방법을 이용하여 효율이 높은 새로운 기업을 창업하는 경우 등을 혁신창업이라고 할 수 있다.

체인가맹점사업을 시작하는 경우에 흔히 볼 수 있는 소매업, 서비스업, 음숙업과 같이 제품·기술·경영기법 등에 있어서 기존 사업체와 크게 다르지 않은 창업을 모방창업이라고 할 수 있다. 여기에서 한가지 유의할 점은 혁신창업은 우수한 것이고, 모방창업은 열등한 것이라고 단정해서는 안된다는 것이다. 모방창업도 기존 아이디어의 가공, 틈새시장의 공략, 비즈니스 모델의 혁신 등 경영방법에 따라 크게 성공할 수도 있고, 혁신창업도 시장수요의 변화 등 환경에 부합하지 못하면 미미한 성과밖에 기대할 수 없거나 실패하게 된다.

(7) 창업자 수에 의한 유형구분

창업자의 수에 의한 창업유형을 구분하면 단독창업과 공동창업으로 구분할 수 있다. 단독창업은 개인이 제품의 결정, 자금조달, 경영 등을 주도하여 창업하는 경우를 말한다. 공동창업은 단독창업과 달리 2명 이상의 사람이 창업을 공동으로 주도하는 경우를 말한다.

창업기업의 숫자로 본다면, 개인중심 단독창업이 팀중심의 공동창업보다 많은 것으로 나타나고 있다. 단독창업은 책임과 권한의 소재가 분명하고, 의사결정이 신속하다는 장점을 가지지만 자본과 경영기술 등 경영자원의 조달과 운영·관리를 개인에 의존하기 때문에 한계를 가질 수 밖에 없다는 단점이 있다.

팀중심의 공동창업은 구성원들의 견해차가 생길 때 이로 인해 의사결정 속도가 느리고 책임소재가 애매하게 되는 단점이 있는 반면 의사결정의 신중성, 전문화 등의 장점이 있다.

(8) 점포의 유무에 의한 유형구분

점포의 유무에 의한 창업유형은 공장 또는 점포를 가지는 등 일정한 격식을 갖춘 공간을 중심으로 하는 점포중심형 창업과 격식을 갖춘 공간이 없이 거주지의 공간을 이용하는 무점포 창업 또는 소호창업(SOHO)창업으로 구분할 수 있다. 무점포 창업은 큰 규모의 창업자금이 소요되지 않기 때문에 사업자금이 부족한 예비창업자가 고려해 볼만한 창업형태이다. 그러나 무점포 창업은 자본이 적게 소요된다는 장점을 가지고 있으나 성공을 위해서는 창업자의 전문성과 마케팅 능력이 전제돼야 한다는 점을 인식해야 한다. 대표적인 것으로는 정보제공업, 재택근무가 가능한 번역사업, 소규모의 통신판매사업 등이 있다.

제2장

시장 · 기술형 창업의 유형과 특성

1. 시장형 창업의 유형

앞에서 시장형 창업이란 많은 자본과 기술이 필요한 기술형 창업과는 달리 적은 자본으로 시장 및 사회환경 변화에 부응하는 신선한 아이디어를 가지고 시장수요에 입각한 창업이라고 정의하였다.

시장형 창업은 크게 유통형 창업과 서비스 창업으로 구분할 수 있다. 그러나 점포의 소유유무 등 특성상으로 구분하면 시장형 창업은 최근과 같은 경기침체기에 특별한 기술과 자본이 없는 사람들이 꿈꾸고 있는 일반적인 창업유형인 무점포 창업, 소점포 창업, SOHO 창업, 체인가맹점사업(프랜차이즈) 창업 등을 포괄하는 의미이다.

무점포 창업은 점포나 공장이 없거나 거주지의 공간을 이용하여 사업을 영위하는 형태의 창업을 의미한다. 무점포 창업은 점포구입 또는 임대에 필요한 자금이 소요되지 않으므로 자금면에서 매우 효율적인 창업이 될 수 있다. 예를 들면 정보제공업, 번역사업, 소규모의 통신판매사업 등은 점포가 없이도 창업할 수 있는 사업들이다.

소점포 창업은 소규모 점포를 근거로 하여 사업체를 창업하는 것을 말한다. 소점포 공간의 크기는 2~3평에서부터 수백 평까지로 그 범위가 상당히 넓어 구체적으로는 어느 정도 규모의 점포를 소점포라고 하는지 객관적 결정기준은 없다. 하나의 연결된 공간에서 하나의 경영권에 의해서 운영되는 사업장을 소점포라고 할 수 있을 것이다.

소점포 창업의 형태로는 각종 소매점을 비롯하여 음식점, 이발소, 세탁소, 부동산 중개업 등 매우 다양하다. 소점포 창업은 점포의 위치와 고객과 창업자의 인적 유대관계의 형성여부가 성공의 핵심이 된다.

소호(SOHO)는 Small Office Home Office의 약어로 "작은 사무실, 집 (혹은 가정) 사무실"의 의미이다. 그러나 "SOHO가 곧 재택근무"라는 뜻은 아니다. 여기서 말하는 소호(SOHO : Small Office Home Office)는 임대료를 내지 않는 공간 즉, 자기 방이나 창고, 주차장 등을 사업장으로 활용하는 경우를 말한다. 창업관련 비용압박요인이 비교적 적다는 장점을 가지고 있으나 소호창업자는 하고자 하는 사업분야에 전문성을 가지고 있어야 함과 동시에 폭넓은 능력을 가지고 있어야 성공할 수 있다.

한편, 체인가맹점 사업은 일반 개인인 체인점주가 쉽게 해결할 수 없는 사업 운영에 관한 경영 노하우를 본부가 구축·제공함으로써 가맹점주는 편리성과 안전성, 그리고 일반소비자에게는 동일한 서비스 및 브랜드 이미지를 제공함으로써 사업에 대한 안정감과 신뢰성을 주게 되는 획기적인 사업 지원 시스템이다.

체인가맹점 사업은 레귤러 체인, 프랜차이즈 체인, 임의가맹형 자율체인 등 3가지로 구분할 수 있다.

표 2-1. 시장형 창업의 유형

시장형 창업의 유형	**소점포 창업**	•각종 소매점, 건강식품전문점
		•이발소, 세탁소, 염색전문점, 디지털사진관
		•출산용품 할인점, 아동도서 대여점, 어린이 스포츠의류점, 이동의류판매
		•맞춤형 PC방(PC학습방), 향기인쇄점등
	소호 창업	•정보 제공업
		•번역사업
		•소규모 통신판매, 인터넷 쇼핑몰사업
		•결혼준비 대행업
		•반짝탁아(노인외출 동행서비스) 전문점
		•인력파견중개업
		•오토바이택배서비스
		•할인쿠폰업, 즉석경품 복권사업
		•PC출장수리 PC학습방
		•간판, 카펫청소
		•욕실 코팅
		•쇼핑대행업
		•향기인쇄점
	체인가맹점 사업 창업 (프랜차이즈)	•레귤러 체인
		•프랜차이즈 체인
		•임의 가맹형 자율 체인

레귤러 체인은 직영 체인점을 의미하는데 본사가 자본을 투자하고 직원을 직접 파견, 관리하는 형태이며 대표적인 것으로는 피자헛, 켄터기 프라이드 치킨(KFC), 코코스, 베니건스 등이 있다.

프랜차이즈 체인이란 흔히 우리 주위에서 볼 수 있는 일반 체인가맹점 사업을 말하며 임의가맹형 자율체인은 동일 업종의 소규모 점포의 조합에 의해 전개되는 체인형식의 가맹점을 말한다. 이에는 안경점주들의 연합 형태인 “See Channel”이 있다.

시장형 창업은 기술형 창업에 비해 창업절차가 비교적 간단하고 기술이 없어도 적은 자본으로 창업할 수 있다는 장점이 있다. 그러나 시장형 창업에 있어서도 기술형 창업과 마찬가지로 창업자의 적성분석 등 창업자 스스로의 철저한 자기분석과 시장수요 및 사회환경 변화를 고려한 사업계획에 따라 창업이 이루어지지 않으면 결코 성공할 수 없는 것이다.

2. 시장형 창업의 유형별 특성

경기침체가 지속되면서 대다수 자영업자가 어려움을 겪고 있으나 독특한 아이디어로 살려 기존 사업의 틈새를 노려 시장형 창업에 성공한 예도 아주 많다. 그 대표적인 것으로는 가격파괴형 남성전용 이발소, 즉성경품 복권자판기 판매・대여업, 염색전문점, 허브팜 전문점, 파이배달사업, 생과일 아이스크림 전문점, 맞춤형 디지털 사진관, PC학습방, 향기인쇄편의점 등이 있다([표 2-2] 참조).

사업의 핵심 성공요인은 기존사업의 틈새를 겨냥한 사업으로 독특한 아이디어의 활용으로 기존의 비즈니스 모델을 바꾼 것이다. 기존 업종에서 치열한 경쟁이 이뤄지고 있는 상황에서 독특한 아이디어로 승부하는 소자본 창업도 남과 다르게 튀어야 성공할 수 있다. 이에 따라 튀는 마케팅 전략과 공격경영을 해야 어떠한 상권에서도 고객을 확보할 수 있는 지름길을 확보할 수 있다.

[가마솥밥 배달 전문점]

일반적으로 음식배달이라고 하면 자장면, 피자, 치킨 등이 주종을 이루고 있으며 밥을 소재로 한 배달사업은 시작단계에 불과하다. 즉, 기존 배달 전문점 틈새로 파고드는 신규 업종이다.

표 2-2. 시장형 창업의 유형과 아이템별 특성

아이템	사업형태	점포(평)	업 체 명	창업비용
가마솥밥 배달 전문점	점포	7평		6,800만
즉석 경품 복권사업	소호점포가능	-		3,500만
허브팜전문점	점포	5~10평	붉은못허브팜	3,000만
애완동물편의점	점포	10평	나라애견	5,000만
파이배달점	점포	3~10평	파이랜드	2,500만
생과일아이스크림	점포	10평	샤베르	3,800만
건강식품전문점	점포	10평	종근당	2,000만
에스프레소커피	점포	5평 20~30평	로즈버드 할리스	3,500만 1억2천만
염색전문미용실	점포	10평	헤어전사	3,000만
미술방문지도	소호	10평	홍선생교육	천만~3천만
디지털사진관	점포	3평이상 10평이상	노는아이 포토갤러리	1,700만~ 3,000만
맞춤형 PC방	점포	15평이상	정테크놀로지	3,000만
인쇄·포토 복합 전문점	점포	5평이상	바이텍	2,800만
아동도서대여점	점포	5평이상	한국루소아이넷	2,600만
PC학습방	점포·소호	5~8평	하이텔아이스쿨	2,500만
향기인쇄점	소호	재택사업	세항하이텍	500만
출산용품할인점	점포	10평이상	프랜들리베이비	3,000만
어린이스포츠의류점	점포	10~20평	아디다스키즈 등	4천만~5천만
아동의류판매	소호	위탁판매	브리스가	천만~2천만
영어동화방	소호	재택	신화교육,시사영어사	1,000만내외
방과 후 교실	소호	5~10평	독립창업업종	1,000만
반찬전문점	점포	5~10평	장독대	3,000만
야채우동전문점	점포	15평이상	메우리	3,000만
사무편의점	점포	10평안팎	cnb	7,000만
일본식요리주점	점포	20평안팎	삐까삐까	5,000만
칼국수	점포	20평안팎	이조궁중칼국수	3천만~5천만
호프레스토랑	점포	30평안팎	하이트플러스	6,000만
화장실유지관리업	점포·소호	-	크린코리아	1,600만
공동브랜드이사대행	점포·소호	-	옐로우캡	400만
칼슘족발배달업	점포	5~10평	칼모아식품	1,500만
클리닝사업	점포·소호	-	청소네	600만
욕실시트시공업	점포·소호	-	바이오엔	1,000만

자료. 매일경제신문

사업입지로는 대규모 아파트, 주택단지, 상가 · 학교 밀집지역 등이 유망하다. 창업비용은 B급 점포 기준으로 임차료, 인테리어비, 시설집기류 등을 포함해 7,000만원 정도이다.

[즉석 경품 복권 자판기 판매 · 대여업]

즉석 경품 자판기 판매 · 대여**완충 용액의 pH 계산**업은 독립적으로 운영하기보다는 매출부진을 겪고 있는 사업소가 고객을 적극 유치하기 위한 하나의 유인사업으로 부상하고 있다. 가맹점에서 상품을 구입한 고객에게 행운 복권을 나눠주고 고객은 매장 앞에 설치된 즉석 경품 추첨기를 통해 즉석에서 경품 증정이나 제품가격 할인 등 혜택을 받을 수 있다. 창업비용은 프랜차이즈 가맹비, 점포 임차료 등을 포함해 3,500만원 정도다.

[염색전문점]

염색전문점은 톡톡 튀는 N세대 젊은이들의 감각에 어필할 수 있는 염색과 커트를 전문으로 하는 사업으로 10 · 20대 등 인터넷에 익숙한 신세대를 겨냥해 사이버 분위기가 나도록 매장을 꾸미는 것이 중요하다. 또한 개성이 강한 신세대 취향을 고려해 다양한 헤어스타일을 선보일 수 있는 기술을 갖추고 있어야 한다. 다른 미용실에 비해 소액 자본으로 시작할 수 있으며 창업비용은 B급 점포 10평 기준으로 인테리어비, 가맹비 등을 포함해 6,500만원 정도다.

[허브팜전문점]

허브를 원료로 가공한 다양한 상품을 판매하는 사업으로 취급품목은 에센스 오일, 로션, 크림, 샴푸, 린스, 비누, 차 등 약 40~50종에 달한다. 주고객층은 10대부터 40대의 여성이며 아토피성 피부염 등에도 효과가 탁월해 젊은 주부들이 많이 찾는다.

허브제품은 기능성 제품으로 사용용도가 다양하고 선물용으로도 인기가 높아 기념일, 명절등에 매출이 많이 오르는 장점이 있으나 제품특성에 대한 홍보 및 인식부족으로 인해 주고객층은 여성이 대부분이다. 창업자금은 인테리어비와 초도상품비를 포함하여 3,000만~4,000만원 정도이다.

[파이배달사업]

최근 국제화의 영향으로 치킨, 피자, 햄버그 등 다양한 패스트푸드 전문점들이 등장하고 있는데 파이배달 사업도 그중 하나이다.

파이배달사업은 콘치킨파이, 멕시칸파이, 불고기파이, 스틱피자, 새우 및 불고기 퀴사딜라 등 이색적인 패스트푸드를 전화 한통으로 배달시킬 수 있는 업종이다.

중심상업지역의 높은 임대료와 과잉경쟁력을 피해 주택가나 학원가, 오피스가의 5평 점포면 창업이 가능하다. 창업자금은 2,500만원 정도이다.

[생과일아이스크림전문점]

신선한 생과일을 이용해 즉석에서 아이스크림을 만들어 판매하는 사업으로 100% 천연원료를 사용하여 다이어트와 건강에 좋아 젊은 세대는 물론 중년층에도 인기이다.

취급품목은 사과, 바나나, 파인애플, 딸기, 체리, 키위 등 각종 과일을 재료로 만든 30여 종의 생과일 아이스크림 등 매우 다양하다.

창업비용은 7평 표준 점포일 경우 점포임대 비용을 제외하고 약 4,000만원 정도이다.

[애완동물편의점]

다양한 애완동물과 관련된 용품판매·서비스를 결합한 애완동물 원스톱 쇼핑을 겨냥한 업종으로 오프라인과 온라인을 연계한 것이 특징이다.

취급동물은 애완견과 고양이, 새, 햄스터, 이구아나 등 희귀동물까지 다양하며 애완동물의 교배와 분양, 사료와 건강식품 판매, 애견미용 비디오테이프와 책자 발급, 건강검진 서비스, 애견호텔 서비스 등을 한 점포에서 종합적으로 제공한다.

10평 크기의 표준점포일 경우 창업자금은 가맹비, 초도상품비, 집기구입비 등을 포함해 5,000만원 정도이다.

[PC학습방]

PC학습방은 저렴한 가격으로 PC를 이용해 전과목에 걸쳐 예습과 복습을 할 수 있고 토론 학습도 가능한 교육사업으로 본사에서 미리 제작한 강의와 교육 콘텐츠를 가맹점에 공급해주므로 손쉽게 시작할 수 있다.

가맹점주가 하는 일은 회원 모집과 회원 진도 관리 정도이며 재택사업도 가능하며 창업비용은 8평 기준으로 2,000만~2,500만원 정도이다.

[인쇄 · 포토 복합 전문점]

온라인상에서 주문하는 각종 인쇄물 제작과 디지털스튜디오 개념을 접목해 포토관련 상품을 한매장에서 복합 취급하는 사업으로 명함, 청첩장, 이미지 사진 등 다양화 · 고급화하는 홍보관련 제품들을 컴퓨터 디지털 기술을 이용해 소비자 기호에 맞게 다품종 소량제작하는 사업으로 창업비용은 점포임대비용을 제외하고 3,000만원 정도이다.

[맞춤형 디지털사진관]

디지털 사진 전문점은 컴퓨터와 디지털 장비 등을 이용한 첨단기술 응용사업으로 즉석 증명사진과 다양한 캐릭터상품의 제작 · 판매가 주요 사업내용이다. 창업비용은 4~5평 기준으로 점포비용을 제외하고 1,700만원 정도이다.

[향기인쇄편의점]

향기가 나는 특수용지를 이용해 명함을 비롯해 각종 판촉인쇄물을 제작하는 사업으로 특별한 경험이 없어도 창업할 수 있다. 시스템 구입비를 포함해 창업비용은 580만원 정도이며 재택사업도 가능하다.

[출산육아용품할인점]

기저귀, 베개, 캐리어, 보행기 등 출산과 각종 육아용품을 할인가로 판매하는 사업으로 취급품목이 350여 종에 달한다.

10평 규모의 점포를 기준으로 창업비용은 3,000만원 정도이다.

[미술방문교육사업]

회원가정을 주기적으로 방문해 미술실기지도를 하는 사업으로 단계별 미술교육프로그램과 과학적 교재를 중심으로 운영되며 일주일에 120분씩 학생을 방문해 그림을 통해 미술실기 실력향상과 논리적 학습 능력을 키워준다. 창업비용은 10~15평 기준으로 1,000~3,000만원 정도이다.

[궁중칼국수전문점]

조선시대 궁중 칼국수 맛의 재현과 저온숙성, 수타면 기법을 사용해 면이 불지 않는 특성 등 칼국수의 품질은 고급화했으나 가격은 저렴한 것이 특징이다. 점포크기는 15평부터 60평까지 자금사정에 따라 다양하게 선택할 수 있고 창업자금은 점포평형에 따라 3,000만원대부터 시작된다.

[반찬전문점]

맞벌이 부부를 겨냥한 사업으로 밑반찬을 비롯해 김치류, 젓갈류, 조림류, 볶음류, 무침류, 절임류 등 100여 가지의 다양한 일일반찬을 판매한다.

전문 조리장이 반찬을 만들고 점주는 판매만 담당한다. 밑반찬은 체인본사에 공급해준다. 6~8평 기준으로 창업비용은 3,000만원 정도이다.

[팔색야채우동전문점]

밀가루로 만든 획일적인 백색면에서 탈피해 반죽에 시금치, 쑥, 당근, 인삼 등 다양한 자연식품을 첨가해 면의 색상이나 영양소를 다양화한 것이 특징이다. 15~20평 기준으로 창업비용은 3,000만~4,000만원 정도이다.

[일본식 요리주점]

동서양의 다양한 주류와 한국인의 입맛에 맞게 개발된 일본식 요리를 저렴한 가격에 제공하는 사업으로 가격대는 1만원 이하로 푸짐한 양에 비해 저렴한 편이다. 30평 기준으로 창업비용은 6,000만원 정도이다.

[고품격 호프레스토랑]

맥주전문점을 패밀리레스토랑 수준으로 끌어올려 고급스러운 수요를 충족시킨 사업으로 20~40대 직장인이 주고객이다. 20~30평 기준으로 창업비용은 6,000만원 정도이며 최적입지로는 사무실 밀집 지역이다.

[칼슘족발배달사업]

칼슘족발배달 사업은 배달형과 점포형 두가지로 대별되며 매장형일 경우 점포 구입비를 제외하고 10평 점포규모 기준으로 창업비용이 2,000만원 정도이며 배달전문은 1,000만원 정도이다. 최적입지로는 주택가 진입로나 사무실이 많거나 고객밀도가 높은 아파트단지가 가장 적합하다.

[클리닝사업]

물과 세제를 혼합해 얼룩 제거는 물론 살균소독, 건조까지 원스톱으로 해결하는 다기능 세척기를 이용해 청소해 주는 홈클리닝 서비스 사업이다. 창업비용은 기계장비 400만원, 초도물품비 120만원, 교육비 60만원으로 총 580만원 정도이다. 차량구입비는 별도이며 무점포 사업도 가능하다.

3. 기술형 창업의 유형

모든 일에는 그 시작과 끝이 있다. 사업의 경우도 동일하다. 사업을 영위하려는 생각을 가지고 있는 인간이 있는 한 사업(Business)은 새롭게 시작되고 또 사라지는 끊임없는 반복과정을 거치는 것이다.

모든 창업(시장형 · 기술형 창업)은 모험(Venture)에서 시작된다고 할 수 있다. 시장형 창업은 비교적 낮은 위험성과 낮은 수익성 구조를 갖는데 비하여 기술형 창업은 높은 위험성과 높은 수익성이 양립하고 있다는 점이 매력이며 특징이다.

전문적 기술이나 노하우를 기반으로 한 창업을 기술형 창업이라고 한다. 기술형 창업이나 벤처기업은 모두 고위험성과 고수익성의 특성을 지니고 있다.

일반적으로 기술형 창업자를 기업가(Entrepreneur)라 부르며 기업가정신(Entrepreneurship)을 가지고 있는 사람이 창업한 기업을 벤처기업(Venture business)이라고 한다. 또한 벤처기업을 금전적으로 지원하는 사람(기관)을 벤처캐피탈리스트(Venture capitalist)라 한다.

그림 2-1. 기업의 라이프사이클과 벤처기업의 위치

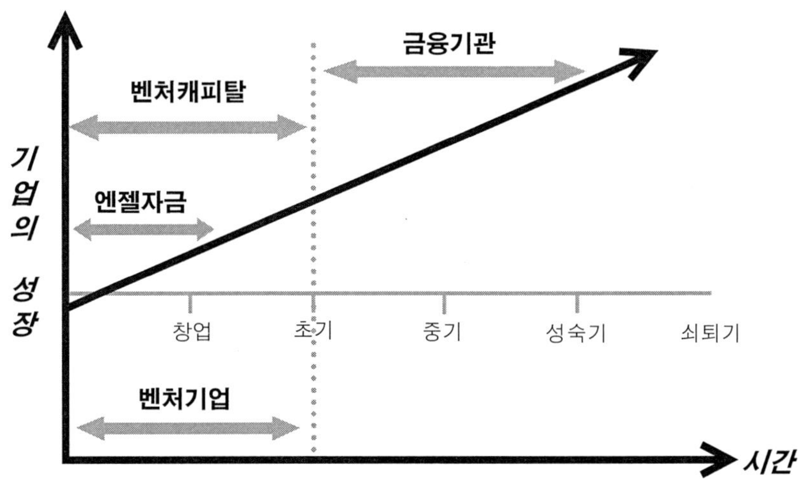

자료. 早稲田大學 Entrepreneur研究會, 「ベンチャー企業の經營と支援」, 1998. p.97.

기술형 창업은 반드시 벤처의 개념을 갖고 있지 않아도 가능하므로 벤처창업을 포함한 개념으로 기술 · 지식을 기반으로 한 기술 · 지식집약적 창업을 의미하는 광의의 개념이다.

(1) 벤처기업

벤처기업이라는 용어는 첨단기술사업(High technology business), 신기술기업(New technology based firm), 위험사업(Risky business) 등 다양하게 표현되고 있으며 우리나라에서는 벤처기업 외에 연구개발형 기업 또는 기술집약적 중소기업 등으로 쓰이고 있다.

그러나 벤처기업은 그 목적에 따라 다양한 정의를 내릴 수 있다. 우리나라는 「벤처기업육성에 관한 특별조치법」에 의하여 다음 항목중 어느 하나에 해당하면 벤처기업이라고 정의하고 있다.

- 중소기업 창업투자회사 및 중소기업 창업투자조합, 신기술사업금융업자 및 신기술 사업투자조합 등 투자총액이 당해 기업 자본금의 100분의 20 이상이거나 중소기업 창업투자회사 등의 주식인수총액이 당해 기업 자본금의 100분의 10 이상인 기업
- 최근 사업연도의 총매출액에 대한 연구개발비의 비율이 100분의 5 이상인 기업
- 특허 또는 실용신안 권리 또는 기술을 사업화하는 기업
- 공업기반기술개발사업의 성과를 사업화하거나 신기술의 사용 또는 지식집약 사업 등으로서 대통령령이 정하는 사업을 영위하는 기업

미국은 「중소기업투자법」에 "위험성이 크나 성공할 경우 높은 수익이 기대되는 신기술, 아이디어의 독립기반 위에서 영위하는 신생기업"으로 규정하고 있다.

일본은 「중소기업의 창조적 사업활동촉진에 관한 임시조치법」에서 "중소기업으로서 R&D 투자비율이 매출액의 3% 이상인 기업으로 창업 5년 미만인 기업"으로 분류하고 있다.

경제협력개발기구(OECD)에서는 "R&D의 집중도가 높은 기업" 또는 "기술혁신이나 기술적 우월성이 성공의 주요 요인인 기업"으로 정의하고 있다.

표 2-3. 벤처기업의 유형

구 분	내 용
파생된 독립적 벤처기업 (Venture Spin-off)	전형적인 형태의 벤처기업으로 창업 이전의 직장, 배태조직(Incubating organization)으로부터 파생되어 나온 사업.
합작벤처 (New Style Joint Venture)	중소 벤처기업이 고도의 기술을 제공하고 대기업은 자본, 판매망, 기술개발 결과의 활용에 역점을 두는 경우.
벤처머징 (Venture Merging)	전략적 필요에 의해 벤처기업을 흡수·합병하여 자회사나 하나의 사업부로 운영하는 경우.
내부벤처 (Internal Venture)	회사 내부에 벤처자본을 준비해 놓고 종업원들에게 사업아이디어를 제안하게 하여 스스로 벤처기업을 운영토록 하거나 또는 이에 참여하도록 하는 방식.
벤처캐피탈 (Venture Capital)	벤처캐피탈은 금융회사로 벤처기업은 아니나 투자를 통한 자본참여를 하기 때문에 넓은 의미에서 벤처기업과 연관된다고 할 수 있음. 벤처캐피탈은 원칙적으로 자본참여만 할 뿐 경영에 참여치 않음.
벤처기업 육성 (Venture Nurturing)	벤처기업에 자본참여를 함과 아울러 경영참여까지 함. 그러나 경영권 확보가 목적이 아니라 벤처기업을 정상적으로 운영하기 위한 과도기적 지원·육성이 목적임.

이러한 정의는 다분히 정책적인 목적에 의한 것으로써 정책적 지원을 위해 벤처기업 여부를 엄격히 구분한다는 것은 기술이 복잡하고 환경변화에 대한 예측이 불가능한 상황에서 다소 무리한 점이 없지 않은 것이 사실이다.

(2) 벤처기업의 유형과 특성

맥크리랜드는 벤처기업의 유형을 [표 2-3]과 같이 독립된 벤처기업, 합작벤처, 벤처머징, 내부벤처, 벤처캐피탈, 벤처기업 육성 등 6가지로 구분[3]하고 있다. 한편, 벤

3) D. McClelland, *The Achieving Society*, Princeton, 1961.

처기업은 그 사업의 수행주체에 따라 다음 [그림 2-2]와 같이 구분할 수 있다.

그림 2-2. 사업수행주체에 따른 기술형 창업의 유형

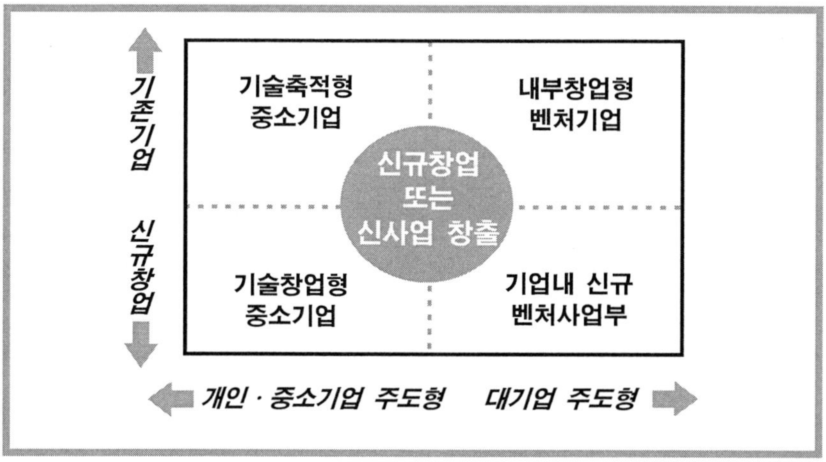

이를 좀더 부연 설명하면 첫째 개인이나 중소기업이 별도의 회사를 창업하는 형태인 기술창업형 중소기업, 둘째 기업 내부에서 사업을 운영하는 기술축적형 중소기업 형태, 셋째 대기업이 독립적인 회사를 설립하는 형태인 내부창업형 벤처기업, 넷째 대기업이 신사업진출을 위한 전략의 일환으로 벤처사업을 영위하는 형태의 기업의 신규 벤처사업부 형태 등이다.

한편, 미국・일본・한국 등 벤처기업의 특성을 정리하면 다음 [표 2-4]와 같다. 우리나라의 경우는 기술집약형 중소기업의 성격을 강하게 띠고 있으며 국내시장에서는 신규성이 있으나 선진국시장에서는 주로 성장기와 성숙기의 사이에 있는 사업이 많아 일반적으로 수입대체상품의 개발이라는 특성을 보이고 있다.

이러한 벤처비지니스의 기술수준, 기술조건은 오히려 우리의 기술 Needs를 잘 반영하고 있다고 할 수 있으나 세계적으로 기술의 신규성 및 첨단성을 가진 사업의 생성이 크지 않은 것은 기술개발능력의 취약성에 그 원인이 있다 할 것이다.

표 2-4. 국별 벤처기업의 특성비교

구 분	미 국	일 본	한 국
대 상 분 야	첨단기술(전자 · 컴퓨터 · 유전공학 · 자동화기기 등)에 약 80% 집중	첨단기술에의 집중도가 24%로 높은 편이 아님 유통부문 및 서비스업에 대한 지원이 상대적으로 큼	한국의 기술수준, 기술조건에서 기술집약제품에 집중
지 원 시 기	기업화 초기단계 34%, 성장단계 54%, 기타 12%	성장단계에의 지원이 많음	국내 시장기준에서 도입기, 성장단계에 집중됨. 선진국 시장기준으로는 성장단계, 성숙단계에 속함.
대 상 기 업	중소기업, 신설기업에 대한 투자 많음	중소기업, 11~15년 경과된 기업에의 투자 많음	중소기업, 신설기업 투자도 있음. 장외등록 직전단계
투 자 회 수 기 간	3~4년 이내 (벤처캐피탈)	5~10년 경과 (벤처캐피탈)	3~7년 정도 (벤처캐피탈)
투 자 성 과	신기술의 상품화, 신시장개척, 산업구조 고도화	신기술의 상품화, 기술개발, 산업조직 활성화	기술개발, 신기술 기업화, 기술집약형 중소기업의 육성

자료. 홍성도, 「벤처비지니스의 이해」, 학문사, 1998. pp.404~425.

제3장

창업의 특성과 자질평가

1. 창업자의 특성과 창업결정 영향요인

(1) 창업자의 특성

창업자란 일정한 수익을 기대하여 위험을 무릅쓰고 사업을 일으키고 경영을 하는 사람으로 정의되고 있다. 창업자의 노력과 창의성은 신제품 및 새로운 형태의 서비스 출현을 가능케 함과 아울러 자본주의 경제체제의 활력소로서도 중요한 역할을 담당하고 있다.

특히, 기술형 기업과 같은 창업기업들이 산업내 고용증대와 기술혁신에 미치는 영향이 커짐에 따라 창업조직의 핵심인 창업자의 역할은 더욱 커지고 있다. 기술형 기업의 성공잠재력은 창업자의 자질과 경험, 사업기회의 매력도와 지속성, 경영자원의 조달 가능성에 의해 결정된다. 특히, 창업자의 자질과 경험은 나머지 두요소에도 지대한 영향을 미치기 때문에 사업 성공에 있어 가장 중요한 요소라고 할 수 있다.

표 3-1. 창업자의 특성

연구연도	연 구 자	특 성
1894	Mill	위험감수
1917	Weber	공식적 권한의 원천
1934	Schumpeter	혁신, 진취성
1954	Sutton	책임감
1959	Hartman	공식적 권한의 원천
1961	McClelland	위험감수, 성취욕구
1963	Davids	야망(독립심 · 책임감 · 자존심)
1964	Pickle	인간관계 · 의사소통능력 · 기술지식
1971	Palmer	위험측정능력
1971	Harnaday와 Abound	성취욕구 · 자율성 · 독립성
1973	Winter	권력욕구
1974	Borland	내적인 통제
1974	Liles	성취욕구
1977	Gasse	개인 가치관의 독특성
1978	Timmons	자존심 · 목표추구성 · 창조성
1980	Sexton	열정적 · 야망
1981	Welsch와 White	자기통제욕구 · 도전의식 · 중간 정도의 위험감수
1982	Dunkelberg와 Cooper	성장지향적 · 독립심 · 장인정신

자료. 이장우, 「벤처경영」, 1997. p.69.

창업자의 특성에 대해서는 [표 3-1]과 같이 그동안 많은 연구가 이루어져 왔다. 19세기의 경제학자인 밀(Mill)은 위험감수, 맥크리랜드(McClelland)는 성취욕구, 그리고 보랜드(Borland)는 내적인 통제, 웰치와 화이트(Welsch & White)는 자기통제욕구, 도전의식, 중간정도의 위험감수 등을 창업자의 대표적인 특성으로 제기하고 있다. 창업자의 대표적인 특성으로 제시하고 있다.

[가] 위험감수(Risk taking)

최근의 많은 연구들은 위험감수 성향을 창업자의 독특한 개인특성으로 지적하고 있다. 위험감수란 근본적으로 신규사업의 설립과 운영과정에 내재되어 있는 특성으로 창업자의 중요한 심리적 특성중의 하나이다.

[나] 성취욕구(Need for achievement)

맥크리랜드(McClelland)는 사람의 행동을 결정하는 근본적인 동기요인[4]으로 성취욕구(무엇인가를 달성하고자 함), 친교의 욕구(타인과 어울리고자 함), 그리고 권력의 욕구(타인을 통제하고자 함)를 제시하였다.

특히, 성취욕구는 창업자의 핵심적 심리특성으로 지적되고 있다. 즉, 성취욕구가 높은 사람은 문제해결을 위해 주도적으로 나서려 하고 목표를 제시하며 그 목표의 달성을 위하여 열정적으로 노력하는 성향이 있다는 것이다.

[다] 내적인 통제(Internal locus of control)

일상적으로 발생하는 일은 운과 우연으로 인하여 해결되거나 통제되는 것이 아니라 창업자 자기 스스로 통제할 수 있다고 믿는 성향을 의미한다. 즉, 운명론자가 아니라 자유실천의지가 강한 성격을 의미한다.

이러한 개인특성은 새로운 것을 만들어 내고 경영장애 요인들을 극복하는데 필요한 힘과 의욕을 가져다주기 때문에 새로운 일을 창의적으로 실현하여야 하는 창업자의 본질적 특성에 부합한다고 할 수 있다.

위의 세가지 특성은 창업자의 개인특성의 핵심이 되는 것이다. 그러나 이것들이 실제로 다른 일반 경영자와 창업자를 뚜렷하게 구분할 수 있는 특성이라고 말할 수는 없다. 왜냐하면 창업자들이 실제로 다른 경영자들보다 이러한 특성들을 많이 가지고 있는지에 관하여 기존의 연구결과들이 서로 일치하지 않기 때문이다.

(2) 창업결정의 영향요인

창업자의 창업 결정에 영향을 미치는 외적인 환경요인으로서는 일반적으로 창업자의 가정환경, 교육수준, 연령, 이전 직장에 대한 불만족 등 네가지를 들고 있다. 이를 좀더 구체적으로 살펴보면 다음과 같다.

---

4) D. McClelland, *The Achieving Society*, Princeton, 1961.

[가] 가정환경

형제간의 서열, 성장환경, 부모의 직업 및 가정분위기 등이 창업자의 창업결정에 영향을 미친다는 것이다.

예를 들면, 창업자들은 첫째로 태어나는 경우가 많으며 이 경우 특별한 관심을 받고 자라기 때문에 자기신뢰감과 같이 창업에 도움이 되는 개인특성을 상대적으로 많이 소유한다는 것이다. 그러나 이에 관한 실증적 연구의 뒷받침은 아직 충분하지 못한 편이다. 특히, 가정의 첫째 자녀로서 부모에 대한 책임감이 강한 우리사회에 비추어 보면 오히려 첫째보다는 둘째로 태어나는 경우가 위험을 감수하는 모험성이 강한 것으로 나타나고 있다. 부모가 자영업을 영위하거나 창업자인 경우, 그 자녀 역시 사업가로 성장할 가능성이 많다고 한다.

[나] 교육수준

창업자의 교육수준에 대한 많은 연구들은 그 동안 상식적 수준에서 제기되어 온 기존의 주장들을 반박하고 있다. 즉, 창업자들의 교육수준은 평균적으로 낮으며 그러한 사회적 결점을 보완하기 위해 기업을 일으킨다는 주장은 사실이 아니라는 것이다. 실제로 창업자들의 평균 교육수준은 높은 편이며 특히, 기술 및 지식집약형 기업의 창업자는 석·박사학위를 소지한 고학력자가 많은 것으로 나타나고 있다.

[다] 연 령

창업자들 평균연령은 다양하나 대체적으로 20세에서 50세의 연령층이 대부분인 것으로 조사되고 있다. 특히, 남자의 경우 30세 초반에 처음 기업을 창업하는 경향이 많으며, 여성의 경우에는 이보다 다소 늦은 30세 중반이 많다고 한다. 그러나 약 20% 정도는 40대 이상에서 창업하고 있으며 60대에 들어와 창업하는 경우도 적지 않다.

[라] 이전 직장에 대한 불만족

창업자들은 이전 직장내에 만연되어 있던 도전의욕의 상실, 느린 성장, 관료적 분위기, 직무 불만족 등의 해소를 위한 탈출구로서 창업을 결심하는경우가 많다. 이와 같이 배태조직인 전직장에 대한 불만족은 성취욕구가 강한 사람일수록 많이 느끼며 자신의 불만족을 창업으로 바꾸는데 촉매 역할을 하는 것으로는 투자재원의 유용성, 개인의 자기실현 욕구, 창업을 지원하는 사회적 분위기, 적절한 경험 등을 들 수 있다.

2. 성공·실패한 창업자의 특성과 능력

중소기업 특히, 창업초기의 기업은 대부분 개인기업의 형태를 취하며 법인 형태를 취하고 있는 기업도 소유자가 창업자인 경우가 대부분이기 때문에 창업자 개인의 특성에 의해 크게 영향을 받는다. 이러한 이유에서 창업자가 가지고 있는 자질이나 사업운영 능력은 성패의 중요한 요인이 되며 창업자 사업운영 능력이란 궁극적으로 사업기회를 감지하고 필요한 인적·물적 자원을 동원하여 기회를 실제 결과로 전환시키는 것이다.

따라서 창업자가 창업을 성공적인 사업으로 이끌기 위해서는 창업자 개인이 내적으로 다음과 같은 성격특성과 능력요건을 갖추어야 한다.

[가] 강한 의욕

창업자의 강한 의욕은 일에 열정적으로 몰입하도록 한다. 특히, 창업에는 많은 노력과 열정이 필요하기 때문에 이러한 개인특성은 매우 중요한 역할을 한다. 그러나 열심히 일만 한다고 성공이 보장되지 않듯이 강한 의욕을 가지고 있다고 하여 반드시 성공하는 것은 아니다. 합리적인 계획과 판단이 결여된 채 의욕만 앞세운 결과 실패하는 경우가 많은 것이 사실이다.

[나] 정신적 능력

창업자의 정신적 능력이란 IQ와 지적 능력, 창조적 사고력, 분석적 사고력 등을 의미한다. 창업자는 이러한 정신적 능력에 의하여 사업의 당면문제를 체계적으로 분석하고 창조적인 문제해결책을 제시하며 합리적으로 일을 처리할 수 있다. 이러한 능력은 현실화하는 데 중요한 역할을 한다.

[다] 원만한 인간관계

인간관계란 주로 정서적 안정성, 대인관계 등의 사교성, 타인에 대한 배려, 감정이입 능력 등을 의미한다. 예를 들어, 감정이입 능력이 뛰어난 창업자의 경우 타인의 입장에서 사물을 바라보고 생각하기 때문에 타인의 느낌과 생각을 효과적으로 파악할 수 있다. 이러한 인간관계 능력은 고객과 종업원의 생각과 입장을 이해하게 함으로써 사업운영에 많은 도움을 줄 수 있다. 창업자는 궁극적으로 고객이나 종업원 등 이해관계자들과 좋은 관계를 유지해야 하기 때문에 인간관계 능력은 사업성공에 중요한 요인이 된다.

[라] 의사소통 능력

의사소통 능력은 문서 또는 대화를 통해 자기의 의사를 효과적으로 전달하는 능력을 말한다. 창업자가 사업을 원활하게 운영하기 위해서는 고객, 종업원, 공급자 등 관계자들과 효과적인 의사소통능력을 가지고 있어야 하며 이러한 능력은 성공적 사업운영을 위해 필요한 요소이다.

[마] 기술적 지식

사업 성공을 위해서는 시장의 수요에 부응할 수 있는 제품과 서비스를 공급해야 한다. 그러기 위해서는 기술적 지식이 필요하다. 기술적 지식은 고객이 원하는 제품과 서비스의 제조·판매과정에서 필요한 기술과 기법을 포함한다. 예를 들어 제품 제조기술, 설비 가동기술, 판매기법, 재무분석 기법 등이 그것이다.

[바] 의사결정 능력

창업자가 사업운영과 관련한 의사결정을 시의적절하게 내리는 것은 사업성공에 중요하다. 의사결정은 기업이 가장 적절한 대안을 선택하여 목표에 이를 수 있도록 한다.

[사] 개념적 능력(Conceptual ability)

개념적 능력은 복잡한 현상의 핵심을 간파하고 그것을 간결한 형태로 재구성함으로써 더욱 효과적인 문제해결책을 제시할 수 있는 능력을 말한다.

창업자는 이러한 개념적 능력에 기초하여 아무도 간파하지 못하는 기회를 포착하고 효과적인 전략적 대안을 제시할 수 있다. 또한 조직 전체의 특성과 문제점을 파악하여 조직의 각 부문간 협조를 통한 시너지(Synergy)효과를 발휘하게 한다.

표 3-2-1. 성공한 창업자의 특성

구분	내 용
성공한 창업자의 특성	•**높은 사업 몰입도, 결단력, 인내심** : 사업에 대한 몰입도가 높고 결단력과 인내심이 강하며, 외부의 투자가들도 투자여부의 결정시 사업에 대한 몰입정도를 고려함.
	•**강한 성취욕구와 성장욕구** : 스스로 설정한 도전적인 목표의 달성에 계속적인 노력을 기울이며, 자신의 과거 실적의 초과달성에 목표를 둠.
	•**기회 및 목표 지향적** : 기회를 먼저 포착하여 자원과 전략을 기회에 맞추려는 기회지향적 성향이 있음. 달성가능한 목표의 설정과 목표달성을 위하여 전력투구
	•**주도적이고 책임감이 강함** : 주관적인 문제 탐색과 해결책 제시, 책임감이 강함.
	•**끈질긴 문제해결 노력** : 장애요인에 대한 극복욕구가 강함, 인내심이 강하나 불가능한 일에 대한 단념도 빠름.
	•**낙관적 현실주의와 유머감각** : 외부환경과 자신의 강점, 약점 등에 관한 냉철한 판단 중시. 현실적이나 매사를 긍정적으로 보는 낙관적 자세를 견지함.
	•**피드백의 활용** : 자기잘못의 신속한 파악과 수정. 타인의견 경청, 학습능력이 큼.
	•**계산된 위험감수와 위험의 공유** : 치밀한 계산에 의한 투자 및 위험공유. Out-Sourcing 활용.
	•**지위와 권력에 대한 낮은 욕구** : 권력욕구보다 성취욕구에 의해 행동함. 독재자보다 중재자 또는 협조자의 역할 수행.
	•**정직과 신뢰** : 정직과 신뢰에 의해 장기적 관점에서 인간관계 유지.
	•**신속한 결단과 실천, 인내** : 신속한 결정과 실천을 하나 결과에 대해서는 강한 인내로 기다림.
	•**실패에 관한 적절한 관리** : 실패를 통하여 배우려는 자세가 강함. 비관적 상황에서 낙관을 발견하고 위기 속에서 기회를 발견하는 지혜 발휘.
	•**팀 구축자이며 영웅 메이커** : 열의에 가득찬 팀을 만들어 공동으로 일을 추진함. 관리자들을 영웅으로 만들어 동기를 부여하고 성과 · 배분보다 성과 자체를 중시.

표 3-2-2. 실패한 창업자의 특성

구분	내 용
실패한 창업자의 특성	•불사조형 : 실패는 없다는 태도로 인하여 → 투자가 방만해져 실패.
	•천하무적형 : 항상 남보다 우월하고 어떤 경쟁자라도 제거할 수 있다고 자만하여 경쟁자와 소모적 경쟁.
	•간섭마라형 : 타인의 조언을 기피하며 잘못된 의사결정, 행동・수정기회 상실.
	•즉흥형 : 상황에 따른 의사결정, 대안 모색 불가.
	•운수 탓형 : 모든 것을 운으로 돌림.
	•완벽주의형 : 완벽한 일처리를 지나치게 강조하는 성향으로 소요비용, 시장여건, 타이밍 등을 무시한 결정을 내림.
	•다안다형 : 문제에 관한 해답을 모두 안다는 자만심 가짐. 보다 나은 대안 채택기회 상실.
	•신세 안진다형 : 도움・협조를 받지 않고 모든 것을 혼자 결정・처리하려 함.
	•대충대충형 : 자기 맡은 바 업무를 완결한다는 자세보다는 대충대충 처리함으로써 문제를 크게 만듦.

이와 같이 성공한 창업자는 여러 가지 특성과 능력을 갖추고 있는 것으로 나타나고 있으나 상기 요건만 있으면 사업에 반드시 성공한다는 필요충분조건은 아니다. 성공한 창업자의 특성과 능력은 상당부분 후천적으로 학습이 가능한 것이며 특히, 창업자가 자신의 사업에 대한 강한 동기유발이 있을 때 더욱 빠르게 학습될 수 있는 것이다.

한편, 실패한 창업자의 특성으로는 실패는 없다는 태도로 인하여 투자가 방만해져 실패하는 불사조형, 항상 남보다 우월하고 어떤 경쟁자라도 이길 수 있다는 자만하여 실패를 초래하는 천하무적형, 타인의 조언을 기피하여 잘못된 의사결정을 내리는 간섭마라형, 문제에 관한 해답을 모두 안다고 자만심으로 인하여 보다 나은 대안채택의 기회를 상실하는 다안다형, 타인의 도움이나 협조는 받지 않고 모든 것을 혼자 결정처리하려고 하는 신세안진다형, 자기 맡은 바 업무를 완결한다는 자세보다는 대충대충 처리함으로써 문제를 크게 만드는 대충대충형, 상황에 따라 모든 것을 즉흥적으로 결정하는 즉흥형, 완벽한 일처리를 지나치게 강조하는 성향으로 인하여 소요비용, 시장여건, 시장진입시기를 무시한 결정을 내리는 완벽주의형 등 창업자 자신의 심리적인 불안전성으로 인하여 실패하는 경우가 많다.

3. 창업자 적성평가

창업자의 적성평가는 크게 직장경험이 없는 일반 예비창업자(주부 · 학생창업의 경우 포함)의 적성평가와 직장경험이 있는 예비 창업자의 적성평가로 구분할 수 있다. 무경험 일반 예비창업자의 적성평가는 개인특성에 의한 평가, 적합도 검사에 의한 평가가 있으며 직장경험이 있는 예비창업자는 차별성에 의한 평가를 실시한다.

표 3-3. 창업자 개인특성에 의한 평가방법(Ⅰ)

평 가 항 목	평 점				
	5	4	3	2	1
•다른 사람과 경쟁하기를 좋아한다.					
•보상에 관계없이 성공을 위하여 열심히 경쟁한다.					
•다소 신중히 경쟁하지만 가끔 허세도 부린다.					
•이익을 얻기 위해 주저하지 않고 때로는 위험도 무릅쓴다.					
•업무를 통해 확실한 성취감을 얻는다.					
•일단 결정한 것은 무엇이든 1등이 되고 싶다.					
•전통에 얽매이지 않는다.					
•먼저 일을 시작하고 나중에 의논하는 성향이 있다.					
•칭찬이나 보상보다는 업무의 수행 자체를 중요시 한다.					
•타인의 의견에 구애받지 않고 항상 내 방식대로 한다.					
•과오나 패배를 잘 인정하지 않는다.					
•자발적이며 타인의 말을 듣지 않는다.					
•좀처럼 좌절하지 않는다.					
•스스로 문제에 대한 해결책을 찾아낸다.					
•호기심이 강하다.					
•남이 방해하는 것을 참지 못하며 타인의 명령이 싫다.					
•비판에도 잘 참을 수 있다.					
•일이 완성되는 것을 끝까지 보고자 한다.					
•동료나 부하가 자기처럼 열심히 일하기 바란다.					
•사업지식 습득을 위하여 열심히 독서한다.					

3.1 무경험 일반예비창업자 적성평가

(1) 개인 특성에 의한 평가

바움백(Baumback)과 로여(Lawyer)에 의해 제시된 창업자의 개인특성에 따른 적성평가 방법은 다음 [표 3-3]과 같은 항목으로 구성되어 있다.

평가방법은 창업자의 실제 행동과 전혀 일치하지 않는 경우에는 1점, 상황에 따라 그럴수도 있는 경우 3점, 완전히 일치하면 5점을 주어 총점이 99점 이상일 때는 창업자로서의 적성이 매우 우수하다고 할 수 있고 82~98점 사이에 있으면 우수, 81~66점의 경우는 보통 그리고 66점 미만의 경우에는 창업자로서의 적성이 부족한 것으로 판정하고 있다.

한편, 미국 중소기업청에서 제시하고 있는 개인특성에 의한 평가방법에서는 A가 8개 이상이면 매우 적합, 5~8개이면 우수, 5개 미만이면 창업자로서의 적성이 부족한 것으로 판정하고 있다([표 3-4]).

그러나 창업자가 성공에 이르는 영향요인은 이외에도 수없이 많기 때문에 단지 개략적인 지표로써 참고하는 것이 바람직하다.

(2) 적합도 검사에 의한 평가

딘지(Dingee), 스몰렌(Smollen), 티몬스(Timmons) 등은 창업자로서의 특성과 업무수행에 필요한 요건 등 두가지 요소를 나누어 이를 평가함으로써 2차원적으로 창업자의 적성을 평가하는 방법을 제시하였다.

표 3-4. 창업자 개인특성에 의한 평가방법(Ⅱ)

번호	항목	응답
1	*당신 스스로 시작하는가*	A. 나는 스스로 일을 하기 때문에 남들이 어떻게 하라고 안 해도 된다.
		B. 남들이 시작해 주면 계속 잘 하겠다.
		C. 내가 해야 될 때까지는 안 하겠다.
2	*다른 사람을 어떻게 생각하는가*	A. 나는 사람을 좋아해서 누구와도 잘 지낼 수 있다.
		B. 나는 친구가 많기 때문에 더 필요 없다.
		C. 사람들이 귀찮다.
3	*다른 사람을 이끌 수 있는가*	A. 별 어려움 없이 이끌 수 있다
		B. 내가 그들을 통제한다면 그렇게 할 수 있다.
		C. 마음대로 하게 하겠다.
4	*책임질 수 있는가*	A. 책임을 지고 끝까지 일을 마치겠다.
		B. 내가 해야 한다면 하지만 다른 사람이 책임지도록 시키는 게 좋겠다.
		C. 항상 과시하려는 사람이 있기 때문에 그 사람에게 시키겠다.
5	*당신은 얼마나 훌륭한 조직자인가*	A. 나는 시작하기 전에 계획세우기와 정리하는 것을 좋아한다.
		B. 물건들이 너무 어질러져 있지 않다면 정리하는 편이다.
		C. 나는 물건이 들어올 때와 같이 그대로 놓아 둔다.
6	*당신은 얼마나 일을 잘하는가*	A. 나는 필요한 이상 계속한다. 열심히 일하는 것이 싫지 않다
		B. 나는 장시간 열심히 일하고 충분히 한 후에는 쉬겠다.
		C. 왜 열심히 일하는지 모르겠다.
7	*의사결정을 할 수 있는가*	A. 필요하다면 즉시 결정할 수 있으며 나의 결정은 대게 옳은 것이다.
		B. 시간만 많다면 할 수 있다.
		C. 나는 결정하는 일 따위는 하기 싫다. 그따위는 귀찮다.
8	*다른 사람들이 당신의 말을 믿는가*	A. 물론이다. 나는 거짓말을 하지 않는다.
		B. 그럴려고 하는데 가끔 쉬운 길을 택한다.
		C. 딴 사람이 모른다면 뭐 대수로운 일이냐
9	*집착력이 있는가*	A. 한번 하려고 마음먹으면 기필코 한다.
		B. 내가 시작한 것은 대개 한다.
		C. 일이 잘 안되면 바꾼다. 왜 골치를 썩이는가.
10	*건강은 어떤가*	A. 지칠 줄 모른다.
		B. 내가 하려는 일을 할 만큼의 정력은 있다.
		C. 딴 사람들이 보는 것보다는 허약하다.

자료. Wendell O. Metcalt, *Starting and Managing a Small Business of Your Own*, The Starting and Managing Series, Vol. 1 (3rd ed.), U. S. Small Business Administration, Washington, 1973.

표 3-5. 적합도 검사에 의한 평가방법

구 분	평 가 항 목	평 점	
		1(긍정)	0(부정)
창업자적 특성	•추진력은 풍부한가?		
	•자신이 세운 목표를 달성할 수 있는 자신감이 있는가?		
	•일시적이 아니라 장기적으로 특정 사업에 참여하는가?		
	•금전을 평가의 척도로서 사용하는가?		
	•문제해결에 끈기를 가지고 임하는가?		
	•명확한 목표를 설정할 수 있는 능력과 결단력이 있는가?		
	•자신의 노력으로 성공가능성을 높이는 일에 모험심을 가지고 있는가?		
	•실패했어도 실망하지 않고 문제점을 밝혀내는 능력이 있는가?		
	•피드백을 활용하여 개선점을 파악하고 시정조치를 하는가?		
	•독립심이 강하고 책임감을 갖는가?		
	•주변자원의 활용을 위해 사내외의 상황을 잘 이용하는가?		
업무수행시 필요요건	•자신이 세운 목표와 경쟁을 하는가?		
	•운명을 외적 요인으로 보지 않고 스스로 개척할 수 있는 자신감을 갖추었는가?		
	•불확실성을 불안감 없이 극복할 수 있는가?		
	•사업과 가사를 잘 조화시킬 수 있는가?		
	•창업을 자기 인생의 모든 것으로 보는가?		
	•기업가로서의 창의성과 기술혁신능력이 있는가?		
	•업종에 대한 전문적인 지식은 갖추어져 있는가?		
	•경영팀을 구성할 수 있는 능력이 있는가?		
	•자유경쟁체제에 대한 경제관이 확실한가?		
	•기업윤리관이 있는가?		
	•종합력을 갖추고 있으며, 타인으로부터 신뢰받는가?		

[표 3-5]의 각 항목에 대한 평점은 “0”과 “1”로 구분하여 긍정적일 경우 1점, 부정적일 경우에는 0점을 주어 총점을 구한 후, [그림 3-1]과 같은 적합도 검사표를 이용하여 적합도를 측정한다.

[표 3-3, 4]의 개인특성에 의한 평가방법과 마찬가지로 적합도 검사 역시 절대적인 기준이 될 수는 없으나, 이를 통해 창업자로서의 적성과 자질을 측정할 수 있다. 위의 두가지 요소 중 어느 한 측면에서만 우월한 경우에는 창업자로서의 적합도는 낮은 수준이 되므로 성공적인 창업자가 되려면, 두가지 측면이 모두 우월하게 나타나야 한다.

그림 3-1. 창업자로서의 적합도 검사표

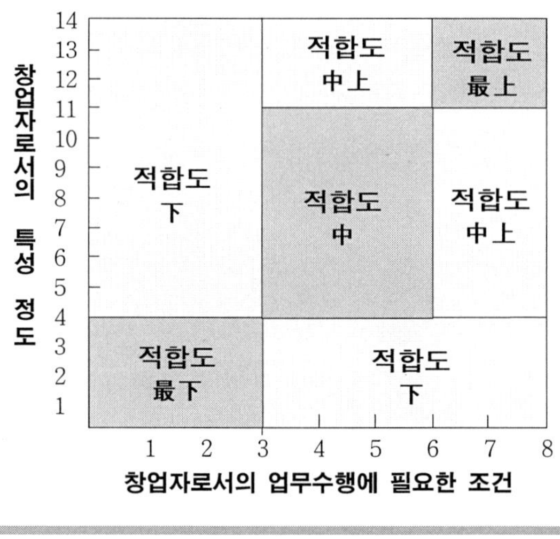

자료. 홍성도, 「벤처기업 창업경영론」, 1998. p.88.

3.2 유직장 경험 예비창업자 적성평가

하버드대학의 도리엇(Doriot)교수는 "창업자는 일반인과 다른 특성을 갖는다. 즉, 창업을 하여 성공으로 이어지기 위해서는 일반인과 분명한 차이가 있어야 한다"고 하였다.

이러한 인간의 차이를 측정키 위해 그는 인간은 「일반인과 차별화하고 싶어한다」 또는 「일반인과 동질성을 유지하려 한다」는 기본적인 충동에 따라 갈등하고 있다는 기본 전제하에 창업자의 적성평가를 하였다[5].

일본창조학회는 도리엇교수와 같이 갈등이론에 입각하여 창업자의 적성평가를 실시했다.

평가척도로서 「당신은 타인과 어느 정도 다른가」하는 개인특성 차이(Personal identity)와 「당신의 회사는 타사와 어느 정도 다른가」하는 회사특성 차이(Corporate identity)의 2가지를 활용하였다.

동 평가에서는 「응답자 자신의 생각」과 「응답자가 이해하고 있는 타인의 생각」에 대한 창업자와 관리사원의 인식차이를 비교・분석하는 것이다.

어느 정도 「타인과 다른가」에 대한 인식을 개인특성 차이(PI), 어느 정도 「타사와 다른가」에 대한 인식을 회사특성 차이(CI)로 정의하고, PI가 "0"점일 경우에는 "자기와 타인과는 동일하다"는 것을 나타내며, 반대로 PI가 100점인 경우는 "자기와 타인은 전혀 다르다"는 것을 나타내는 척도로 하고 있다.

CI가 0점일 경우에는 "자기가 창업하고자 하는 회사가 타사와 동일하다"는 것을 나타내고 반대로 CI가 100점인 경우는 "자기가 창업하고자 하는 회사가 타사와 전혀 다르다"는 것을 나타내는 척도로 하고 있다.

동 평가를 이용하여 다음의 [그림 3-2]와 같이 횡축에 PI를 종축에는 CI를 그래프로 나타내고 2개의 지표를 이용하여 창업자로서의 적성 정도와 창업에 성공할 수 있는 사람인가를 평가하였다.

우측상단의 PI=100, CI=100에 근접하고 있는 사람은 「개인도 회사도 타인(타사)과 다름」을, 우측하단의 PI=100, CI=0에 가까운 경우는 「개인은 타인과 다르나, 회사는 타사와 동일함」을, 좌측상단의 PI=0, CI=100에 근접하는 경우는 「개인은 타인과 동일하나 회사는 타사와 전혀 다름」을 나타내고 있다. 그리고 그림에는 E와 B 2개의 선을 그을 수 있다. E선은 창업자로서 적합한 필요 최저치의 적성정도를 나타내는 창업선이며 B선은 사업을 계속하면서 생존할 수 있는 개인특성 차이와 회사특성 차이의 결합선으로 생존선을 의미한다.

---

5) 社内 起業研究會, 「起業家, Business Manの條件」, 1991.

표 3-6. 차별성에 의한 평가방법

구 분	내 용	평점				
		10	7.5	5	2.5	0
개인특성 차이(PI) 관련 항목	•자신의 재능이 발휘되지 못해도 수입이 큰 것이 좋다.					
	•자신보다는 회사와 회사의 미래를 위해 일하고 있다.					
	•타인과 다른 생각 보다는 유사한 생각을 가지고 있는 편이다.					
	•자아실현보다 지위·명예를 얻을 수 있는 편이 좋다.					
	•타인에게 일을 맡기기 보다 가능하면 자신이 처리한다.					
	•시장 및 기술보다는 회사내의 일에 관심이 많다.					
	•업무상의 문제는 신중한 검토 보다는 즉시 해결하는 것이 좋다.					
	•사업의 개척보다는 재무관리가 중요하다.					
	•아이디어의 사업화보다 아이디어의 창안이 중요하다.					
	•틈새시장보다는 성장시장을 겨냥하는 것이 좋다.					
회사특성 차이(CI) 관련 항목	•아이디어·기술에 대한 사업추진체제가 정비되어 있다.					
	•자기에 대한 社內의 기대가 크다.					
	•자기담당분야를 초월한 활동도 할 수 있다.					
	•장기적 관점에서 업무 및 사업추진이 가능하다.					
	•보수·평가·승진제도가 합리적이다.					
	•예산의 획득이 용이하다.					
	•정보의 입수가 용이하다.					
	•회사의 경영이념·방침이 훌륭하다.					
	•회사가 전례(前例) 및 과거의 실적에 의존하고 있다.					
	•회사의 상호가 회사 경영에 기여하고 있다.					

주. 10 = 매우 그렇다 7.5 = 그런 편이다 5 = 어느 쪽도 아니다 2.5 = 별로 그렇지 않다 0 = 전혀 그렇지 않다

자료. 日本創造學會, 「創造的 起業家の適性Test」, 1997. pp.74~75.

그림 3-2. 창업자 적성평가에 의한 「創業度」 분포

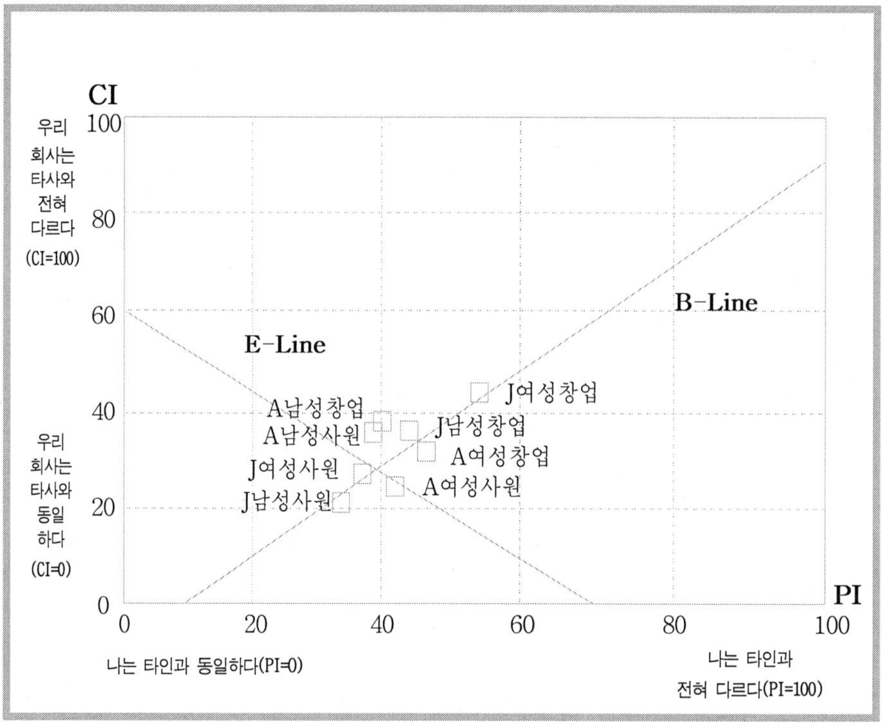

주. J남성사원 = 일본의 남성사원, A여성창업 = 미국의 여성창업가

자료. Shuji Honjo, Takeru Obe and Ian McMillan, *US Businesswomen : Are They Different ?*, 『The Committee of 200』, October, 1992.

즉, 조사결과 창업자의 80%가 E선의 상단에 위치하였는데 E선 아래 쪽에 위치하는 경우 창업에 대한 적성이 부족한 상태를 나타낸다.

창업을 하는 데에는 개인특성과 회사특성에 대한 인식차이 즉, "차별화"가 중요하다. 즉, 창업에 적성이 있는 사람은 PI나 CI 모두가 높게 나타나고 있다. 그러나 지나치게 높은 경우에는 개인주의로 인하여 사업규모가 소규모에 그치고 마는 경우가 많아 크게 성공치 못하며 성공한다고 해도 개인기업 수준에 머물고 말 가능성이 크다. 창업을 성공으로 이끌기 위한 전제조건으로는 타인과의 차별성은 필요하되 너무 지나친 차별성은 좋은 것만은 아니라는 것을 의미하는 것이다. 왜냐하면 차별화 정도가 지나치게 높은 창업자는 사회환경 및 기업환경에 유연하게 적응할 수 없기 때문이다.

B선은 창업자 모집단의 회귀곡선으로 15년 이상 사업을 영위해 온 대부분의 창업기업가가 동선에 근접 분포하였으나, 창업기에 있는 창업자는 동선에서 떨어져서 분포하고 있었다. 즉, B선에서 떨어져 있는 창업자의 경우 사업유지가 어렵다는 분석을 할 수 있다. 그러므로 B선 분석은 창업후 일정기간이 경과하는 과정에서 정기적으로 실시해 보는 것도 좋을 것이다.

4. 창업자의 능력평가

앞에서 살펴 본 바와 같이 창업자의 자질과 경험, 업무수행 능력 등 창업자의 능력이 사업성공에 있어서 가장 중요한 요인인 것으로 나타나고 있다. 따라서 어떻게 객관적인 관점에서 창업자의 능력을 평가할 것인가에 관심을 두고 실제 능력평가 방법을 제시하고자 한다.

[표 3-7]의 각 항목에 대한 평점은 1~5점으로 구분하여 긍정적일 경우 5점, 부정적일 경우 1점을 주고 각 항목별 가중치를 곱하여 총점을 구한 후 80점 이상이면 경영능력이 있다고 판단한다.

그러나 80점 미만이라고 해서 경영능력이 없다는 절대적인 판단기준을 제시하는 것은 아니다. 즉, 종합점수가 80점 이하인 것으로 나타났다고 해서 창업을 포기하라는 뜻은 아니다.

동 평가방법의 효율적인 활용을 위하여 다음과 같은 원형차트를 이용하는 것이 바람직한 바, [표 3-7]의 각 평가항목별 점수를 [그림 3-3]의 원형차트에 접목시키면 자신이 창업자로서 어떤 부분이 약하며 어떤 부문이 강한가를 알 수 있다. 그러므로 자신의 강점을 충분히 발휘할 수 있도록 노력하거나 자신의 가장 취약한 약점을 보완하는 데 노력을 기울일 수 있다.

표 3-7. 창업자의 능력 평가방법

구분	평 가 항 목	평 점				
		5	4	3	2	1
경험·지식(40)	•경험과 지식은 있는가?(40) ① 창업관련 분야에 대한 경험정도(3) ② 창업분야와 관련된 인적네트워크의 구성정도(3) ③ 전직장에서의 신뢰성(2)					
업무수행 능력(60)	•사업과 가사를 잘 조화시킬 수 있는가?(15) ④ 전가족의 사업에 대한 지원정도(1) ⑤ 가계수입의 사업에 대한 의존도(1) ⑥ 사업의 가계에 대한 자금의존도(1) •경영팀을 구성할 수 있는 능력이 있는가?(20) ⑦ 핵심창업멤버 확보 용이성(2) ⑧ 생산에 대한 관리·통제 능력(1) ⑨ 영업에 대한 관리·통제 능력(1) •경영·환경 능력은 있는가?(20) ⑩ 경영환경 적응능력(1) ⑪ 경영분석능력(1) ⑫ 경영판단능력(2) •기업가로서의 창의성·기술혁신능력이 있는가?(5) ⑬ 창의성·기술혁신능력 정도(1)					

즉, [그림 3-3]의 예에서는 ⑨영업에 대한 관리·통제능력은 뛰어난 반면, ⑦핵심 창업 멤버 확보의 용이성, ⑪경영분석능력 등은 타항목에 비하여 매우 취약한 것으로 분석되고 있으므로 이에 대한 구체적인 보완대책을 수립한 후에 창업을 결행하는 것이 바람직한 것으로 분석된다.

그림 3-3. 창업자의 능력 분석 원형 차트

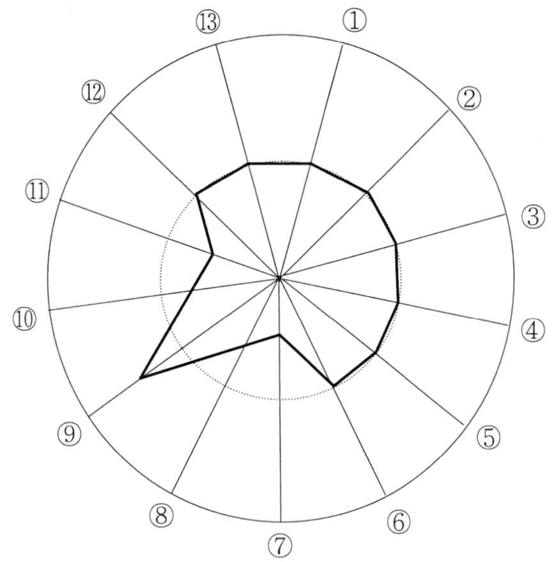

범례
① 창업관련 분야에 대한 경험정도 ② 창업분야와 관련된 인적네트워크 구성정도
③ 전직장에서의 신뢰성 ④ 전가족의 사업에 대한 지원정도
⑤ 가계수입의 사업에 대한 의존도 ⑥ 사업의 가계에 대한 자금의존도
⑦ 핵심창업멤버의 확보 용이성 ⑧ 생산에 대한 관리・통제능력
⑨ 영업에 대한 관리・통제능력 ⑩ 경영환경 적응능력
⑪ 경영분석 능력 ⑫ 경영판단능력
⑬ 창의성・기술혁신능력 정도

제4장

창업전략과 사업타당성분석과정

1. 창업전략의 수립

기술형 창업은 물론 소점포 창업, 일반 서비스업 관련 창업 등 시장형 창업을 포함한 모든 사업에 있어 관련 조직이 하나의 통합된 조직체로서 변화하는 환경에 끊임없이 적응하고 성장해가기 위해서는 제반 경영자원의 효율적인 활용을 위한 창업전략의 수립이 선행돼야 한다. 성공을 위한 창업전략의 수립과정은 [그림 4-1]과 같이 8단계를 거쳐야 한다.

창업전략을 수립할 때에는 다음과 같은 점에 유의하면서 작성해야 한다.

첫째, 창업자 본인의 자질과 능력에 대한 냉철하고 객관적인 평가·분석이 필요하다.

업자가 자신의 적성평가를 한 후에는 해당 창업분야에 대한 전문적 지식과 경험을 바탕으로 잠재적 경쟁상대와의 경쟁 우위성 등을 비교·검토해야 한다. 창업자는 창업조직을 자아실현의 장으로 활용할 수 있어야 하며 그렇게 될 때 긍지를 가지고 자신의 창업 이상을 실현할 수 있을 뿐만 아니라 관련 이해관계자로부터도 협조와 지원을 받을 수 있는 것이다.

그림 4-1. 창업 성공 전략의 8단계 과정

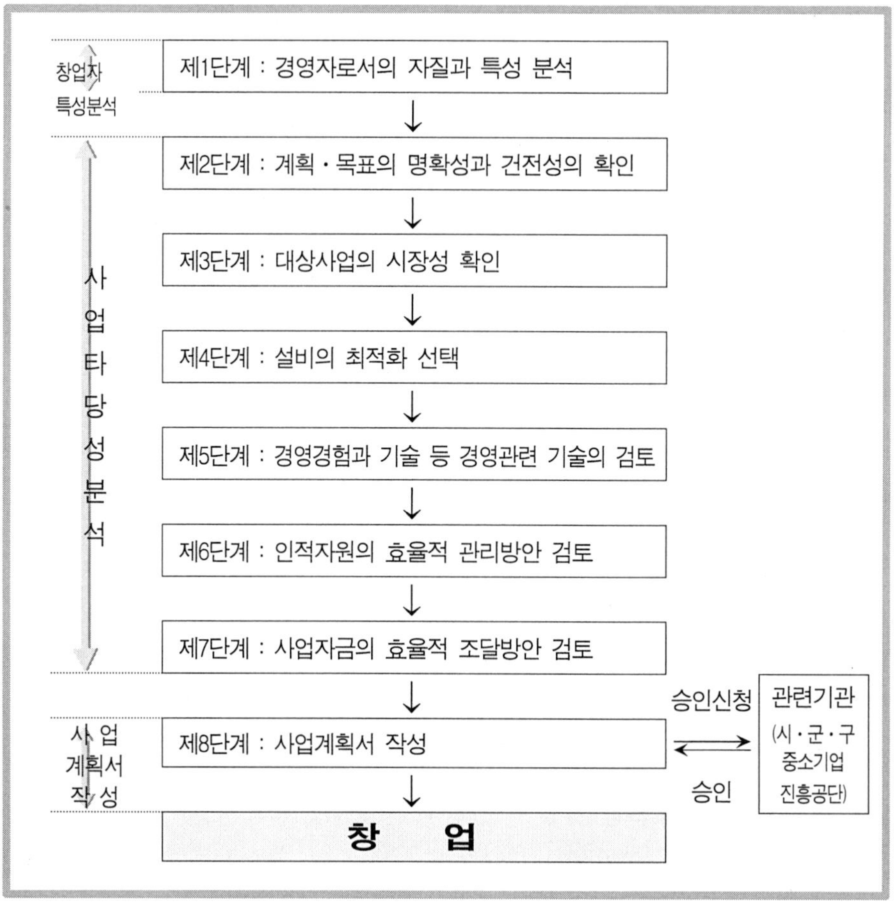

둘째, 국내외적인 기업환경 및 사회변화에 유의하여야 한다.

현대사회가 정보화 사회로 급격히 이행되면서 기업을 둘러싸고 있는 경영환경 및 사회환경의 변화도 매우 급격하므로 이러한 변화를 거시적으로 파악하는 것이 창업 성패의 관건이 되고 있다.

현재의 기업은 지식경영의 기반이 되는 인적 자원의 중요성이 증대되고 가치관의 다양성과 다원성 증가, 정보통신과 교통수단의 발달에 따른 지리적 개념의 퇴조 등의 변화로 인해 새로운 기업조직과 관리체계의 도입이 절실히 요청되고 있다. 그러므로 기업은 시장의 동향을 예측하여 변화하는 고객욕구에 신속하게 부응할 수 있는 새로운 제품의 창출력을 배양해야 한다.

셋째, 창업시기 결정에 신중해야 한다.

창업시기의 결정은 경기순환과 소비자 욕구변화의 흐름, 경쟁자의 전략변화 등을 종합적으로 분석함으로써 창업하고자 하는 업종(용역·서비스포함)의 라이프사이클 분석 즉, 시장수요 변화의 흐름을 정확히 파악해야 한다. 일반적으로 창업의 최적기는 제품의 도입기 후반과 성장기 초기라 할 수 있다.

넷째, 사업타당성 분석을 통해 사업계획에 대한 치밀한 검토가 선행돼야 한다.

대부분의 창업자들은 경영환경요소 또는 자신이 활용할 경영자원에 대한 고려를 소홀히 하여 실패하고 만다. 이러한 경우는 특히 기술형 창업에서 많이 나타나고 있다.

즉, 최근에는 이공계 출신의 젊은 기술자에 의한 기술형 창업이 증가하고 있는 추세를 보이고 있다. 그들은 자신들이 가지고 있는 기술 및 노하우, 제품의 기술적 특성만을 지나치게 강조하는 반면, 창업 후 기업운영에 필수적인 자금관리, 마케팅, 시장의 특성 등 경영환경 요소에 대한 검토를 소홀히 하는 등 관리능력의 미숙으로 난관에 봉착하는 경우가 많이 있다.

특히, 기술형 창업은 설립절차가 까다롭고 규제도 많기 때문에 창업자는 인내와 끈기를 가지고 치밀한 분석·검토가 전제돼야 한다. 단순한 수익에 집착하여 창업하는 경우 난관에 봉착하는 경우가 많다.

다섯째, 최적의 창업아이템을 선택해야 한다.

최적의 창업아이템 선택은 창업에 있어 가장 중요한 요건이라 할 수 있다. 창업은 창업자가 자신의 전공과 경험을 최대한 살릴 수 있는 기술적인 특성과 경영의 노하우가 축적되어 있는 분야내에서 창업해야 성공률을 높일 수 있다. 특히, 최근의 상품은 아주 다양하면서도 그 수명이 짧아지고 있는 추세이다. 또한 소비자의 구매패턴도 개성화되는 동시에 구매욕구의 변화가 심하기 때문에 목표시장을 명확히 설정하지 않으면 실패할 위험이 크다.

최근에는 기술과 경영기법이 새롭고 다양화되면서 기술형 창업 이외에 독특한 아이디어의 사업화, 틈새시장을 겨냥한 시장형 창업도 증가하고 있는 등 창업업종의 선택은 성패의 관건이 되고 있다.

여섯째, 필요자금에 대한 자기자본 조달능력과 외부조달능력의 가능성에 대한 검토가 선행되어야 한다.

창업은 자금조달능력 범위에 맞는 사업규모로 시작해야 한다. 창업시 수립한 사업계획은 사회의 수요변동, 경영환경의 변화 등으로 상당부분 수정·보완될 수 밖에 없다. 그러므로 창업자는 사업계획의 차질에 따른 추가자금조달 방법과 그 가능성에 대해서도 충분한 대비책을 수립해 두어야 한다.

창업 초기의 필수창업자금(Seed money)은 자기자금으로 충당할 수 있어야 한다. 우리의 사회·경제적 여건하에서는 자신의 기술, 경영능력만 믿고 맨주먹으로 창업하는 경우 제도권 금융의 이용이 제한적일 수 밖에 없는 현실적 문제에 대한 인식도 가지고 있어야 하는 것이다.

동업에 의해 자본금을 구성하는 경우, 과점주주가 있는 것이 바람직하고 동등한 지분소유는 지양해야 한다. 소유와 경영이 엄격히 분리되는 경우는 상관이 없으나 경영권 문제로 사업수행에 마찰을 초래하는 등 경영상의 문제가 파생되는 경우가 많기 때문이다.

특히, 가능한한 제2금융권이나 사채를 통한 외부조달방법은 배제해야 한다. 조건이 까다롭더라도 가능한 한 정부, 지방자치단체, 금융기관의 주요 시책자금을 활용하면 저리의 금융지원도 받을 수 있으며 사업분야가 기술집약적 사업이거나 시장성이 있는 제품의 생산·판매기업은 신기술금융회사나 창업투자회사 등의 벤처캐피탈을 활용하는 것도 좋다. 즉, 창업시 자금적 측면에서는 창업주 자신의 자본적 여유 정도, 저리의 외부자금 조달가능성에 대한 점검이 반드시 있어야 하는 것이다.

일곱째, 창업업종이 정부가 육성·지원하는 산업분야인지의 검토가 있어야 한다. 정부가 육성·지원하는 산업분야 내에서 창업하는 경우 세제 및 자금지원을 받을 수 있기 때문이다.

정부는 산업구조의 고도화 및 제조업의 공동화 방지, 소비구조의 다양화에 따른 다품종 소량생산방식에 효율적으로 대처하고 신기술의 사업화를 통한 기술개발의 촉진, 참신한 아이디어를 사업화함으로써 급변하는 경제환경에 효과적으로 대처하고자 특정산업을 집중적으로 육성·지원하고 있다.

자금면에서 정부 각 기관의 특수시책부문별 지원, 지방의 창업보육센터 등 지방자치단체의 지원, 은행의 주요 시책자금, 산업은행 등 개발기관자금, 농·수·축협 등의 관련 산업지원자금 등 저리의 정책자금을 활용할 수 있다.

대표적인 자금으로는 공업발전기금(산업자원부), 창업지원기금(중소기업진흥공단, 시·도), 정보통신 유망기업 지원자금(한국전자통신연구소), 첨단산업기술개발자금(생산기술연구원), 정보통신진흥자금(정보통신부),농공단지 입주기업 지원자금(농수산물유통공사), 기술개발자금(중소기업은행, 산업은행) 등 약 50여 종이 있다.

끝으로 벤처캐피탈의 활용에 있어서는 투자와 융자의 차이점을 명확히 파악한 후 지원을 받아야 한다. 기본적으로 벤처캐피탈의 지원자금은 투자자금으로서 은행의 융자와는 성격면에서 확연한 차이가 있다.

투자는 융자와는 달리 투자기관을 동업자 관계로 인식해야 하는 바, 그러한 의미에서 투자를 받을 벤처캐피탈에 대한 정보수집 노력이 선행되어야 한다. 즉, 투자기간중 경영권에 대한 간섭, 자금지원, 경영 및 기술지도 능력, 투자금의 양도조건 등을 명확히 이해하고 투자받아야 한다. 왜냐하면 기업이 자금면에서 어려움을 겪고 있음에도 불구하고 투자지분의 양수요구, 기업의 자산가치 및 수익가치에 상관없이 프리미엄을 요구하는 경우도 있을 수 있기 때문이다.

2. 사업타당성 분석과정

사업타당성 분석은 실패를 최소화함과 아울러 성공확률을 높여 줄 수 있기 때문에 아무리 작은 소규모 창업일지라도 반드시 거쳐야 할 필요가 있다. 사업타당성 분석의 필요성을 요약하면 다음과 같다.

첫째, 창업자 자신의 주관적인 사업구상이 아닌, 객관적이고 체계적인 사업타당성 분석은 계획사업 자체의 성공률을 높일 수 있다.

둘째, 창업자들이 사업타당성 검토를 통하여 구상하고 있는 기업의 제 구성요소를 정확하게 파악하여 창업기간을 단축할 수 있고 보완해야 할 사항을 미리 확인하여 조치를 취할 수 있게 함으로써 효율적인 창업업무를 수행할 수 있다.

셋째, 창업자가 독자적으로 점검해 볼 수 없는 제품의 기술성, 시장성, 수익성, 자금수지계획 등 세부항목을 분석해줌으로써 해당업종에 대해 미처 깨닫지 못한 부분들을 찾아낼 수 있다.

사업타당성 분석의 내용은 창업하고자 하는 사업의 특성에 따라 다소 차이가 있을 수 있다. 일반적으로 창업자의 적성과 능력분석(Founder's ability analysis), 시장분석(Market analysis), 기술분석(Technical analysis), 재무분석(Financial analysis) 등으로 구성된다. 특히, 창업 후보업종이 사회적 공익과 관련되는 경우에는 이외에 공익성 분석(Social profitability analysis)을 실시하기도 한다. 이와 같은 분석을 총칭하여 사업타당성 분석(Feasibility analysis)이라고 한다.

이와 같은 사업타당성 분석결과 창업자가 선정한 업종의 사업성공이 예상될 때 창업에 착수하게 된다. 사업자금이 확보되면 사업계획을 구체 사업활동으로 실행하며 이때의 사업계획 활동에는 원자재 조달계획, 제품계획, 시장개발계획, 생산계획 등이 포함돼야 한다.

사업타당성 분석은 반복적인 예측활동과정이다. 앞부분에 이어서 사업타당성 분석은 먼저 생산하려고 하는 상품(용역・서비스)에 대한 수요가 있는가를 조사하고(시장분석), 수요가 예상되는 경우 생산에 필요한 기술에 관한 자료를 수집・분석하며(기술분석), 시장분석과 기술분석을 통해 얻은 결과에 기초하여 사업의 경제성과 자본조달 방법(재무분석)을 검토하는 일련의 반복과정이다.

2.1 창업자의 적성과 능력분석

창업자 적성과 능력분석(Founder's ability analysis)은 창업자가 기업가로서의 적성과 자질, 창업자의 계획사업 수행능력 및 해당 업종에 대한 적성 등을 분석하는 것이다. 창업의 성공과 실패는 창업자 또는 참여인력의 인적요인에 의해 좌우되기 때문이다. 특히, 신규창업의 경우에는 창업자의 새로운 계획사업 수행능력과 앞으로 경영하고자 하는 업종에 대한 경험·지식 및 관련성이 필요 불가결한 요소가 아닐 수 없다. 따라서 사업타당성을 검토할 때는 먼저 창업자의 계획사업 수행능력과 창업자의 해당업종과의 적합성을 분석해 보아야 한다.

그러나 문제는 창업자의 적성과 능력을 누가 평가할 것인가 하는 점이다. 창업자 자신을 가장 잘 아는 사람은 창업자이기는 하나 객관적으로 평가할 수 없기 때문에 창업자 자신은 물론 현재 자기를 가장 잘 알고 있는 직장의 동료나 상사 등의 의견, 또는 전문 컨설턴트 등과 충분한 검토를 거쳐 평가하는 것이 가장 합리적인 평가방법일 것이다.

2.2 시장분석

시장분석(Market analysis)이란 생산 또는 공급할 제품(용역·서비스 포함)이 시장에서 어느 정도 팔릴 수 있겠는가를 분석하는 것이다. 납품계약 등을 통해 수요가 확정된 경우에는 특별한 시장조사가 필요하지 않으나 일반 시장을 통해 판매·공급하는 제품 또는 서비스인 경우에 수요를 예측한다는 것은 용이하지 않다. 시장분석에서는 시장의 수요를 추정하기 위하여 기본적으로 [표 4-2]와 같은 자료의 수집·분석이 필요하다.

표 4-1. 경영능력 및 적합성 평가요소

<table>
<tr><th>평가요소</th><th colspan="2">세 부 평 가 항 목</th></tr>
<tr><td rowspan="16">적성 및 자질
(적극적 자세)</td><td rowspan="2">① 모험심과 스케일</td><td>▸새로운 것에 대한 호기심</td></tr>
<tr><td>▸가능성에 대한 도전성</td></tr>
<tr><td rowspan="2">② 가능성에 대한 집념</td><td>▸추진력과 열의</td></tr>
<tr><td>▸지구력 및 끈기</td></tr>
<tr><td rowspan="2">③ 스케일</td><td>▸외향적 성격,내성적 성격</td></tr>
<tr><td>▸사업가적 스타일, 샐러리맨 스타일</td></tr>
<tr><td rowspan="2">④ 리더십</td><td>▸학창시설, 직장생활중 리더로서의 경험</td></tr>
<tr><td>▸상·하 포용 능력</td></tr>
<tr><td rowspan="2">⑤ 의지력</td><td>▸실패에 대한 인내력</td></tr>
<tr><td>▸목표달성의 결단력</td></tr>
<tr><td rowspan="5">⑥ 기타 기업가적 소질</td><td>▸금전 선호 사상</td></tr>
<tr><td>▸기본체력</td></tr>
<tr><td>▸독립심</td></tr>
<tr><td>▸기업가의 경제관</td></tr>
<tr><td>▸능동형, 수동형</td></tr>
<tr><td rowspan="8">경험 및 지식
(자신있는 분야)</td><td>①창업관련 분야에서의 경험</td><td>▸창업분야 경험</td></tr>
<tr><td rowspan="2">② 학문과 지식</td><td>▸학력</td></tr>
<tr><td>▸업종에 대한 경험·지식</td></tr>
<tr><td rowspan="3">③ 창업자의 능력</td><td>▸창업자가 가지고 있는 자격</td></tr>
<tr><td>▸사회적 지위</td></tr>
<tr><td>▸전직장에서의 신용</td></tr>
<tr><td>④ 교제 인물의 폭과 깊이</td><td>▸인적 네트워크의 구축 정도</td></tr>
<tr><td>⑤ 창업환경과의 관계</td><td>▸창업환경의 유리성</td></tr>
<tr><td rowspan="16">업무수행 능력</td><td rowspan="4">① 가정 유지능력</td><td>▸가족의 전적인 동의</td></tr>
<tr><td>▸가계비의 사업 의존성</td></tr>
<tr><td>▸사업과 가사와의 조화</td></tr>
<tr><td>▸사업실패시 가계의 타격 정도</td></tr>
<tr><td rowspan="6">② 창업멤버의 구성 및 통제능력</td><td>▸핵심 창업멤버 확보 용이성</td></tr>
<tr><td>▸창업멤버 구성 정도</td></tr>
<tr><td>▸해당업종의 필수자격 구비정도</td></tr>
<tr><td>▸생산직 근로자 통제능력(창업자의 기술수준)</td></tr>
<tr><td>▸창업자의 관리 통제 능력</td></tr>
<tr><td>▸창업자의 영업 통제 능력</td></tr>
<tr><td rowspan="3">③ 서비스 및 기술혁신 능력</td><td>▸해당업종의 서비스향상 방안 확립</td></tr>
<tr><td>▸경쟁사 대비 서비스 수준</td></tr>
<tr><td>▸기술개발 시스템 및 인력확보</td></tr>
<tr><td rowspan="3">④ 경영 및 환경 적응능력</td><td>▸경영환경 적응능력</td></tr>
<tr><td>▸경영분석 능력</td></tr>
<tr><td>▸경영판단 능력</td></tr>
</table>

표 4-2. 시장분석 항목

구 분	분석요소	세부 분석 내용
전반적인 시장동향 분 석	시장규모 분석	◦국내 동제품, 대체 및 유사제품에 대한 수급실적 분석 ◦동제품, 대체 및 유사제품에 대한 수·출입 실적 분석 •판매영역별·고객별 잠재수요 분석
	시장의 특성 및 구조	◦시장의 일반적 성격 ◦주요 수요처 ◦유통구조 및 특성 : 유통경로, 고객의 특성, 변화추세 등 ◦동업계의 일반적 판매조직(대리점, A/S 제공 형태 등) ◦동제품, 대체 및 유사제품의 일반적 판촉전략(광고 및 영업전략 등) •고객수용가능성 분석
	소비자 분석	◦소비자 구성분포 및 변화추세 분석 •제품소비형태, 소비단위 •구매동기 및 소비자 Needs형태
제품성 분석	제품의 강·약점분석	◦제품의 특성, 품질 비교 •잠재수요자에 의한 제품 이미지 조사 •제품의 강·약점 분석(기능, 브랜드 보유 여부)
	제품의 라이프 사이클 및 보급률 분석	◦경쟁품 및 유사제품의 보급율 추정 및 향후 보급 전망 •제품의 라이프 사이클 분석
경쟁적 지위 분석	재무상태 비교	◦자사 및 경쟁사의 재무상태 비교 : 자본금, 총자산, 부채규모, 상시종업원 수, 매출액 규모, 영업이익, 당기 순이익 등
	생산능력 및 실적 비교	◦ 생산능력 및 생산실적 비교 •사업장 규모 비교
	주요경쟁 요소비교	◦가격경쟁력 •제품라인 구성내용, 주력제품, 주력상권, 설비특성 •제품기획력, 가격정책, 판매방법 •제품에 대한 기술 수준, 신제품 개발 능력

구 분	분석요소	세부 분석 내용
제품의 채산성 분석	제품원가 및 마케팅 코스트 등의 분석	◦제품원가 분석 •마케팅 코스트 등의 분석
	마진율 등의 분석	◦마진율 •공장도가, 소매가
	제품가격 분석	◦제품의 가격 정책 및 경쟁력 분석 •향후 국내·외 가격추세 분석
수요예측	시장점유율 분석	◦국내외 주요 경쟁업체의 시장점유율 분석 •주요 경쟁업체의 시장점유율 변동추이 분석 •시장점유율 확보 가능성 분석
	판매량 증감요인 분석	◦대체 상품의 동향 및 출현 가능성(수입제품 포함) •소비자 성향 변화추이 분석 : 제품 소비형태, 구매동기, 소비자 연령분포, 소비자 세분화, 기호 변화 등 •경쟁사와의 광고전략 비교
	판매전망	◦연도별 판매전망 •각 판매 영역에 있어서의 제품별 판매가능량 추이
	불황 적응도 및 계절성 분석	◦불황기의 수요 변동 예측 •계절성 제품의 수급 대책
시장 및 제품환경 분 석	자원환경 요인	◦인적자원(경영층, 사무직 및 생산직)확보의 용이성 ◦원재료 수급 용이성, 입수 가능성 •에너지 및 에너지 대체자원의 수급
	기술적 환경요인	◦보유제품에 대한 전반적 기술수준 •신기술 및 신제품 개발 능력 •신기술 및 신제품 개발 전망
	마케팅 환경요인	◦판매방법 및 판매전략 ◦판매대금의 회수방법 •외상매출금 및 외상매입금의 효율적 관리방안 •어음, 수표 관리 및 부실채권의 예방대책
판매전략	판촉 및 광고전략	•경쟁사와의 판촉 및 광고전략 비교 •광고 등의 판매량 증대효과 분석
	영업전략	◦효율적인 영업전략 수립 •판매 및 영업조직의 효율성 제고방안

주. "◦"는 기본적 평가이며, "•"는 임의적 평가요소임.
자료. 박주관, 「사업타당성분석과 사업계획서작성」, 21세기 북스, 1998. pp.55~58.

상기한 시장분석 내용 및 과정은 기술형 창업을 중심으로 서술하였다. 시장형 창업도 대체적으로 비슷한 분석과정을 거치기는 하나 기술형 창업에 비하여 상권 분석 및 점포 또는 사무실 입지의 선정이 더 중요한 분석요인이 된다. 이에 대해서는 시장형 창업부문에서 상세히 다루었다.

2.3 기술분석

기술분석(Technology analysis)이란 사업내용에 대한 기술적 타당성과 원가추정을 위한 기초자료를 제공하고, 사업에 영향을 미치는 여러 가지 요인을 고려하여 기술적 대안을 비교·검토하는 것을 말한다.

표 4-3. 기술분석 항목표

구분	분석요소	세부분석내용
제품기술도입분석	• 핵심기술의 존재성	- 제품생산관련 요소 중 어떤 특정문제로써 제품생산 자체가 불가능한 경우가 있는가
	• 제품의 특성	- 제품의 용도, 물리적·화학적 특성, 주요 소비처
	• 제품의 경쟁성	- 국내외 주요경쟁사의 경쟁제품, 유사제품, 대체제품과의 기술·가격 경쟁력 정도
	• 대체기술의 존재여부 및 출현가능성	- 보유기술의 기술수명주기상의 단계 등 기술의 장래성 평가
공장입지조건분석	• 자연·경제적·사회적 입지조건	- 직·간접 원동력, 기술수준, 임금 등
	• 교통·용수, 원재료 조달의 용이성 등 제조업 입지부합성	- 전기·가스·공업용수 등의 수요량과 조달방법, 비용 등
	• 관계법률상 조건	- 공해방지 대책과 각종 관계법규 저촉여부 검토
	• 공해방지대책 등 환경조건	- 폐기물의 종류, 수량, 처리방식, 관련비용, 규제 등
생산시설	• 주요 시설의 규모·능력 • 생산시설의 진부화 위험도 • 생산시설 확충계획	- 월별 생산능력 - 가동율 - 향후 5년 이내 시설확충 계획의 유무 등
소요자재 수급계획	• 소요원재료 수급의 원활성	- 원자재의 종류, 가격, 수량, 공급자, 공급자 위치, 공급방법 등 비교

기술분석에서는 시장분석의 결과에 따라 설정한 매출목표를 충족시키기 위한 생산활동의 기술적 실현 가능성과 제품원가를 추정하게 되는데 이러한 정보를 얻

기 위해 조사해야 하는 내용은 상기 [표 4-3]과 같다.

2.4 재무분석

시장분석과 기술분석의 결과에 따라 이루어지는 재무분석(Financial analysis)은 경제성이나 수익성을 측정하는 여러가지 지수를 이용하여 사업계획의 타당성 여부를 검토하고, 적정 자본규모의 결정에 필요한 재무제표(Financial statements)를 작성하는 것으로써 재무분석을 위해서는 일반관리계획의 수립과 일반관리비용의 추정이 필요하다. 재무분석에 필요
한 사항은 설명하면 다음과 같다.

(1) 총소요자금 추정

창업계획의 사업성분석과 사업계획의 실천에 필요한 총소요자금의 추정은 매우 중요하다. 앞에서 살펴 본 바와 같이 사업실패의 주요 원인 중의
하나가 자금부족이다. 자금부족을 초래하는 근본적인 원인은 소요자금 추정의 부정확성에 있다. 총소요자금 추정과정은 [그림 4-2]와 같이 자금운영계획, 자금조달계획으로 구별할 수 있다. 자금운영계획에는 고정자금계획, 운전자금계획에 의해 수립되는 총자본 소요계획이 있으며 자금조달계획에는 자기자본 조달계획, 타인자본 조달계획으로 구분되며 자기자본 조달에는 증자와 사내 유보가 있다.

(2) 자금조달계획의 수립

총소요자금을 추정한 다음에는 구체적인 자금조달계획을 수립하여야 한다. 자금조달 방법에 따라 자금조달에 소요되는 비용(금융비용), 예를 들어, 이자의 크기 등

이 결정되며 이에 따라 사업의 수익성도 영향을 받게 된다.

그림 4-2. 총소요자금 추정과정

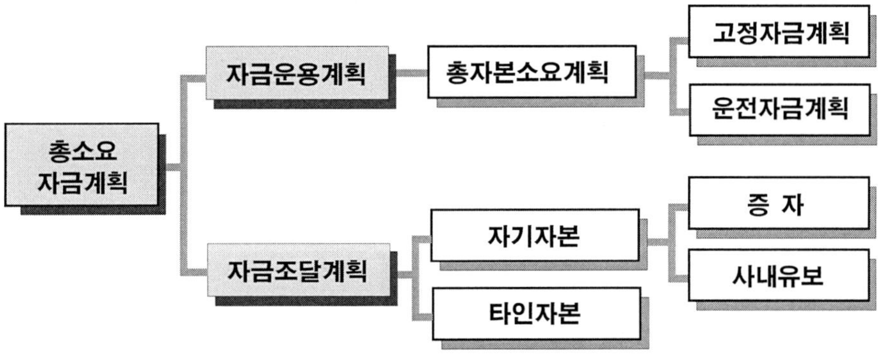

금융비용은 자본구성에서 타인자본(이자가 있는 부채)의 비율이 많아질수록 증가한다. 이 비율은 금융비용(예상)이 매출액의 몇 %를 차지하는가 하는 금융비용 부담률을 나타낸다. 비율이 높을 때는 금융비용의 부담이 커져서 금융 코스트가 높아지고 그와 함께 자본구성이 불건전하다는 것을 의미한다.

(3) 추정재무제표 작성

추정재무제표란 추정손익계산서, 추정대차대조표 등 사업실행 이전에 사업을 예상하여 작성하는 재무관리 서류를 말한다. 추정손익계산서, 추정대차대조표 등은 보통 3~5년의 미래를 예상하여 작성한다. 추정재무제표를 작성하기 위해서는 제조원가 추정치, 판매비 추정치, 일반관리비 추정치 등이 필요하다.
실제 사업성분석에는 많은 자료의 수집이 필요할 뿐만 아니라 자료도 확보하기 어렵기 때문에 가정을 통해 분석해야 하는 어려움이 있다.

[표 4-4]와 [표 4-5]는 추정재무제표의 예를 든 것으로 필요에 따라 추정항목의 조정이 가능하다.

표 4-4. 추정손익계산서

(단위 : 백만원)

항 목 \ 연 도	실 적	추 정				
	년	년	년	년	년	년
(가) 매 출 액						
(나) 매 출 원 가						
(다) 매 출 총 이 익 (가)-(나)						
(라) 판매비와 일반관리비						
(마) 영 업 이 익 (다)-(라)						
(바) 영 업 외 손 익						
(사) 경 상 이 익 (마)-(바)						
(아) 특 별 손 익						
(자) 법인세 차감전 순이익						
(차) 법 인 세 (사)±(아)						
(카) 당 기 순 이 익 (자)-(차)						

주. 1차 연도는 ( )개월분임

특히, 추정재무제표는 미래의 사업경영 상태를 나타내는 지표산출에 매우 유용하게 활용될 수있다. 즉, 단기적인 지불능력을 나타내는 유동성 비율(유동비율, 당좌비율 등), 사업의 수익성을 나타내는 수익성 비율(총자본 이익률, 자기자본이익률) 등을 구하여 미래 경영상태를 예측할 수 있기 때문에 추정재무제표는 반드시 구체적이고도 실질적으로 작성해야만 한다.

표 4-5. 추정대차대조표

(단위 : 백만원)

항 목 / 연 도	실 적	추 정				
	년	년	년	년	년	년
유 동 자 산 당 좌 자 산 재 고 자 산 기 타 유 동 자산 투자와 기타 자산 고 정 자 산						
자 산 총 계						
유 동 부 채 매 입 채 무 단 기 차 입 금 기 타 유 동 부 채						
부 채 총 계						
자 본 금 잉 여 금 (당 기 순 이 익)						
자 본 합 계						
부채와 자본 총계						

(4) 현금흐름표 작성

투자 수익성평가는 내부수익률(Internal rate of return), 순현재가치법(Net present value) 등 전체적인 사업수익성을 나타내는 지표에 근거하여 이루어져야 한다. 이와 같은 수익성을 계산하기 위해서는 관심대상이 되는 기간에 대한 현금흐름표를 작성하여야 한다.

현금흐름표는 자금의 흐름을 종합적으로 표시한 표를 말하며, 수입과 지출을 대비하여 자금의 과부족을 표시할 수도 있고 자금수지실적 뿐만 아니라 자금수지 예상내역도 작성할 수 있어, 기업의 자금관리와 금융기관의 신용조사시에 필요한 표이다. 현금흐름표의 예를 들면 [표 4-6]과 같다.

표 4-6. 현금흐름표

(단위 : 천원)

항 목 \ 기 간		19○○년도				
		1/4 (실적)	2/4 (계획)	3/4 (계획)	4/4 (계획)	계
전 기 이 월						
수입	영업 수입[1]					
	영업외수입[2]					
	차 입 금					
	증 자					
	사 채					
	기타 수입[3]					
	계					
지출	원재료·상품매입비					
	노 무 비					
	제조 경비					
	판 관 비					
	설 비 비					
	차입금 상환					
	영업외지출					
	배 당 금					
	법인세 등					
	기타 지출[4]					
	계					
차 기 이 월						

주. 1) 현금매출, 외상매출금 회수, 받을어음 기일결제, 어음할인액 등을 포함한다.
2) 수입이자, 배당금 수입 등을 포함한다.
3) 투자 및 고정자산의 매각 등 모든 수입을 포함한다.
4) 투자 및 고정자산의 취득 등 모든 지출을 포함한다.

2.5 사업타당성분석 보고서의 작성

사업타당성분석 결과가 부정적이든 긍정적이든 간에 영위하려는 사업에 대한 사업타당성분석 보고서를 작성해야 한다. 그러나 긍정적 결과가 도출되었을 때에는 사업타당성분석 보고서를 토대로 하여 구체적인 세부 사업계획서를 작성해야 한다.

사업타당성분석 보고서의 내용은 표지, 요약, 차례, 본문, 첨부자료로 구성되며 표지에는 사업의 명칭, 작성자 또는 회사의 명칭, 작성일 등을 기입한다.

요약문은 사업의 목적, 제품과 서비스에 대한 설명, 시장성, 생산방식, 소요자금, 수익성 등을 간결하게 설명하는 것이 좋다.

본문에서는 회사의 창업자, 주주와 경영진, 계획사업과 상품, 시장성과 판매계획, 생산 및 설비계획, 일반관리계획, 재무계획, 위험과 문제점, 일정계획 등을 상세하게 기입하며 끝으로 첨부자료에는 참고자료, 증빙자료, 기타, 보조자료를 포함시킨다.

표 4-7. 사업타당성분석 보고서의 내용

보고서 순서		내 용	보고서 순서		내 용
1	표 지	•조사 대상 사업 명	8	기술분석	• 공정분석, 외주계획, 생산일정, 소요원자재, 생산설비, 제조원가 명세서, 감가상각계획
2	요약문	•사업의 목적 등에 대하여 간결하게 설명			
3	목 차	•조사내용에 대한 목차			
4	회 사, 창업자	•회사 : 명칭, 위치, 설립일자 •창업자 : 성명, 이력사항	9	일반관리 계 획	• 일반관리계획, 인력계획, 집기 및 사무기기 • 감가상각계획
5	주주와 경영진	•경영진(해당사항), 이사진, 주요 간부·임원급여와 소유권 고문 및 자문자	10	재무분석	• 소요자금 추정, 자금조달계획, 추정손익계산서, 추정대차대조표, 추정현금흐름표, 수익 성분석
6	계획사업 (제품)	•계획사업(제품)의 내용	11	위헌 · 문제점	• 예상되는 위험성과 개선점 기재
7	시장성, 판매계획	•시장경쟁상황을 고려한 수요예측 •마케팅 계획 •판매계획 및 판매비 추정	12	참고자료	• 분석에 활용한 참고자료 등

제5장

사업계획서 작성

현대와 같이 급변하는 경제환경 속에서도 단순히 '어떤 사업을 하면 좋겠다'라는 생각만을 가지고 사업에 착수하는 사람이 많이 있다. 즉, 계획없이 사업을 시작하는 경우가 적지 않다. 계획없이 시작하는 사업은 결국에는 처음으로 되돌아가서 계획을 다시 세우게 되고 설혹 계획없는 출발이 가능했다 할지라도 사업과정에서 많은 난관에 봉착하게 된다.

사업계획서는 사업과 관련된 제반사항, 즉, 계획한 사업의 내용(회사의 일반현황 및 창업자 현황), 계획제품 시장의 구조적 특성, 소비자의 소비패턴, 시장확보 가능성과 마케팅 전략, 계획제품(용역・서비스)의 기술적 특성, 생산시설, 입지조건, 생산계획과 더불어 계획 아이템에 대한 향후 수익전망, 투자의 경제성, 계획사업에 대한 소요자금 규모 및 조달계획, 차입금의 상환계획, 조직 및 인력계획 등 창업에 관련된 제반사항을 객관적・체계적으로 작성하는 중요한 과정이다.

사업계획서는 사업성공의 가능성을 높여 주는 동시에 계획적인 창업을 가능케 하여 창업기간의 단축과 사업계획의 달성에도 많은 효과를 가져온다.

또한 창업에 - 움을 줄 제3자 즉, 동업자, 출자자, 금융기관, 매입처, 매출처 그리고 일반 고객에 이르기까지 투자의 관심유도와 설득자료로서의 활용도가 매우 높다. 그러므로 사업계획서 작성은 정확하고 객관성이 유지되어야 하며 전문성과 독창성을 갖춘 보편 타당한 사업계획서가 돼야 한다.

1. 사업계획서의 정의와 기능

(1) 사업계획서란

사업계획서(Business plan)란 창업과 관련된 모든 외적·내적 요소를 문서로 작성한 것이며 종종 여행시의 안내지도에 비유되기도 한다. 여행시 계획한 최종 목적지까지 도달하는 방법은 많으나 여행자는 어떤 길로 갈 것인지 결정하기 위해 정보를 수집하고 계획을 세워야 한다. 여행계획의 수립시에는 외적 요소(날씨조건, 도로상황 등)들을 고려해야 하며 가지고 있는 자금이 얼마나 있는지, 시간은 어느 정도 여유가 있는지를 감안하여 여행방법을 선택해야 한다.

이와 같이 창업자도 외적인 요소(법규, 경쟁상황, 사회적 변화, 소비자 욕구의 변화, 새로운 기술)를 고려하는 동시에 생산, 마케팅, 조달, 기술개발능력, 인적 자원 등과 같은 기업의 내적 요소를 고려한 계획을 세워야 하는 것이다. 즉, ①지금 나는 어디에 있는가(현재 상황의 파악)? ②목적지는 어디인가(창업목표의 확인)? ③목적지에 어떻게 도착할 것인가(창업전략의 수립)? 등에 대한 명확한 답변을 해야 한다. 사업계획서는 이러한 질문에 답하기 위해 필요한 것이라고 할 수 있다.

(2) 사업계획서 작성의 기본원칙

사업계획서는 창업자의 얼굴이다. 왜냐하면 사업계획서는 창업자 자신이 효율적으로 창업기업을 설립하여, 그 사업을 지속적으로 성장·발전시켜 가고자 하는 창업자의 구체화된 의지를 체계적으로 정리·기술한 창업계획서이기 때문이다. 그러므로 사업계획서는 다음과 같은 원칙하에 효과적이고 알기 쉽게 작성되어야 한다.

[가] 자신감 표현의 원칙

사업계획서는 자신감을 바탕으로 작성되어야 한다.

창업자 자신이 가지고 있는 목표사업을 제3자에게 납득시키는 것이 사업계획서의 가장 중요한 목적이므로 사업계획에 대한 내용은 구체적으로 작성해야 한다. 사업내용이 창업자 자신에게는 오랫 동안 가져온 관심과 연구의 결과일 수 있지만 제3자에게는 전혀 생소한 것이 될 수도 있는 것이다.

[나] 객관성 유지원칙

사업계획서는 철저한 객관성을 가져야 한다.

지나친 자신감으로 제3자가 허황되고 실현가능성이 없다고 판단할 때는 신뢰성에 큰 타격을 입을 수도 있으므로 공공기관 또는 전문기관의 증빙자료를 근거로 작성하도록 노력함과 아울러 시장수요조사와 최소한의 회계적 지식기반하에 매출액과 수익을 추정해야 한다.

[다] 핵심내용의 강조원칙

사업계획의 핵심내용을 강조하여 부각시켜야 한다.

평범한 사업계획은 제3자의 호감을 사지 못한다. 계획제품이 경쟁제품보다 소비자의 호응이 있으리라는 기대하에 제품의 특성을 중심으로 설명하되 창업초기 전략계획상품 한 두개 종류, 많아도 3종을 넘지 않는 범위 내에서 핵심상품을 설명할 필요가 있다.

[라] 단순 · 보편성의 원칙

제품 및 기술성 분석시에는 전문적인 용어의 사용을 피하고, 단순하고도 보편적인 내용으로 알기 쉽게 구성해야 한다.

즉, 해당 제품 자체의 설명에만 국한하지 말고 관련 산업, 관련 업종의 내용부터 접근하는 것이 필요하며 제품생산공정도 구체적으로 설명해야 한다. 또한 제품 및 기술성 분석 근거자료로서 공공기관의 기술타당성 검토보고서 또는 특허 등의 관련 증빙서류를 첨부하여 신뢰성을 제고해야 한다.

[마] 실현가능성의 원칙

자금조달 운용계획은 정확하며 실현 가능성이 있어야 한다.

창업자 자신이 조달 가능한 자기자본은 현금 및 예금 얼마, 부동산 담보 등에 의한 조달액 얼마 등으로 구체적인 액수를 표시함으로써 제3자가 창업자의 최소한의 자금조달능력을 신뢰하게 할 필요가 있다.

자금조달계획이 어느 정도 확정된 후에는 정확한 소요자금 산정이 필요하다. 흔히 창업자의 대부분이 소요자금을 먼저 산정한 후, 자금조달계획을 수립하는 경우가 많으나 이는 합당치 못하다. 사업은 욕심만으로 할 수 없으며 창업자 자신의 수준과 능력에 맞지 않은 사업은 실패할 수 밖에 없기 때문이다.

[바] 위험대응성의 원칙

사업계획에 잠재되어 있는 문제점과 향후 발생 가능한 위험요소를 심층 분석하고, 예기치 못한 사정으로 인하여 창업이 지연되거나 불가능하게 되지 않도록 하는 위험관리 중심의 점검이 요구된다.

2. 효과적인 사업계획의 표현법

사업의 수행에 있어서는 자기의 생각을 상대에게 명확히 전달하는 것은 매우 중요하다. 아무리 좋은 아이디어라도 제대로 전달되지 못하면 무용지물이 되고 마는 것이다. 예를 들어, 제품을 설명하는 경우 아무리 우수한 제품이라 할지라도 제품에 대한 특성·장점 등이 상대방에게 제대로 전달되지 못하면 고객은 제품의 우수성을 결코 이해할 수 없다. 그러므로 사업계획을 효과적으로 표현하는 것은 매우 중요하다.

(1) 표현방법

정보의 표현에는 각기 나름대로의 효과적인 표현방법이 있다. 인쇄자료라 할지라도 단순히 사실정보만 나열해서는 충분한 설득력을 가지지 못한다. 그러므로 정보는 정보수용자를 고려하여 정리해야 한다. 전달하려는 내용이 많은 경우에는 핵심사항만 요약하여 전달하는 훈련을 해야 한다.

핵심사항의 효과적인 전달방법으로는 자료 및 도표를 삽입하는 등의 방법을 이용하여 계층적으로 설명하는 방법이 있다. 문장만으로 이루어진 자료는 전체를 읽고 이해하기까지 시간이 걸리며 정보의 수용자가 흥미를 느낄 때까지는 적극적으로 이해하려 들지 않는다. 그러므로 요점을 도표로 정리해야 한다. 숫자가 많은 경우에는 도표를 이용하면 쉽게 이해시킬 수 있다.

여기에서 계층적인 설명이란 자료의 첫 페이지에서 전체 내용의 윤곽을 제시한 후 세부설명에 들어가는 방법이다.

자료의 첫 머리에 전체 자료의 구성과 결론이 명시된 요약문을 작성해 두면 단시간 내에 자료의 내용을 이해시켜 정보 수용자의 흥미를 유발시킬 수 있다. 특히, 요약부분을 그림으로 나타낼 수 있으면 정보수용자의 이해속도가 한층 빠르게 된다.

또한 [그림 5-1]과 같이 단층적 구성방식을 택하는 것이 효과적이다.

각 계층별 항목수는 5~9개 정도로 하는 것이 적당하다. 이는 사람이 한눈에 파악할 수 있는 항목수가 7±2 정도이기 때문이다. 각 부문별로 7개씩 구분하면 2단계에서 49개 항목 그리고 3단계에서는 343개 항목이 되기 때문에 3단계로 구성해도 내용을 충분히 설명할 수 있다.

그림 5-1. 문서의 구성

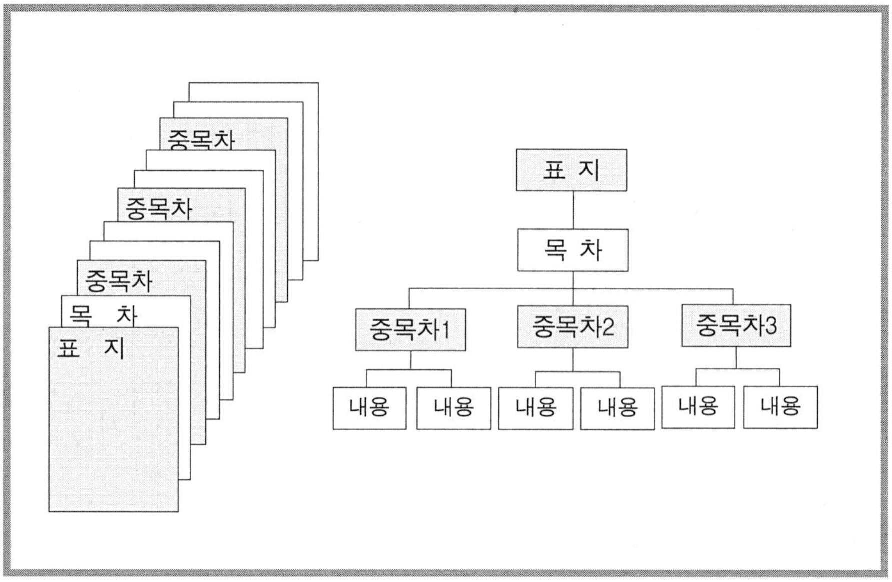

(2) 표현매체

인쇄지에 의한 정보전달이 일반적으로 활용되고 있으나 정보전달 수단에는 여러 가지가 있다. 인쇄지에 의한 정보전달은 전달이 일방향적으로 이루어지나 발표(Presentation), 비디오 및 인터넷 등의 매체를 이용하는 쌍방향적인 방법이 증가하고 있다.

인터넷을 통한 정보전달의 경우 유의할 점은 인쇄매체를 이용하는 경우와 같이 한 페이지당 전달 정보의 양이 제한된다는 점이다. 한 페이지씩 밖에 화면에 표시되지 않기 때문에 계층적인 정보정리 노력을 인쇄매체 이상으로 기울여야 한다.

3. 사업계획서의 내용

사업계획서는 제안된 사업의 중요한 내용들이 예측(가정)으로부터 입안된 계획서이므로 실제의 모든 사실을 합리적으로 나타낼 수 있을 정도로 최선의 노력을 다해야 한다. 또한 가장 낙관적인 가정(假定)에서부터 가장 비관적인 가정에 이르기까지의 계획과정을 여러번 반복해야 한다.

사업계획서에 포함되어야 할 구체적인 내용으로는 사업의 취지, 사업의 개념, 시장배경, 사업추진 전략, 마케팅전략, 연구개발전략과 제조, 조직화전략, 투자계획 및 수지계획 등이 있다.

(1) 사업의 취지

사업취지는 「누가, 언제, 누구에게, 무엇을, 어떻게, 왜」 등 5W 1H 원칙에 따라 명확하게 작성해야 한다. 사업취지의 작성시에는 하려는 사업이 무엇인가, 왜 나에게 적합한 비즈니스인가, 어떠한 관점에서 자신의 비즈니스를 상품화하고자 하는가, 무엇을 할 것인가, 대상 소비자는 누구이며 왜 자기 상품을 구입하는가, 경쟁상대는 누구인가, 어떻게 하면 살아남을 수 있을까 등의 관점에서 검토되고 작성되어야 한다.

(2) 사업의 컨셉

사업컨셉은 사업을 영위함에 있어 없어서는 안될 중요한 테마(Theme)이다. 사업계획서로 설명되는 사업컨셉에는 사업의 구분 및 내용, 고객중심의 컨셉 설정, 영위하려는 사업위치의 설정, 무(無)에서 유(有)를 창출하는 창조성이 포함되어 있어야 한다.

[가] 사업구분 및 내용

사업의 구분 및 내용에 있어서는 하려는 사업이 어떤 사업인가를 간략하고 명확하게 설명하는 것이 중요한 바, 다음 내용의 검토가 필요하며 이를 사업의 원칙으로 삼아야 한다.

- 사업의 내용은 무엇인가?
- 어떤 제품 또는 서비스를 제공할 것인가?
- 목표로 하는 시장(Market)은? 그 규모는? 그리고 시장점유율을 어느 정도까지 확대할 수 있는가?
- 경쟁력 확보 방안은?
- 현사업을 선택한 이유는 무엇인가?
- 경영진 및 종업원 구성과 업무수행상 어떤 사람이 필요한가?
- 자금의 차입 또는 주식투자가 어느 정도의 수익을 가져올 것인가?

[나] 고객중심

"당신의 고객은 누구이며 당신은 무엇을 제공할 것인가"라는 것은 가장 흔하게 받는 질문이다. 이는 사업을 통해 고객에게 무엇을 제공할 것인가라는 고객중심의 사고를 해야 한다는 것이다. 그러므로 사업 즉, 제공할 제품·서비스의 특징을 고객의 입장에서 정리해야 하며 이때의 기본적인 검토항목은 다음과 같다.

- 어떤 사업을 시작하는가?
- 사업의 위치는(시장·기술 등의 성장성)?
- 사업형태는?
- 영위하려는 사업이 수익성이 있다고 생각되는 이유는?
- 사업개시 시기는?
- 1일 및 1주간의 근무시간은(공장은 기계가동시간)?
- 계절변동에 따라 수익 및 기계가동시간의 변동은 없는가?

[다] 사업위치의 설정

어떤 사업을 시작함에 있어 그 사업의 위치는 어떠한 가에 초점을 맞추는 것은 사업계획서의 작성에 가장 중요한 부분이라 할 수 있다.

여기에서 사업위치를 결정하는 것은 창업자가 제공하는 제품・서비스가 아니며 창업자가 생각하고 있는 사업내용 이외에 시장 및 고객의 관점에서 본 사업성이라는 것을 명심해야 한다.

[라] 사업컨셉

"당신이 사업을 통해 이익을 거둘 수 있다고 생각하는 이유는 무엇인가"라는 질문에 명확히 답변할 수 있다면 그 답변은 경쟁자와의 차별화 포인트가 된다.

창업자는 자신의 회사가 판매하고 있는 제품 및 서비스로 이해하려는 경향이 있으나, 회사경영에 있어서는 고객에 대한 질 높은 제품 또는 용역을 제공할 수 있고 또 고객이 제공된 제품・서비스를 즐겁게 활용할 수 있도록 한다는 관점에서 생각을 해야 한다.

경쟁업계의 상식을 뛰어넘어 새로운 사업컨셉을 도입함으로써 성공한 대표적인 예로써는 일본 혼다의 소형 오토바이사업을 들 수 있다.

혼다가 미국 모터싸이클 시장에 진출할 당시 미국의 소비자들은 장거리를 고속으로 주행할 수 있는 대형 모터싸이클을 선호하였고 기존의 대다수 메이커들도 미국 시장에서는 대형 모터싸이클만이 판매된다고 하는 고정관념을 가지고 있었다. 그러나 혼다는 업계의 상식을 초월하여 50cc 급의 모터사이클을 시장에 출하하고 목표시장을 미국 중산층 소비자에 두었다. 이것이 적중하여 이후 혼다는 미국내 소형 모터싸이클 시장을 장악할 수 있었다.

(3) 시장환경

시장은 「특정한 수요(Needs) 및 욕구(Wants)를 가지며 이를 교환을 통해 충족시키려는 의지와 능력을 가지고 있는 모든 고객으로 구성되어 있는 곳」으로 정의되고 있다. 창업자에게는 경영자원의 효율적 활용을 위해 자기의 목표시장을 어떻게 정의할 것인가는 가장 중요하다. 목표시장을 찾아내는 방법으로는 크게 인구동태적 접근법과 고객의 심리적 변동 요인에의 접근법으로 대별할 수 있다.

[가] 인구동태적 접근법

시장에 공통되는 인구통계를 활용하여 분석하는 방법으로 고객이 개인인 경우에는 연령, 성별, 취미, 생활패턴, 신문 · 잡지 · TV 등의 시청패턴, 교육수준, 사회적 지위, 직업, 소득수준, 가족구성 등을 분석대상으로 하며 고객이 기업인 경우에는 사업유형(제조업 · 소매업 · 서비스업 · 도매업 등), 성장단계, 구매동기, 입지, 기업형태 및 규모 등 인구동태적인 요인을 분석대상으로 하는 것이다.

[나] 심리적 변동요인 접근법

고객은 라이프 스타일(Life style), 개성(Personality)등에 의하여 세분화할 수 있다. 즉, 요리는 직접하는가, 인스턴트 식품을 구입하는가, 수입식품을 즐겨 찾는가 등의 고객소비 패턴의 분석을 통해 시장세분화(Market segment)을 할 수 있으며, 시장세분화에 의해 자신의 목표시장을 설정할 수 있다. 여기에서 중요한 것은 공급하는 제품 · 서비스 · 판매기법이 아무리 뛰어나도 소비자의 심리적 변동으로 인해 전체시장에서는 소비되지 않을 수도 있다는 것을 고려해야 한다.

a. 새로운 시장기회의 창출

시장기회란 사업자가 사업능력을 발휘할 수 있는 무대로써 고객의 니즈와 경쟁관계 분석이 철저할수록 새로운 시장기회는 더 많이 창출된다.

- 고객니즈 : 어느 정도 시장을 파악하고 있는가, 어떻게 고객의 기대에 부응할 것인가가 사업의 성패를 좌우한다. 그러므로 목표로 하는 고객층, 잠재고객, 제품 · 서비스의 구매이유, 보다 많은 고객확보를 위한 방안 등을 명확히 파악 · 분석해 두어야 한다.
- 경쟁관계 : 경쟁관계의 파악에 있어서는 주관의 개입을 배제하고 사실 그대로를 객관적으로 분석하여야 한다.

분석시에는 잠재 경쟁사를 도표화하고, 각 단계별(경쟁회사별) 대응전략을 수립한 후 경쟁사의 규모, 성장도, 목표, 관리, 기술적 장래성, 강점・약점, 마케팅 등 관련 정보를 분석하여 예측되는 경쟁사의 반응 및 마케팅의 변화예측, 고객의 반응패턴을 평가한다.

b. 외적인 환경영향 분석

환경분석에 있어 경영자가 변화시킬 수 없는 요인은 기술과 국가의 관련 정책이 있을 수 있으며 이는 기업 경영에 많은 영향을 미친다. 환경요인 변화의 좋은 예로써 인터넷의 보급을 들 수 있다.

- 기술 : 급격한 기술변화에 부응치 못하는 기업은 도태되고 만다. 기술의 발전은 소비자의 생활양식은 물론 마케팅에도 영향을 미치므로 관련 기술의 변화와 발전에 대한 치밀한 검토가 있어야 한다. 기술발전은 새로운 시장기회를 제공하므로 사업계획서는 기술변화를 지속적으로 체크할 수 있도록 작성돼야 한다.
- 정책변화 : 정부의 정책이 변화하면 사업활동에 장애 또는 기회로 다가온다. 예를 들어, 정책적인 규제완화는 경쟁사 및 업종을 초월한 새로운 경쟁을 초래하여 위협요인이 될 수도 있는 반면 새로운 판매방법의 창출, 이업종에의 진출, 새로운 시장기회를 가져오는 기회가 될 수도 있으므로 중요한 검토 대상이라 할 수 있다.

(4) 기본사업전략의 수립

사업의 목적은 사회속에서 찾아야 한다. 즉, 사업의 목적은 고객의 창출에 있다. 기업은 사람을 창조하고 사람이 경영하는 것이며 기업의 이익 및 이익률은 기업의 목적이 아니라 단지 기업을 판단하는 척도일 뿐이다.

사업전략의 수립에 있어서 체계적인 사업계획의 수립, 기업의 조직과 활동의 균형이라 할 수 있는 생산성, 마케팅, 혁신(Innovation), 이익 그리고 장래성 등이 사업계획서에 포함돼야 한다.

(5) 마케팅전략의 수립

마케팅이란 고객을 창조하고 유지해 가는 기업목적의 달성을 위해 기업이라는 조직을 효율적으로 활동하도록 운영하는 것이다. 즉, 고객이 필요로 하는 상품・서비스를 어떻게 판매하고 고객에게 만족을 줄 것인가에 대한 해답을 구하는 것이 마케팅이다. 기술혁신이 이루어진다고 해도 그것을 고객이 받아들이지 않으면 기업은 생존할 수 없는 것이다.

마케팅을 통해 기업이 제공하는 상품은 무형재인 용역・서비스와 유형재인 제품으로 구분되며 유형재인 제품은 다음과 같이 구분할 수 있다.

- 핵심제품 : 경쟁제품에 비해 본질적인 장점과 뛰어난 성능을 가지는 제품
- 기대제품 : 핵심제품 + 고객이 기대하는 보조 서비스 및 품질을 포함하는 제품
- 확장제품 : 핵심제품 + 기대제품 + 고객을 만족시키기 위한 수단을 가지는 제품
- 잠재적 제품 : 현재의 제품이 미래에 발전하여 나타날 수 있는 제품

한편, 무형재인 서비스는 유형재와는 달리 그 차별성이 제3자의 눈에 잘 띄지 않으며 다음과 같은 특징을 가지고 있다.

- 무형성 : 서비스의 사전적인 시험 불가능
- 불가분성 : 서비스 제공자와 고객이 서비스 현장에 같이 존재함.
- 변동성 : 서비스의 품질은 제공자・장소・시간 등에 따라 변함.
- 소멸성 : 서비스의 저장 불가능

[가] 제품가격의 설정

제품가격의 설정과정은 [그림 5-2]와 같이 6단계로 이루어진다.

a. 가격목표의 설정 : 가격설정은 제품이 추구하는 목표 즉, 기업이 해당제품의 목표를 어디에 두고 있는가에 따라 달라진다. 예를 들어, 이익 최대화, 매출 극대화, 시장점유율의 확대 중 어디에 목표를 두는가에 따라 가격이 달라진다.

b. 수요예측 · 결정 : 설정된 가격목표에 따라 수요예측도 달라진다. 즉, 고가전략을 구사하면 수요량은 적어진다. 그러나 향수 · 보석 등과 같이 고가전략이 오히려 수요를 증대시키는 경우도 있다.

c. 비용계산 : 비용계산에 있어서는 생산량 · 판매량에 상관없이 일정하게 소요되는 고정비용(임금 · 시설장치비 등)과 원재료비, 포장비 등 생산량에 따라 변화되는 변동비가 있는데 2가지 요소를 함께 고려해야 한다.

그림 5-2. 가격결정 흐름도

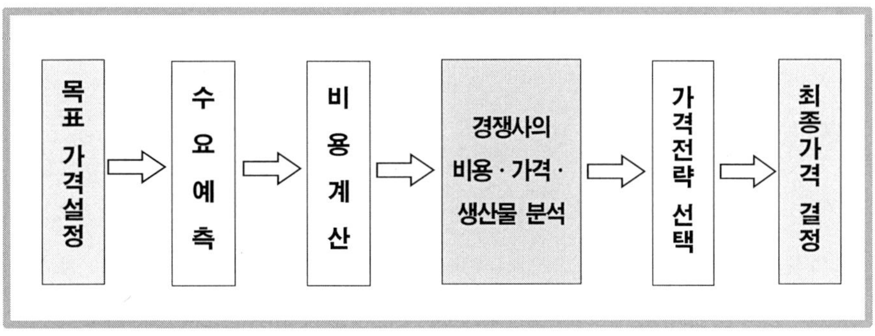

d. 경쟁사의 가격 · 제품분석 : 경쟁사 제품의 가격과 품질을 분석하여 소비자가 그 가격과 품질을 어떻게 생각하고 있는지에 대한 검토를 해야 한다. 즉, 소비자가 적정가격으로 인식하고 있는가, 아니면 저가격을 원하고 있는가, 가격은 높아도

고품질을 원하고 있는가 등에 대한 소비자의 욕구분석이다. 이러한 분석을 통해 고객이 원하는 가치를 이해할 수 있는 것이다.

e. 가격설정 방식의 선택 : 가격은 시장의 수요동향, 비용(Cost), 경쟁관계 등 3요소에 의해 결정되며 가격설정 방식에는 다음과 같은 방식이 있으며 입장과 환경에 따라 선택할 수 있다.

- Mark-up방식 : 가장 기본적인 것으로 생산코스트에 일정한 목표이익을 부가하는 방식이며 여기에서는 현재의 시장수요동향, 소비자의 지각가치(知覺價値), 경쟁관계 등은 고려치 않는다.

- 목표수익가격 설정방식 : 비용(Cost) 지향적 가격설정 방식으로 이는 기업이 목표로 하는 투자수익률(ROI : Return on investment)을 표시하는 가격설정 방법이다.

- 지각가치가격 설정방식 : 소비자의 지각가치에 근거한 방식으로 소비자가 지각하고 있는 가치에 대한 정확한 인식이 전제가 된다. 이는 목표시장에 맞는 품질·가격을 가지는 제품컨셉을 개발하여 설정된 가격을 기초로 판매예상을 한 후, 그에 필요한 생산능력을 고려하여 결과가 만족스러울 경우 그 가격을 채택하는 방식이다.

- 실세가격 설정방식 : 자사의 비용(Cost) 및 수요와는 별도로 경쟁상대의 가격에 따라 자사의 가격을 설정하는 방식으로 비용의 측정이 어렵고 경쟁상대의 반응이 불확실한 경우에 활용되며 보통 현재의 시장가격을 따른다.

f. 최종가격의 설정 : 대부분의 소비자들이 가격을 품질의 판단척도로 생각하고 있기 때문에 제품의 최종가격을 결정할 때는 소비자의 생각에 맞춘 심리적 가격전략을 사용하는 것이 효과적이다.

[나] 제품의 유통

세계적인 체인사업체로 성장한 「세븐 일레븐」의 성공요인은 판매채널의 통합과 정보의 통합을 통해 고객의 수요변화에 신속히 부응하여 제품의 지배력을 강화했다는 점에 있다. 이와 같이 제품의 유통에 있어서는 다음 사항이 고려돼야 한다.

- 목표고객(Target customer)이 어떠한 유통서비스를 원하고 있는지를 파악하여 적합한 유통방법을 선택해야 한다.
- 제조업자, 도・소매업자의 상호이익을 도모하고 규모의 경제 실현, 교섭력 제고, 중복서비스의 배제 등 장점이 있는 수직적 판매시스템(VMS : Vertical marketing system)의 채용을 검토한다.
- 도・소매업자 등 중간업자를 배제한 생산자와 소비자의 직거래 실현으로 통신매체의 발달에 의해 인터넷, 전자상거래 등 다양한 형태로 발전되고 있다.

4. 사업계획서 작성의 실제

사업계획서에 대한 검토의 주안점은 창업자가 진정으로 사업의지가 있는가 그리고 사업을 위한 기본적인 요건을 갖추었는가의 문제, 즉 일정금액의 자금조달이 가능한가, 기술성은 있는가, 사업에 필요한 최소한의 인력과 원자재의 조달은 가능한가, 과연 자금을 지원해 주었을 경우 상당 기간 내에 원금의 상환이 가능한가 등을 검토하게 되므로 이러한 점을 설득시킬 수 있도록 사업계획서를 작성하여야 한다.

그러나 사업계획서의 평가에 있어서는 평가기관마다 평가항목에 대한 비중, 평가방법 등이 각각 다르므로 모든 기관의 것을 다루기는 어렵다. 따라서 본서에서는 시장형 창업의 경우에는 인도요리 전문점관련 사업계획서 작성의 실례(제12장), 기술형 창업의 경우에는 중소기업진흥공단에서 시행하고 있는 중소·벤처기업 창업자금 신청시 제출하는 사업계획서를 대상으로 실제사례(제15장)를 수록하였다.

제6장

창업기업의 형태

1. 기업형태의 결정과 특징[6)]

창업자가 업종을 선택하고 사업계획을 수립하고 나면, 선택업종에 따라 인·허가 담당관청에서 사업인·허가를 얻고, 사업주체를 결정하여 해당관청에 사업자등록 또는 법인설립등기를 하여야 한다.

기업형태는 법률상 규정된 기업의 설립주체와 설립형식에 따른 기업의 종류구분을 말한다. 기업의 설립은 개인이 할 수도 있고, 공동으로 함께 할 수도 있는데 개인이 혼자서 기업을 설립할 경우 그 개인은 기업 경영에 절대적인 권한을 가지게 되지만, 공동으로 설립한 경우는 상호 어떤 방식으로 협력하느냐에 따라 기업의 경영권한과 책임은 크게 달라지게 된다.

기업의 형태는 출자형태에 따라 개인기업과 공동기업으로, 법률적 형태에 따라 개인기업과 법인기업으로 구분하는데 법인기업은 다시 합명회사, 합자회사, 유한회사와 주식회사로 세분되어 있다.

기업은 이익극대화라는 목표를 달성해 가는 공동조직체이다. 이러한 목표를 달성하기 위해서는 어떠한 기업형태가 가장 적절한가를 선택하여야 하는데 이를 위해

6) 김철교·조준희, 「벤처기업 창업과 경영」, 삼영사, 1999. pp.61~65.
신용하·이인우·장동훈, 「창업과 벤처」, 전게서, 1998.

서는 기업형태에 따른 경영, 세제상의 장·단점을 명확하게 검토하여 경영에 가장 적절한 소유구조를 선택하는 것이 사업의 성공을 위해 매우 중요하다.

(1) 개인기업

개인기업은 기업의 소유형태 중에서 가장 기본적인 형태로서, 출자자와 경영자가 동일인이며 가계와 분리되지 않은 기업을 말한다. 개인기업의 자산, 부채는 전적으로 출자자 개인에게 귀속되며 이윤이 발생하면 개인이 독점할 수 있다.

개인기업은 특히, 소규모 소매점 및 서비스 업체들과 같은 영세 소기업에 집중되고 있으나 일정수준 이상의 규모에 달하면 법률적 관점에서 법인기업으로의 전환을 서두르는 것이 바람직하다. 자세한 내용은 개인기업과 법인기업이 장·단점을 다룬 항을 숙지하면 된다.

표 6-1. 기업형태의 분류

<table>
<tr><td rowspan="3">기업형태</td><td>공 기 업</td><td>국영기업, 지방공영기업, 공사, 공단 등</td></tr>
<tr><td>사 기 업</td><td>개인기업 - 개인상사
공동기업 - 주식회사, 합자회사, 합명회사, 유한회사</td></tr>
<tr><td>공·사공동기업</td><td>특수회사</td></tr>
</table>

(2) 법인기업

상법상 법인기업의 유형은 회사의 채무에 대한 구성원의 책임한계를 기준으로 주식회사, 합자회사, 합명회사, 유한회사 등으로 구분된다. 조직의 구성원이 회사채무에 대해 부담하게 되는 변제책임의 범위는 유한책임과 무한책임이 있다.

표 6-2. 개인기업과 법인기업의 차이

<table>
<tr><th rowspan="2">구 분</th><th rowspan="2">개 인 기 업</th><th colspan="2">법 인 기 업</th></tr>
<tr><th>주 식 회 사</th><th>유 한 회 사</th></tr>
<tr><td>적 정 규 모</td><td>소·중규모</td><td>중·대규모</td><td>소·중규모</td></tr>
<tr><td>법 적 근 거</td><td>업종별 관계법(인·허가)</td><td>상법 및 업종별 관계법</td><td></td></tr>
<tr><td>성 격</td><td>개 인</td><td>법 인</td><td>법 인</td></tr>
<tr><td>사원(대표자)책임</td><td>무한책임</td><td>유한책임(출자지분 범위내)</td><td>유한책임</td></tr>
<tr><td>법적 출자인원
(발기인수)</td><td>대표자</td><td>발기인 3인 이상</td><td>2인이상~50인 이하</td></tr>
<tr><td>출자금액(자본금)</td><td>제한 없음</td><td>5천만원 이상</td><td>1천만원 이상</td></tr>
<tr><td rowspan="3">기 관</td><td rowspan="3">대표자 개인</td><td>의결기관 : 주주총회</td><td>의결기관 : 사원총회
(서면대체가능)</td></tr>
<tr><td>대표기관 : 대표이사</td><td>대표기관 : 이사</td></tr>
<tr><td>업무집행 : 이사회</td><td></td></tr>
<tr><td>법적 설립요건</td><td>해당업종, 관계법에 의한 인·허가 사업자등록</td><td>정관인증 및 창립총회
법인설립등기
법인설립신고 및 사업자등록</td><td>정관인증
법인설립등기</td></tr>
<tr><td>조 직 변 경</td><td>주식회사·유한회사
등으로 법인전환 가능</td><td>유한회사로 변경 가능</td><td></td></tr>
</table>

[가] 주식회사

주식회사는 자본이 주식으로 분할되어 주식의 인수를 통해 출자하거나 기발행된 주식을 취득함으로써 주주(사원)가 되며, 주주는 주식의 인수가액 한도내에서 출자의무를 질 뿐 회사의 채무에 대하여 직접적인 책임을 지지 않는 형태의 회사이다. 소유와 경영이 분리된 주식회사의 경우 주주는 주주총회에 참석하여 중요 의사결정에 대한 의결권을 가지지만, 업무집행과 회사 대표권은 없고 그 권한을 이사회와 대표이사에게 위임한다. 그러나 주주는 주주총회에서 감사를 선임하여 업무를 감독하게 하거나 직접 경영에 대한 감독 및 시정권을 행사할 수도 있다.

주식회사는 불특정 다수인들에게 주식을 발행하고 자본을 끌어들여 거대한 자본조달을 가능하게 하므로 오늘날 기업의 전형적인 조직형태가 되고 있다. 주식회사는 다음과 같은 세 가지 특징을 가지고 있다.

첫째, 모든 주주는 출자를 한도로 해서(주식의 인수가격을 한도로) 회사의 자본위험에 대한 유한책임을 진다. 즉, 주주의 재산과 회사의 재산이 구별되는 것이다. 주식회사는 법인(법적인 인격체)이므로 회사의 부채에 대한 책임은 법인에 있으며 주주 개인이 책임을 지지 않는다.

둘째, 주식회사의 출자금(자본금)은 주식(Stock)이라는 형태로 소액·다수로 분할되어 증권화 된다. 증권은 유가증권으로 매매·양도가 자유로우며 증권을 구입하면 그 회사 주주이자 출자자가 되며, 매각·양도하게 되면 주주나 출자자의 지위를 상실한다. 사원의 승인이 없어도 주식의 매매·양도가 가능하다는 점에서 합명회사나 합자회사·유한회사와 다른 특징을 가진다. 이러한 자본의 증권화로 인한 손쉬운 자본조달이 가능하다는 장점을 가지고 있기 때문에 주식회사 제도가 발전하게 되었다고 할 수 있다.

셋째, 자본의 출자와 경영의 분리를 통해 대리경영(전문경영자)이 가능한 바, 사실상의 집행기관인 이사회가 다수의 주주를 대리해서 직접 경영을 담당하게 된다. 즉, 자본과 경영의 분리는 자본가나 출자자에 의해서 기
업이 운영되는 것이 아니라 과학적인 관리기술과 풍부한 지식을 갖춘 전문적인 경영자에 의해 실질적으로 운영되는 것이다.

주식회사는 1년에 1회 개최되는 주주총회에서 이사를 선출하여 이사회에서 경영을 담당하고 일반 주주는 경영에 참가하지 않는다.

그러나 규모가 작은 회사에서는 주주와 이사가 동일인이고, 주식도 일반에 공개치 않고 폐쇄적으로 운영되는 경우가 많다. 우리나라의 경우, 주식회사 설립의 요건으로는 3인 이상의 발기인과 자본금 5,000만원 이상으로 정하고 있다.

[나] 합자회사

합자회사는 무한책임사원과 유한책임사원으로 조직되는 회사로서, 무한책임사원은 합명회사의 사원과 같이 회사의 채권·채무에 대해 연대·무한책임을 지며,

업무집행권과 대표권을 갖는다. 그러나 유한책임사원은 회사의 채권에 대해 직접 변제할 책임이 있지만 그 책임은 출자액을 한도로 하며 유한책임사원은 회사의 경영참가 권리가 없다.

이러한 회사형태에서는 유한책임사원을 폭넓게 모집할 수 있기 때문에 합명회사보다 회사의 규모를 확대할 수 있으나 유한책임사원의 범위를 확대하면 할 수록 그만큼 무한책임사원의 책임이 가중되므로 회사의 규모를 무작정 확대할 수는 없다.

[다] 합명회사

합명회사는 회사의 채권·채무에 대하여 연대·무한책임을 부담하는 사원만으로 조직된 회사를 말한다. 이러한 무거운 책임을 부담하는 대신 사원은 회사의 업무를 집행할 권리와 의무 그리고 회사를 대표할 권리를 갖는다.

합명회사는 가족, 친척, 친구 등 상호 신뢰관계가 비교적 견고한 소수인의 공동기업에 적합한 기업형태로서, 자본의 집중보다는 부족한 노동력을 결합·보충하는데 보다 큰 목적을 가지고 있으며 개인기업의 장점을 발휘할 수 있고 환경변화에 신속하게 적응할 수 있는 임기응변적 경영활동 경향이 강한 기업형태이다.

[라] 유한회사

유한회사는 2인 이상 50인 이내의 유한책임사원으로 구성되는 회사로서 중·소규모의 기업에 적절한 기업형태이다. 이는 합명회사와 주식회사의 장점을 택한 기업형태로서 소규모경영에 직접 참여하면서도 책임의 유한성이라는 이점을 살리려는 의도에서 발달한 회사이다.

유한회사의 기관으로는 이사, 감사, 사원총회가 있다. 사원총회는 최고의사결정기구로서 사원중에서 1명 또는 2명 이상의 이사를 임명하는데 사원총회의 의결권은 소유지분에 비례한다.

2. 개인기업과 법인기업의 장 · 단점

창업시 회사형태를 개인기업으로 할 것이냐, 법인기업으로 할 것이냐의 선택은 생각보다 어려운 일은 아니니다. 그것은 단지 창업자 개인의 선택취향과 기업의 규모에 의하여 결정된다. 즉, 외형이 커지면 개인기업의 경우 소득세 부담이 가중되기 때문에 법인으로 전환하는 것이 좋다는 현실적인 문제에 따른 사항이라 할 수 있다.

일반적으로 연간 매출 규모가 5억원을 넘을 것으로 예상되면 법인으로 출발하는 것이 좋으며 또, 사업규모가 100억 미만일 것으로 추정되면 유한회사로 하는 것이 좋은 바, 그 이유는 설립이 간단하고 폐쇄적이어서 소위 가족회사로는 적격이기 때문이다. 한편, 우리 나라 대부분의 금융기관 대출은 신용을 바탕으로 성립되는 것이 아니라 부동산 등의 담보에 의해 이루어지고 있다. 그러하기 때문에기업의 형태를 주식회사로 하면 대출이 유리할 것이라고 생각하는 것은 잘못된 판단이다.

회사의 형태에 관계없이 중소기업 특히, 개인이 부동산 등 담보나 보증없이 금융기관에서 자금을 융통할 기회가 거의 없는 것이 우리의 현실이다. 이러한 점에서 볼 때, 구태여 주식회사를 고집할 필요는 없으며 향후의 사업의 성장가능성과 매출규모에 따라 기업의 형태를 결정하는 것이 바람직하다고 하겠다. 법인형태별로 본 장 · 단점은 다음과 같다.

개인기업은 모든 경영사안에 대해 사업주 혼자서 책임을 져야 하기 때문에 상대적으로 부담이 큰 반면 언제, 어느 때든 자신의 책임하에 사업을 추진할 수 있을 뿐만 아니라 세무 · 회계처리의 간편성도 가지고 있다. 그러나 안정감이 떨어짐과 동시에 아울러 사회적 신용측면에서도 다소 불리한 면이 없지 않은 것이 사실이다.

법인경영의 경우 회사의 형태에 따라 장점과 단점이 있을 수 있으나, 일반적으로 법인의 경우 회사채무에 대해 유한책임을 가진다. 또한 회사의 설립과 운영은 법률에 의해 엄격히 규제되고 있고 설립요건 및 경영에 있어서도 법과 제도의 범위내에서 운영해야 한다는 통제성이 강하다.

그러므로 개인기업과 법인기업은 각기 장·단점을 세심히 살펴보고 창업자는 각자가 처한 환경에 따라 회사의 형태를 선택해야 한다. 즉, 창업자가 영위하고자 하는 사업의 특성에 따라 양제도를 비교 평가하여 이득이 큰 쪽을 선택하는 것이 바람직할 것이다.

개인기업과 법인기업의 장·단점을 간단하게 정리하면 [표 6-3]과 같다.

즉, 창업자는 자기가 경영하려고 하는 사업의 소득규모가 어느 정도 될지, 얼마 후에 누적결손을 보전하고 이익실현이 가능한지를 판단하여 기업형태를 결정하는 기준으로 삼아야 할 것이다.

표 6-3. 개인 및 법인경영의 장·단점

구분	개 인 기 업	법 인 기 업
장점	• 사업이윤을 기업주가 독점할 수 있음 • 법적절차가 비교적 간단하여 기업설립이 용이함 • 창업비용 및 창업자금이 비교적 적게 소요되어 소자본으로도 창업이 가능함 • 기업활동상의 제반 정책수립, 집행, 계획 변경 등을 자유롭고 신속하게 결정·추진할 수 있음 • 개인기업은 긴밀한 인적 조직체이므로 경영방침, 제조방법, 판매정책, 자금운용상의 비밀유지가 가능함 • 개인기업의 기업주는 고객 및 종업원과 직접 접하는 경우가 많으므로 상호 이해하기가 쉽고 효과적인 경영을 할 수 있음 • 경리장부 및 결산서의 작성이 간단하며 결산서류는 손익계산서 이외에 다른 것은 필요가 없음	• 출자자의 부담이 적고 자금모집이 용이함 • 사회적인 신용이 개인사업자보다 높음 • 법인세가 개인사업자의 납세율보다 낮기 때문에 유리함 • 각종 사회보험에 가입할 수 있으며 보험료도 회사와 개인이 1/2씩 부담 하고 회사부담액의 경우 경비처리가 가능하므로 부담이 경감됨 • 회사설립과 운영시 자본조달이 용이하고 대자본 형성이 쉬움 • 회사의 도산시 출자금액 범위내에서만 법적 책임을 짐 • 주식의 양도에 의하여 출자액을 증감시킬 수 있음 • 소유와 경영의 분리가 가능함 • 주식의 상장 등을 통해 기업의 대중화 및 거대화가 가능함 • 법인의 공신력이 높아 매출, 직원 채용 등 영업상 유리한 점이 많음

단점	• 기업주가 기업경영상 발생하는 부채와 손실에 대해 무한책임을 짐 • 사회적 신용을 얻기까지 시간이 필요할 뿐만 아니라 융자·대출 등의 제한이 있을 수 있음 • 사업주 개인의 신상에 사고가 발생할 경우 폐업 또는 기업운영에 직접적인 영향을 미쳐 사업의 영속성이 결여됨 • 투자 및 차입규모가 클 경우 자본조달 능력에 한계가 있음 • 혼자서 경영상의 제문제 즉, 생산·판매·자금조달·인사관리 등 경영전반을 관장할 수 없는 등 경영능력에 한계가 존재함 • 법인 납세율은 16~28%이나 개인은 10~40%로 납세에 불리함이 있음 • 기업규모가 커질 경우, 법인전환 등의 부수절차가 필요함	• 회사설립시 상법의 규정에 따라 설립요건이 엄격함 • 정관의 사업내용을 임의로 변경할 수 없으며 신규사업을 시작하거나 사업변경을 하는 경우, 정관의 기재사항을 변경한 후 변경등기를 해야 함 • 엄격한 회계와 복식부기에 의한 장부정리가 필요함 • 설립절차가 복잡함 • 경영에 대한 의사결정체계가 주주총회-이사회-대표이사로 복잡하게 되어 있기 때문에 신속한 의사결정이 어려움 • 주주 상호간 이해관계로 인한 대립시 마찰의 소지가 있고 경영공백이 우려됨 • 대표이사의 무한책임경영이 여타 주주에 큰 피해를 줄 수도 있음

표 6-4. 개인기업과 법인기업의 세제상 차이

내 용	개 인 기 업	법 인 기 업
적용세법	소득세법	법인세법
과세소득	총수입금액 - 필요경비 공제액	익금 총액 - 손금 총액
과세범위	특정소득에 대해서는 종합과세치 않고 원천징수만으로 분리과세	분리과세 불인정
2중과세 여부	하나의 원천소득에 대해 이중과세되지 않음	부동산양도시 양도차익에 대해 법인세 및 특별부가세 과세, 법인세 과세 후 배당소득에 대한 소득세 과세(주주입장에서 2중납세)
과세표준 확정	정부의 부과결정 방식	신고결정 방식
세율구조	세 율 : 10~40%로 누진 주민세 : 소득세의 10%	세 율 : 16~28% 주민세 : 법인세의 10%
납 세 지	개인기업의 주소지 또는 거소지	법인등기부등본상의 본점/주사무소
기장의무	수입금액에 따라 일기장 의무자, 간이장부 의무자, 복식부기 의무자로 구분	수입금액에 관계없이 복식부기 의무자가 됨.
대차대조표	대차대조표 공고의무 없음.	법인세 신고기간내에 일간신문에 공고해야 함.
과세기간	1월 1일부터 12월31일까지	정관/규칙에 정하는 회계기관
외부감사제도	적용되지 않음	자산총액 60억 이상인 경우 공인회계사의 감사를 받아야 함.

제7장

창업 행정절차

1. 창업관련 행정절차

사업을 시작하기 위해서는 일련의 창업과정을 거쳐야 하며 특히, 벤처창업, 제조업 창업 등과 같은 기술형 창업에 있어서의 창업절차는 법률적으로 엄격히 규정되어 있다. 그러나 철저한 창업준비는 창업자에게 보다 많은 사업기회를 제공하며 사업의 성공가능성을 높여주는 것이다.

1.1 기업의 설립절차

(1) 개인기업의 설립절차

개인기업은 사업주 개인이 출자자인 동시에 경영자로서 모든 법적 문제를 책임진다. 즉, 개인기업은 소유와 경영이 일치하며, 회사의 규칙이라 할 수 있는 정관도 필요없다.

개인기업을 창업하려는 때에는 그 규모나 업종에 관계없이 관할세무서에 사업자등록을 해야 한다. 사업자등록은 주민등록과 같은 것으로 모든 국민이 주민등록을 하듯이 창업자도 사업을 시작 전 또는 사업시작 후 20일 이내에 구비서류를 갖추어 관할세무서 민원봉사실에 사업자등록을 신청하며 사업자등록증을 발급받아야 한다. 개인기업은 이로써 창업기업으로 성립한다. 사업자등록을 하면 사업자등록번호가 부여되는데, 이 사업자등록번호는 모든 상거래에 있어 그 사업체를 표시하며 거래시마다 사용되는 고유번호이다.

개인기업의 설립절차는 당해 업종이 정부의 인·허가 대상업종인 경우에는 우선 관계기관으로부터 인·허가를 받아야 하며 관할세무서에 사업자등록을 신청하고 사업자등록증을 교부받아야 하는데, 사업자등록 신청시 구비서류는 ⓐ사업자등록 신청서, ⓑ사업 인·허가증 사본(인·허가 업종인 경우), ⓒ주민등록증(등본) 등이다.

(2) 법인기업의 설립절차

법인기업은 사업업종과 관련된 관할관청에서 사업에 대한 인·허가를 취득한 다음에 법인설립등기를 한 후 30일 이내에 관할세무서에 법인설립신고를 해야 한다.

대표적 법인기업인 주식회사의 일반적인 설립절차는 우선 3인 이상의 발기인 전원이 기명날인한 정관을 작성하여 공증인의 인증을 받고, 주식의 인수와 청약 및 기타 설립요건에 필요한 사항을 법원에 신고함과 동시에 창립총회를 거쳐 설립등기를 함으로써 회사가 성립된다.

[가] 정관의 작성

정관이란 실질적으로는 회사의 조직활동을 정하는 근본규칙을 말하고 형식적으로는 그 근본규칙을 기재한 서면을 말한다. 정관은 곧 회사의 준칙이기 때문에 설립자는 물론 신입사원도 구속하는 자치적 법규의 성질을 가지므로 공증인의 인증이 있어야만 효력이 발생된다.

정관의 기재사항에는 필수사항과 임의사항이 있는데 법률상 절대적 기재사항이 잘못 기재되거나 누락된 경우에는 그 정관은 무효가 되고 법인설립도 무효가 된다. 이러한 절대적 기재사항은 설립목적, 상호, 회사가 발행하는 주식의 총수, 본점의 소재지, 회사가 공고하는 방법, 발기인의 성명 및 주소, 1주당 금액, 정관작성 년월일 등이다.

[나] 법인설립등기

법인설립등기는 회사의 설립절차의 마지막 단계에 속한다. 회사는 설립등기에 의해서 성립하며 법인으로서 존재하게 된다. 창립총회가 종결된 날로부터 2주 내에 이사의 공동신청에 의하여 회사의 본점이 소재한 관할법원에 설립등기를 하여야 한다. 구체적인 법인설립 등기업무는 법무사에 의뢰하여 신청한다.

등기사항은 대체로 정관기재사항 이외에도 일반공중과 이해관계가 깊은 사항은 일반공중에게 공시할 필요가 있으므로 이를 등기사항으로 정하고 있다. 등기사항을 열거하면 ⓐ회사목적, ⓑ상호, ⓒ회사가 발행할 주식의 총수, ⓓ1주의 금액, ⓔ회사의 설립시 발행하는 주식총수, ⓕ본점과 지점소재지, ⓖ회사의 공고방법, ⓗ자본의 총액, ⓘ발행주식의 총수, 그 종류와 각종 주식의 내용과 수, ⓙ회사의 존립기간 또는 해산사유를 정한 때에는 그 기간 또는 사유, ⓚ주주에게 배당할 이익으로 주식을 소각할 것을 정할 때에는 그 규정, ⓛ전환주식을 발행하는 경우에는 주식을 다른 종류의 주식으로 전환할 수 있다는 내용, 전환의 조건, 전환으로 인하여 발행할 주식의 내용, 전환 청구가능 기간, ⓜ이사와 감사의 성명과 주소, ⓝ명의개서 대리인을 둔 때에는 대리인의 성명 및 주소 및 영업소 등이다.

[다] 사업자등록

신설법인의 사업자등록신청은 법인설립신고와 병행하여야 하는데, 관할세무서(법인세과)에 사업자등록을 하여야 한다. 신청서류는 다음과 같다.

•법인설립신고의 경우 : 창업자가 법인설립등기를 한 날로부터 30일 이내에 법인설립신고를 본점 소재지 관할세무서에 하도록 법인세법 제40조 및 동법시행령 제125조에 규정하고 있으므로, 창업자는 ⓐ설립시의 대차대조표, ⓑ설립등기의 등기

부등본, ⓒ정관 사본, ⓓ주주 또는 출자자 명부, ⓔ현물출자의 경우 출자명세서, ⓕ법인설립신고서 등의 서류를 구비하여 제출해야 한다.

•사업자등록의 경우 : 신규로 사업을 개시하는 자는 사업장마다 사업 개시일로부터 20일 이내에 관할세무서에 사업자등록을 해야 한다. 물론 사업 개시일 전에도 등록할 수가 있다. 법인의 경우 창업자가 법인설립전 또는 사업허가 전에 등록을 신청하는 때에는 법인설립을 위한 발기인의 주민등록등본 또는 사업허가 신청서·사업계획서를 준비하여야 한다.

1.2 창업절차 단계

기술형 창업절차는 5단계로, 시장형 창업절차는 2단계로 구분할 수 있으며, 각 단계별 개요는 다음과 같다.

[가] 제1단계 : 업종선정 및 사업계획수립

창업의 1단계는 창업하고자 하는 업종을 선정하는 일로부터 이루어진다. 업종선택이 이루어지면 선정한 업종의 성공가능성을 사전에 분석하는 사업성 분석을 통하여 구체적인 사업계획을 수립하여야 한다.

업종선정단계에서는 성장잠재력을 가진 업종의 선택이 중요하며 기본적으로 다음의 내용에 대한 검토가 이루어져야 한다.

•경쟁우위를 확보할 수 있는 품목인가?
•고정설비투자가 적은 업종인가?
•기술적(시장적)으로 발전가능성(수요확대가능성)을 갖고 있는가?
•자금조달 가능성은 어떠한가?
•시장의 수요변화가 작고 관련 분야로의 사업연계성이 있는가?

이와 같이 영위하고자 하는 사업분야와 업종을 선택한 후, 업종에 대한 사업타당성을 분석하고 이를 기반으로 구체적인 사업계획서를 작성한다.

[나] 제2단계 : 사업 인·허가 및 회사설립

제1단계에서 사업타당성이 입증된 창업자의 아이디어가 구체적인 사업활동으로 이어지기 위해서는 영위하고자 하는 사업이 인·허가 해당 업종 인지의 여부를 파악한 후 해당 관청에서 법적인 인·허가를 취득해야 한다. 즉, 인·허가 관련 제도에 따라 창업자는 개인기업 또는 법인기업 등 사업형태를 결정하여 사업자등록이나 법인설립 등기를 해야 한다.

[다] 제3단계 : 공장입지의 선정

행정관서에서 법적인 인·허가가 완료되면 공장의 위치를 선정해야 한다(용역·서비스업 등 비제조업은 제외). 기술형 사업의 입지선정은 국토이용관리법이나 도시계획법 등에서 규정하고 있는 사업용도에 부합되어야 가능하다.

본서의 기술형 창업은 벤처창업과 제조업 창업을 포함하는 개념으로 공장을 설립할 수 있는 지역은 공장건설을 위해 조성한 계획입지(국가공단, 지방공단, 농공단지)와 국토이용관리법 및 도시계획법에 의해 구분된 개별적인 용도지역(지구) 중 제조공장의 설립이 허용되는 자유입지에 한정되어 있다.

즉, 계획입지에는 '산업입지 및 개발에 관한 법률'에서 정한 목적에 부합할 경우에 입주가 가능하며, 자유입지는 '국토이용관리법', '도시계획법' 등에서 허용하는 지역내에서 공장설립이 가능하다.

국토이용관리법에서 정하고 있는 용도지역은 공업지역, 도시지역, 개발촉진지역, 경지지역, 산림보존지역, 수산자원보존지역, 취락지역 등으로 되어 있으며 이 중 공업지역을 제외하고는 공장설치 허용범위가 제한되어 있다.

[라] 제4단계 : 공장건축 및 공장설립 완료보고

공장입지가 결정되면 다음 단계에서는 구체적으로 공장설립과 공장건축을 위한 여러 가지 절차가 필요하다. 즉, 건축허가, 건축 착공신고, 건축중간검사 및 준공검사, 공장설립 완료보고 등의 절차를 거쳐야 한다.

그림 7-1. 창업행정절차도

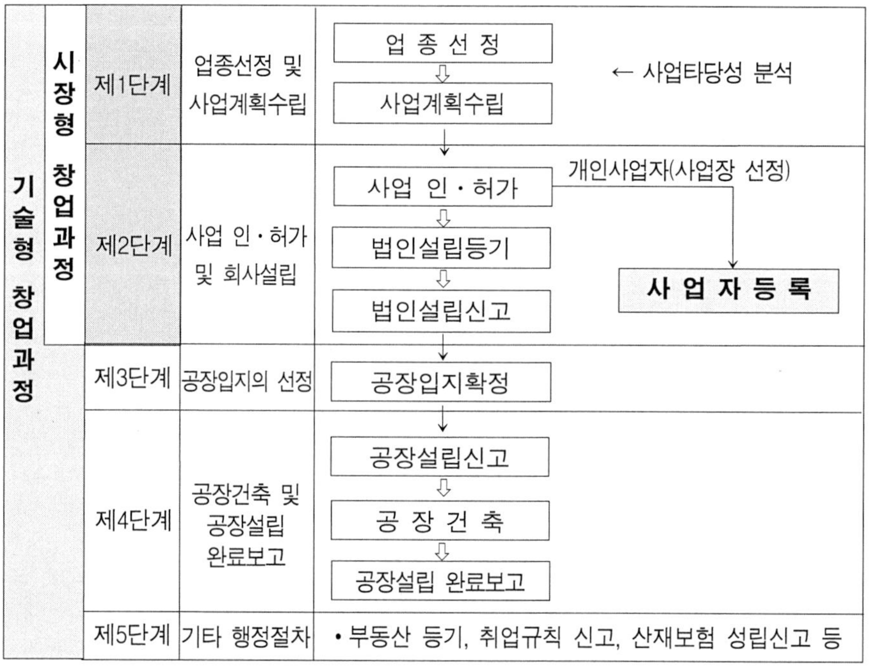

자료. 홍성도, 「벤처비지니스의 이해」, 학문사, 1997. p.110에서 재가공.

a. 공장설립신고

공장설립장소를 마련한 후에는 관할 시·군·구청에 공장설립신고를 한다. 공단지역(국가공단, 지방공단, 농공단지)에 공장을 설립코자 하는 경우에는 공단사무소와 공업단지 입주계약을 체결하면 별도로 공장설립신고를 할 필요가 없다.

그리고 '국토이용관리법' 및 '도시계획법'에서 정한 공장설치 허용지역에 공장을 설립할 경우에는 공장건축면적 200㎡ 이상, 상시종업원수 16인 이상인 공장인 경우 공장설립신고를 해야 한다.

공장설치가 허용되는 지역에서 창업자가 사업계획승인을 통해 공장을 설치하는 경우에는 별도의 공장설립신고를 할 필요가 없다.

공장설립신고는 관할 시·군·구에 하며 설립신고에 필요한 서류로는 공장설립신고서, 공장배치도, 사업계획서 등이 있다(공업배치 및 공장설립에 관한 법률 제

13조).

b. 공장건축

공장의 건축단계에서는 시・군・구로부터의 건축허가 등 건축법이 정한 일련의 절차를 거쳐야 한다.

[마] 제5단계 : 기타 창업절차

앞의 4가지 절차가 완료되면 마지막으로 창업에 관련된 행정절차를 마무리하여야 한다. 최종 행정절차에는 부동산 등기, 취업규칙신고, 사업장 설치계획신고, 산업재해보험관계 성립 및 의료보험조합 관련신고 등이 필요하며 이러한 절차가 완료되었을 때 구체적인 기업활동을 시작할 수 있게 되는 것이다.

2. 창업사업계획 승인제도

정부에서는 중소기업의 창업을 활성화하기 위해 공장설치가 허용되지 않는 지역에서도 중소기업 창업자로서의 일정요건을 갖추면 시・군・구청으로부터 '창업사업계획'을 승인받아 공장을 설립할 수 있도록 하고 공장설립절차도 간소화하여 창업을 지원하고 있다. 그 내용은 다음과 같다.

창업사업계획의 적용대상은 중소기업창업지원법상 농어촌지역에서 창업하거나, 농어촌 이외의 지역에서는 기술집약형 업종을 창업하는 중소기업으로서 창업예정자 또는 창업 후 5년 이내에 제조공장을 가지고 있지 못한 기업이 대상이 된다. 대상기업은 공장설치 예정지의 관할 시장, 군수, 구청장에게 '창업사업계획 승인신청서'를 다음의 서류와 함께 제출해야 한다.

•창업사업계획 승인신청시의 첨부서류 : 사업계획서, 공장설치 예정지의 위치도 및 지적도, 공사개요서, 개략설계서, 개략공사비 조서, 부동산 권리사용 동의서

기술형 창업자가 창업사업계획 승인을 받음으로써 얻을 수 있는 효과로는 창업자가 여러 기관을 방문할 필요 없이 '창업사업계획신청'을 통해 공장설립신고 등 공장설치 인·허가와 관련된 23개 법률, 38개에 이르는 복잡한 인·허가 과정을 거치지 않고 일괄적으로 처리 받을 수 있다는 점이다.

이러한 창업사업계획 승인신청에 대한 접수 및 처리과정을 보면 먼저 해당 시·군·구청의 중소기업 창업민원실에서 접수하며 창업사업계획승
인신청의 내용이 시장, 군수, 구청장 소관사항에 국한되는 경우에는 접수일로부터 20일 이내에 승인여부를 결정한다.

그러나 동 승인신청 내용이 당해 시장, 군수, 구청장 외의 다른 행정기관의 권한에 속하는 사항이 있는 경우에는 접수일로부터 15일 이내에 관
련 행정기관에 협의요청을 하고 요청을 받은 관련 행정기관의 장은 특별한 사유가 없는 한, 접수일로부터 30일 이내에 협의결과를 통보하도록 하고 있다.

그림 7-2. 창업사업계획 승인절차

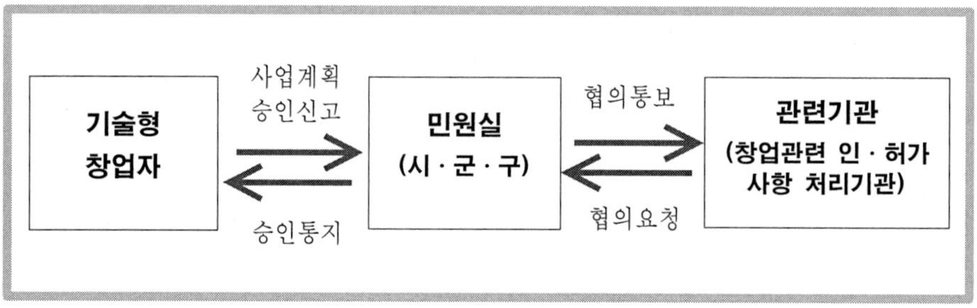

제8장

창업과 사업·기술분쟁의 해결

1. 경영환경의 변화

경제의 소프트화·서비스화·국제화 그리고 사회의 성숙을 반영하여 기업책임의 강화, 소비자보호의 강화 등 새로운 법적인 문제 및 분쟁이 빈발하고 있다. 휩싸이기 쉬운 법적인 분쟁에는 ⓐ환경문제, ⓑ제조물 책임(Product liability)에 관한 분쟁, ⓒ지적재산권 보호 강화, ⓓ기업 임원의 법적 책임 강화, ⓔ주식 내부거래의 금지, ⓕ국제통상관계법의 강화에 따른 분쟁 등이 있으며 그 종류와 수가 급증하고 형태도 다양화되고 있다.

이러한 기업을 둘러싸고 있는 환경문제 중에는 제조물책임 보험, 임원배상보험 등 보험으로 어느 정도 보상받을 수 있는 것도 있다. 그러나 국내에는 임원배상보험만이 도입되어 있고 제조물책임법은 2002년 7월부터 시행될 예정으로 현재 다각적인 검토가 진행되고 있다.

사업은 사람의 경영이다. 그러므로 사업계약에 관한 분쟁에도 사람의 마음과 생각이 연계되어 있다. 상대방에게 전혀 이해시키지 못함으로써 발생하는 분쟁과 생각치도 못한 법령위반 및 계약위반으로 인해 복잡한 소송에 휘말려 경영위기에 봉착하는 경우가 급증하고 있다.

또한 국내의 법·제도와 다른 지역에 기업이 진출할 경우, 불충분한 조사와 관계자의 오해로 인하여 법·제도적 문제가 발생하기도 한다. 이처럼 기업의 국제적 활동에 따라 발생하는 법적인 문제 및 분쟁은 수 없이 많다. 그러므로 법적인 위험을 확실히 분석하여 명확한 예방책을 강구하고 계약을 체결하는 것은 사업 못지 않게 중요하다.

이러한 문제에 대한 대응에는 사업계획 및 계약단계에서의 위험분석(Risk analysis)과 그 대응책의 수립이 기본이 된다.

그러므로 본장에서는 기술형 창업기업의 창업과정과 운영과정에서 파생되는 법무적 위험, 주의점 등을 다루어 보았다.

(1) 사업·조직형태의 선택

최근 기술형 창업기업 중에는 국내를 활동무대로 하지 않고 처음부터 외국을 사업대상으로 하는 경우가 많다. 특히, 외국인 또는 외국회사와의 공동사업을 통해 사업을 시작하는 경우도 증가하고 있다. 이러한 경우에는 진출국가의 법과 제도적 환경을 고려한 후 가장 유리한 회사형태를 선택해야 하며 위험에 따른 책임한계를 명확히 해야 한다.

특히, 사업 파트너 및 상대방의 사고방식, 행동양식, 경영철학, 목적 등과 함께 진출지역의 관습 등 사회문화에 대한 치밀한 검토가 선행돼야 한다.

(2) 자본구성 및 자금조달

사업에는 그 사업규모에 맞는 자금확보가 필수적이다. 사업타당성 조사(Feasibility study)를 통하여 창업회사의 자본구성, 규모, 그리고 자금조달방법 등에 대한 상세한 검토가 필요하다. 사업을 안정적으로 수행키 위해서는 적합한 자본구성과 운영자금의 확보방안을 수립해 둬야 하는데 창업시 여러명의 공동경영자 또는 후원자가 있는 경우에는 향후의 자금부족 상황의 도래에 대비하여 각자의 역할분담 및 책임한도를 미리 정해두어야 한다.

(3) 경영책임의 분담 및 협력

[가] 역할분담

공동창업의 경우에는 장 · 단기 사업에 대한 공통의 이해와 각자의 역할 · 책임에 대한 이해기반을 조성하는 것이 매우 중요하다. 장래에 발생할 수 있는 분쟁을 예방키 위해서는 사업경영의 주체, 사업확대 및 자금조달계획의 실행단계에서의 분담 · 협력방법 등을 협의를 통해 미리 결정해 둘 필요가 있다.

[나] 사업계획 · 역할분담의 확인방법

동업자간 역할분담을 명확히 하기 위해서는 사업개시 및 투자 직전단계에서 사업에 대한 상호협정을 체결하는 것이다. 만약 이러한 협정체결이 불가능한 경우에는 역할분담 내용을 포함하는 사업계획서를 작성하여 주요 관계자의 확인을 받아두는 것이 좋다.

(4) 핵심기술 · 영업비밀의 보호

[가] 핵심기술 · 영업비밀 보호

기술형 창업기업은 사업을 영위함에 있어 자체 보유기술로 하거나 필요한 신상품, 주력제품의 제조를 위한 핵심기술(Key technology)을 제3자로부터 도입하거나, 아니면 기술자를 스카웃함으로써 노하우(Know-how)와 영업비밀(Trade secret)을 획득하는 3가지 경우가 있다.

최근과 같이 영업비밀권 보호범위가 확대되고 있는 추세에 비추어 볼 때 기술자

스카웃에 의해 기술적 문제를 해결하는 경우에는 영업비밀 저
촉여부를 신중히 검토해야 한다.

일진다이아몬드(주)가 공업용 다이아몬드 개발과 관련하여 외국인 은퇴기술자에게 자문을 구했다가 관련 외국기업으로부터 소송을 제기당해 큰 봉변을 당한 사례가 있는 등 국내의 경우에도 영업비밀권 저촉으로 인한 소송사건으로 큰 어려움을 겪은 기업들이 증가하고 있다.

[나] 제품의 판매 · 제조금지 분쟁예방

최근 기술형 창업기업이 발매한 제품에 대한 판매·제조금지 관련 분쟁이 급증하고 있다. 전형적인 분쟁의 형태로는 기술형 창업기업으로 직장을 옮긴 연구자·기술자 등이 근무했던 전직장에서 자사의 영업비밀 및 특허·의장권·저작권 등을 침해하고 있다는 이유를 들어 기술형 창업기업의 신제품에 대한 판매 및 제조금지, 손해배상을 청구하는 것을 들 수 있다.

최근 미국에서는 금지(Injunction)와 손해배상(Damages) 청구소송이 급증하고 있으며 일본 및 우리나라에서는 제품의 제조·판매 등에 대한 행위금지 가처분소송을 제기하는 사례가 급증하고 있다. 이러한 분쟁의 예방과 지속적 성장을 위해서는 부정경쟁방지법, 지적재산권법(Intellectual pro- perty law) 등 관련 법규에 대한 사전검토가 반드시 필요하다 할 것이다.

[다] 분쟁에의 대응능력 배양

영업비밀·지적재산권 등에 대한 사전대비를 소홀히 하면 기업의 성장에 치명적인 손해를 가져다 줄 수도 있다. 설령 분쟁에서 승소한다고 해도 분쟁과정에서의 시장 및 고객에 대한 대응, 분쟁기간 동안의 기업 이미지 훼손, 분쟁관련 비용의 부담 등으로 인해 경영상 커다란 어려움을 겪게 된다.

창업기업이 사업수행에 절대적으로 필요한 기술, 영업비밀을 확보하고 있는 경우에도 라이센스 계약의 해제 등에 대한 대비를 해야 한다. 그렇지 않으면 분쟁이 발생했을 경우 설사 승소한다고 해도 사업기반에 약한 창업기업은 도산위험에 처하게 된다.

(5) 입지의 확보

[가] 임대차계약

사업 출발시에는 사무소 및 공장용지 등 사업장이 필요하다. 창업기업은 성장을 목표로 하기 때문에 사업의 성패에 관계없이 중기적으로 사무소의 이전·확장을 염두에 둔 입지선정이 필요하다. 그러므로 임대차계약의 경우에는 임대기간·계약의 갱신조건 등을 고려하여 필요시 유연하게 대응할 수 있도록 하는 것이 좋다.

[나] 임대차계약시의 주의점

부동산 임대차계약시에는 다음의 사항을 체크해야 한다.

•부동산의 권리자는 누구인가?
•해당 부동산과 관련한 융자의 유무(근저당권설정 유무 등)
•관리 및 서비스 제공자의 역할·책임관계
•임차료 이외의 각종 비용의 유무 및 비용분담 관계

[다] 사무소·토지 등의 현물출자 경우

기술형 창업기업의 창업자가 사무소 및 토지를 기업설립시 현물로 출자하는 경우가 있는데 현물출자의 경우 그 가치의 객관적인 평가문제와 과세문제가 발생한다.

회사 설립 후 현물출자하는 경우는 매각 및 임대와 같이 생각할 수 있으나 모두 세무·세법상 과세대상이므로 이에 대해 명확한 검토가 필요하다.

2. 창업기업의 법무환경

2.1 창업자와 배태조직과의 관계

신제품의 연구개발부문, 첨단기술 개발 등에 관계되어 있는 사원이 그 기업을 퇴직하고 기술형 기업을 창업하거나 타기업으로 전직하여 핵심제품의 개발요원으로 참가하는 경향이 증가하면서 종종 예기치 못한 법적 문제에 직면하여 큰 어려움을 겪는 경우가 늘어나고 있다.

즉, 애써 개발한 신제품이 저작권이나 지적재산권을 침해한다거나 또는 핵심기술자가 이직시 체결한 경쟁금지서약서의 내용에 위반된다 하여 제품의 생산 및 판매를 금지케 하고 손해배상까지 청구하는 경우가 그것이다.

이러한 문제를 예방하기 위해서는 ⓐ타사의 영업비밀권 침해여부, ⓑ경쟁금지서약서의 존재 유무와 그 내용 및 기간이 타당하게 규정되어 있는가(통상 2년 정도임), ⓒ기술형 창업기업에 참가하고 있는 사원이 개발한 것이 전직장의 업무범위내의 개발로써 그 회사의 시설·근무시간을 활용했는지의 여부, ⓓ전회사의 특허·의장·저작권 그리고 상표 등 지적재산권의 침해 여부를 여러 각도에서 검토해야 한다. 제품의 제조 및 판매금지와 관련한 소송 즉, 부정경쟁방지 및 지적재산권에 대한 보호가 강화되고 있는 상황을 고려할 때 이에 대한 대비를 철저히 하지 않으면 원대한 꿈을 가지고 결행한 창업도 결국 실패로 끝날 수 밖에 없음을 명심해야 한다.

2.2 창업자간 권리·의무관계

(1) 경쟁금지 및 제한

기업창업에서 발생하기 쉬운 분쟁의 하나로써 창업자는 핵심기술요원이 독립하여 모기업과 동일한 사업을 영위하거나, 새로운 사업의 시작행위를 제한할 것인가의 문제이다.

만약 이러한 분쟁이 발생했을 경우에는 애써 쌓아 올린 기업의 성장기반이 한꺼번에 와해되기 쉬우므로 창업자간 경쟁금지와 제한에 대한 명확한 근거를 마련해 두어야 한다.

표 8-1. 증권거래법상 스톡옵션제도의 내용

구 분	주 요 내 용
부여 대상자	• 법인의 설립과 경영 · 기술혁신 등에 기여하였거나 기여할 능력을 갖춘 당해 법인의 임 · 직원 • 부여 제한자 : 주요주주 · 제1대 주주 및 그 특수관계인
부여방법	• 신주발행교부 • 자기주식의 교부 • 주식매입 선택권 행사가격과 시가와의 차액을 현금 또는 자사주식으로 교부
부여가능 법인	• 주권상장법인 • 협회 등록법인 • 벤처기업 : 창업자 또는 신기술사업자로서 중소기업 창업지원업무 운용규정에 적합한 업종을 영위하는 내국법인
부여절차	• 주요 사항을 정관에 정하고 주총의 특별결의에 의해 시행 • 정관에 정한 경우 주식매입선택권을 부여 가능. 교부할 주식의 종류와 총수, 자격요건, 일정한 경우 주식매입선택권의 부여 취소가능. • 주총 결의사항에 의해 주식매입 선택권을 부여받을 자의 성명, 부여방법, 행사가격, 행사기간, 부여받을 자 각각에 대한 주식매입 선택권을 행사하며 교부할 주식의 종류 및 총수 결정
총부여 한도	• 주권상장법인 · 협회등록법인 : 발행주식 총수의 15% • 벤처기업 : 발행주식 총수의 50% ※조감법 : 1인당 10%, 연간 5천만원
행사가격	• 자사주 교부방법 : 스톡옵션 부여일 기준으로 상속세 및 증여세법 제63조의 규정을 준용하여 평가한 시가 이상 • 기타의 경우 : 이상의 방법으로 평가한 시가와 액면가액중 높은 금액 이상
행사기간	• 3년 이상 • 부여 결의일로부터 행사만료일까지 당해 법인에 대하여 유효
양도제한	• 사망시 상속 외에는 타인 양도금지
등록 및 신고	• 스톡옵션을 부여하고자 하는 법인은 사전에 증관위에 등록 • 부여사실을 증관위, 거래소 또는 협회에 신고 • 증관위 등은 신고일부터 스톡옵션 존속기한까지 이를 비치

주. 1. 증관위 : 증권관리위원회, 2. 협회 : 증권업협회, 3. 거래소 : 증권거래소
자료. 홍성도, 「벤처비지니스의 이해」, 학문사, 1998. p.196.

(2) 스톡옵션(Stock-option)

스톡옵션제도는 창업자 및 기업의 경영간부를 위한 인센티브의 하나로써 최근 널리 활용되고 있다. 이는 기술형 창업기업 또는 상장기업 등이 발행한 일정량의 신주를 사전에 일정 가격으로 매수할 권리를 부여하는 제도이다. 동 제도의 목적은 단기 경영성과와 중·장기적 성장간의 균형을 도모하고 경영자의 이해와 주주의 이해를 연계하여 기존 종업원을 유지·격려하며 능력있는 종업원을 유인하기 위함이다[7].

[표 8-1]은 우리나라 증권거래법상 정해진 스톡옵션의 내용을 정리한 것이며 [표 8-2]는 우리사주와의 차이점을 정리한 것이다. 이와 같이 스톡옵션제도의 실시에 있어서는 기업 정관의 정비, 주총의 결의 등 소정의 절차를 거쳐야 한다.

앞에서 기술형 창업기업이 직면하는 여러 가지 법무환경에 대하여 개략적으로 다루었으나, 이하에서는 특허·상담·저작권 등 기업의 경영활동에 중요한 경제적 가치를 가지는 지적재산권관련 법무문제를 정리하였다.

표 8-2. 스톡옵션과 우리사주의 차이

구 분	스 톡 옵 션	우 리 사 주 조 합
근거법규	• 증권거래법 제189조의 4 및 동 시행령 제8조의 6, 주식매입 선택권 운영기준	• 증권거래법 제2조 및 동 시행령 제2조의 7, 제191조의 7 및 동 시행령 제84조의 15, 우리사주조합 운영기준
가입대상	• 당해 회사 임·직원	• 당해 회사 직원
투자한도	• 주권상장법인 · 협회 등록법인 : • 발행주식 총수의 15% • 벤처기업 : 발행주식 총수의 50%	• 발행주식 총수의 20% 이내
매수주식의 처분가능시기	• 행사가격 이상 주가 상승시 권리행사를 통한 주식소유	• 매수 후 특별사유시 1년 이후, 일반적으로 5년 이후

자료. 홍성도, 전게서, 학문사, 1998. p.197.

---

7) 김석호, 「주식매입 선택권의 회계 및 세무」, 1996.

3. 지적재산권의 확보와 대응

기업의 지적재산권에는 특허권(Patent)·상표권(Trade mark)·실용신안권(Utility model)·의장권(Design)·영업비밀권(Trade secret), 저작권(Copyright) 등이 있다. 지적재산권은 어느 한 국가에만 국한되는 것이 아니라 세계 모든 국가를 대상으로 하기 때문에 경제적 가치도 우리가 상상할 수 없을 정도로 커짐에 따라 이에 대한 관리가 매우 중요해지고 세심한 주의를 기울이지 않으면 기업경영에 큰 어려움을 겪을 수 있다는 사실을 인식할 필요가 있다.

3.1 특 허 권

단적으로 특허는 발명가와 정부간의 거래이다. 즉, 정부는 발명가에게 일정기간 동안 발명에 대한 독점권을 인정하고, 기간이 만료되면 발명을 공개하여 일반인들의 사용을 허용한다.

미국은 특허를 실용특허, 의장특허로 구분하고 있다. 우리나라는 특허법, 실용신안법, 의장법으로 구분하여 그 보호근거를 마련해 두고 있다. 권리의 보호기간은 특허의 경우 특허 출원일로부터 20년으로 되어 있으며 의약특허 등은 5년 연장이 가능하다. 실용신안의 경우는 그 보호기간이 출원일로부터 15년이며 권리의 발생은 등록과 동시에 이루어진다.

실용신안권은 "방법이나 성질에 대한 기술이론을 제외한 물품의 형상·구조·조합에 관한 실용적인 고찰 즉, 물품에 구현된 기술이론을 보호대상"으로 하고 있다(실용신안법 제2조 4항). 이는 소발명(Small invention)에 대한 단기간의 보호를 위한 제도로서 발명특허의 보호와 그 취지나 목적은 동일하며(실용신안법 제1조), 권리취득절차 역시 비슷하다.

의장법은 디자인을 특허법적 방법으로 보호하는 법으로서 보호대상은 "시각을 통하여 미적 감각(미감)을 일으키는 물품의 형상·모양·색채 또는 이들의 결합으로 시각을 통하여 미감을 일으키게 하는 것"으로 정하고 있다(의장법 제2조). 의장권은 등록과 동시에 권리가 발생하고 등록일로부터 10년간 법적 보호를 받을 수 있다.

(1) 특허의 절차

특허권은 발명의 완성→특허출원서의 제출→특허출원 공개→심사청구→심사관에 의한 심사→출원공고→특허사정→특허원부 등록 등 일련의 절차를 거쳐 발생한다.

먼저 특허를 받고자 하는 사람은「출원서」,「명세서」, 필요한「도면」 및 요약서 등 특허출원서류를 작성하여 특허청장에게 제출한다. 출원서에는 일정한 사항 즉, ⓐ특허출원인의 성명이나 명칭 및 주소, 영업소 법인은 대표자의 성명, ⓑ특허출원인의 대리인이 있는 경우에는 그 대리인의 성명 및 주소나 영업소의 주소, 제출일, ⓒ발명의 명칭, ⓓ발명자의 성명, ⓔ우선권 주장에 관한 사항 등을 기재한다.

명세서는 기술개발의 성과인 발명을 문장을 통하여 표현하는 부분으로서 발명을 구체적으로 기재하여 공표하고 기재된 발명에 대한 상표내용 중에서 보호대상을 특별히 정하여야 한다. 이것이 공개된 경우 일반 대중에게는「기술문헌」으로 이용되는 한편 발명자에게는「권리서」로서 기능한다. 또한 명세서에는「발명의 명칭」,「도면의 간단한 설명」,「발명의 상세한 설명」 및「특허청구범위」가 기재되어야 한다.

구체적인 기재방법은 다음과 같다.

- 발명의 명칭 : 발명을 대표할 수 있는 내용을 기술적으로 간단하게 기재
- 도면에 대한 간단한 설명
- 상세설명 : 발명의 목적·구성·효과, 발명의 상호관계 기재
- 특허청구의 범위 : 특허침해에 대한 법적대응, 권리보호범위의 기준 이 되며 타

인의 특허침해를 막기 위해 상세한 설명이 필요

명세서 기재내용의 이해를 돕기 위해 필요한 경우 도면을 첨부하며, 발명의 성질상 도면이 필요하지 않은 경우(방법발명, 화학발명은 도면이 필요없음)에는 제출하지 않아도 된다.

요약서는 명세서가 기술정보로서 쉽게 활용할 수 있도록 하기 위하여 발명을 요약정리하는 서류로서 출원서류에 첨부한다. 요약서에는 발명 내용이 이해될 수 있도록 10줄 이상 20줄 이내로 간결하게 발명을 요약기재하면 된다.

(2) 특허침해 여부

특허출원에 있어 타인의 특허침해 여부의 판단은 매우 중요하다. 이의 파악을 위해서는 기존 특허의 존재여부는 물론 유사특허가 발견되면 그것이 신규특허인지 기간이 만료되는 특허인지를 확인하여야 한다.

만약, 기존 특허가 존재하는 경우에는 자신의 특허내용을 수정하거나 특허 만료된 기술제품을 활용하는 방법이 있으며, 모두 불가능한 경우에는 라이센스의 취득이나 특허보유자와의 합작도 고려해 볼 만하다. 타인의 특허 침해를 피하고 자신이 권리를 확보하기 위한 선택과정은 [그림 8-1]과 같다.

(3) 해외 산업재산권 출원

최근 기술형 창업기업의 활동이 국내만 대상으로 전개하는 것이 아니라 국제무대를 대상으로 하기 때문에 해외 산업재산권의 출원과 등록에 대한 절차도 반드시 알아야 할 필요가 있다.

그림 8-1. 특허 침해 · 권리 확인과정

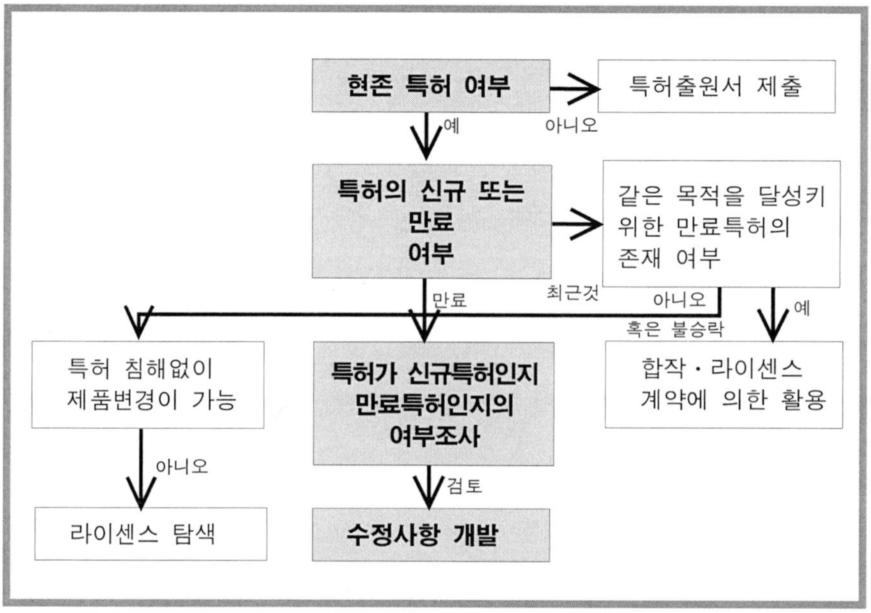

자료. H. D. Coleman & J. D. Vandeberge, *How to Follow the Leader*, INC., 1988.

외국에서 산업재산권을 보호받기 위한 외국출원의 경우 통일된 출원방식이 있는 것이 아니다. 각국마다 산업재산권 관련 법체제가 상이하기 때문에 각국의 국내법에 정하는 바에 따라 작성된 출원서류를 각국 특허청에 제출하여야 권리를 보호받을 수 있다.

다만, 기술력의 지표인 특허(실용신안)의 경우에 있어서는 각국 특허청에 각각 개별적으로 출원하는 직접출원과 보호받고자 하는 여러 국가를 동시에 지정하여 하나의 출원절차로 하는 특허협력조약(Patent cooperation treaty : PCT) 국제출원이 있다.

특허협력조약 국제출원의 장 · 단점은 다음과 같다.

첫째, 출원절차가 간편하다.

동일한 발명을 여러 나라에 출원하고자 하는 경우 하나의 국제출원서류로 가능하기 때문에 나라마다 일일이 출원해야 하는 번거로움을 덜 수 있다는 장점이 있다. 미국 등 선진국에서는 이 제도를 많이 이용하고 있는 경향이다.

둘째, 특허획득이 용이하다.

특허를 받고자 하는 나라의 특허청(지정관청)의 심사에 앞서 국제조사기관의 선행기술조사(강행절차) 및 국제예비심사기관의 특허성 유무에 관한 예비심사(임의절차)를 거침으로써 출원국가에서의 특허획득이 용이하다.

셋째, 하나의 언어로 다수국에 출원할 수 있다.

현재 특허협력조약 국제출원 언어로는 영어, 일어, 스페인어, 러시아어, 중국어 등이 사용되고 있는데 이중 우리나라가 사용할 수 있는 언어는 영어, 일어중 하나이다. 따라서 다수국에 특허협력조약 국제출원을 하고자 하는 경우 특허를 받고자 하는 나라마다의 언어를 사용하지 않아도 영어나 일어 중 하나의 언어만으로 가능하기 때문에 언어면에서도 매우 편리한 제도이다.

넷째, 각종 수수료 납부절차가 간편하다.

특허를 받고자 하는 나라별로 서로 다른 통화단위를 사용하지 않고서도 한번에 자국의 특허청(수리관청)에 하나의 통화로 국제출원 수수료를 납부할 수 있어 여러 나라에 각기 다른 통화로 많은 수수료를 납부하는 번거로움을 줄일 수 있다.

다섯째, 무모한 해외출원을 방지할 수 있다.

연구, 개발한 발명·고안을 우선 특허협력조약 국제출원을 하여 특허를 받고자 하는 각 지정국 특허청에 직접 출원한 것과 같은 효력을 확보한 다음 그 지정국 특허청에 번역문 제출기간(우선일로부터 20개월 이내 다만, 우선일로부터 19개월 이내에 국제예비심사를 청구한 경우에는 30개월 이내)까지 다시 한번 국제기관의 선행기술조사 및 특허성 유무에 관한 예비심사 결과를 면밀히 검토하여 특허획득 여부를 판단해 봄은 물론, 각 지정국에서의 시장성을 조사한 후 각 지정국에 대한 국내절차 이행 여부를 결정함으로써 무모한 해외출원을 방지할 수 있다.

여섯째, 일정비용이 소요된다. 특허협력조약 국제출원은 각 국가별로 직접 출원시의 소요비용 이외에 발송료, 기본료, 조사료, 지정료 등이 추가로 발생하므로 출원하고자 하는 나라(지정국)가 적은 경우(2~3개국)에는 직접 출원에 비하여 많은 비용이 소요된다는 단점이 있다.

일곱째, 권리화의 기간이 길어질 수 있다. 특허협력조약 국제출원은 국제단계절차

(국제조사기관, 국제사무국 등)를 거쳐 국내 단계 절차를 개시(우선일로부터 20~30개월)하게 되므로 권리화의 기간이 길어질 수 있다.

그림 8-2. 특허협력조약(PCT) 국제출원과 일반 해외출원 절차비교

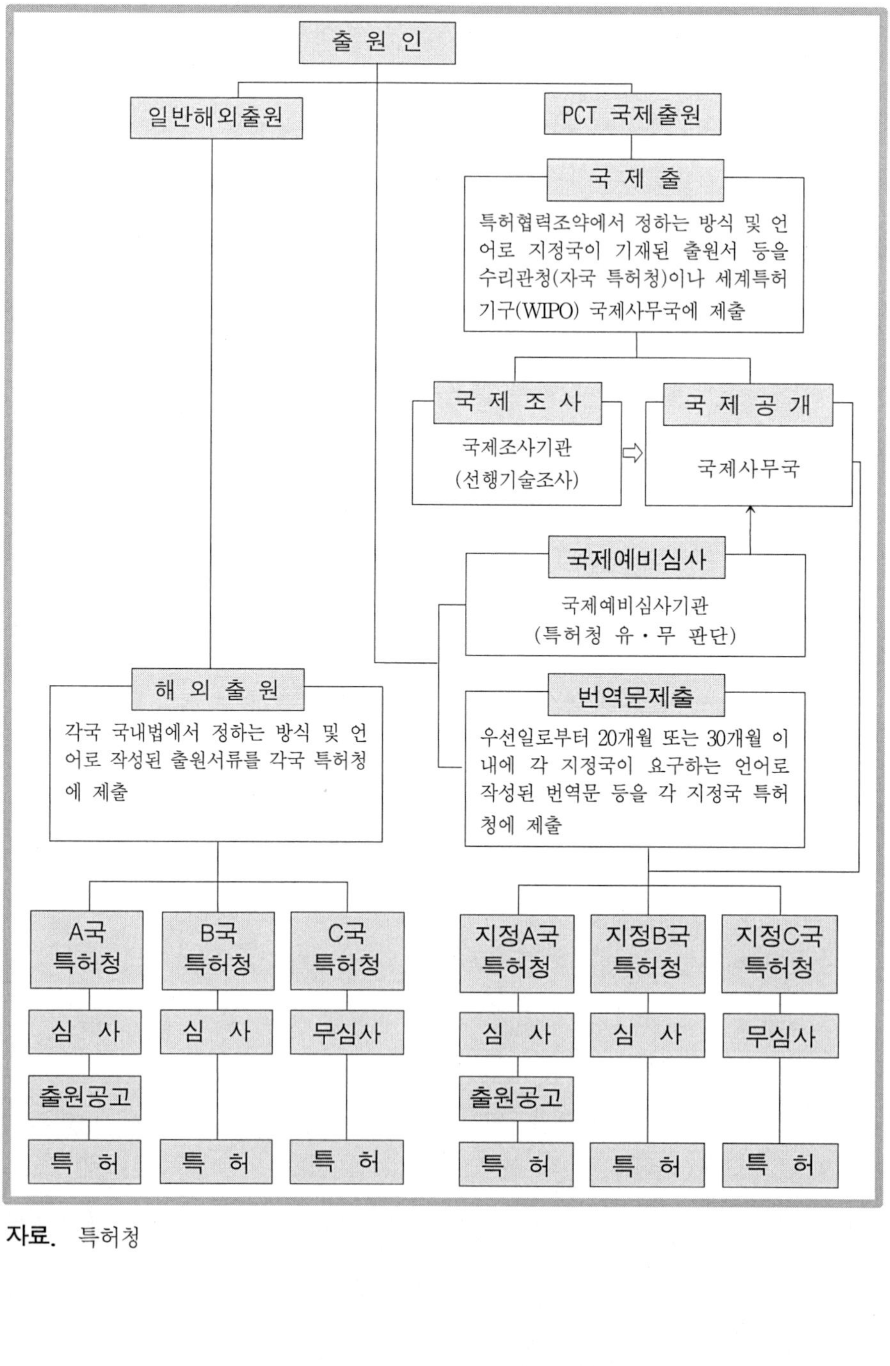

자료. 특허청

여덟째, 대상이 특허협력조약 가입국에 한정된다. 특허협력조약 국제출원은 조약 체결국만을 대상으로 하므로 특허협력조약국이 아닌 나라에는 직접 출원을 이용하는 수밖에 없다. 따라서 출원을 결정하기 전에 먼저 출원코자 하는 나라들(지정국)이 조약에 가입되어 있는지 확인해야 한다.

3.2 상 표 권

상표란 상품을 생산, 제조, 가공, 증명 또는 판매업을 영위하는 사람이 자기의 상품을 기타 사업자의 상품과 식별시키기 위하여 사용하는 표장이며 자기 상품의 식별표시이다.

우리나라의 상표법에서는 "상표는 기호·문자·도형 또는 이들을 결합한 것"이라 규정하고 있다. 상표법상의 상표는 이처럼 표장 즉, 시각을 통하여 인식할 수 있는 평면적 형상에 국한되지만 상표로서의 표지범위는 국가별 입법취지에 따라 달리하고 있다. 즉, 영국·미국·프랑스 등에서는 상표의 용기·포장·형태 등을 일정한 조건하에서 상표로 보호하고 있을 뿐만 아니라 음향을 상표, 서비스표로 보호하기도 한다.

우리나라에서 상표로서 인정되고 있는 것은 다음과 같다.

a. 문자상표

한글·한자·로마자·외국어·숫자 등 문자로 구성된 상표로서 산이나 강·바다·동식물·광물·건조물 등의 명칭 또는 지리적 명칭·인명·상호·특정 형용사·표어적 어구가 상표로 사용되는 경우

b. 도형상표

동식물·천체·사물 등 사실적 도형을 도안화한 것 또는 기하학적 도형

c. 기호상표

문자나 도형 등을 간략히 한 것으로 문장이나 상호로 쓰이며 상품에 사용되는

경우 회사마크(House mark)로서의 문자 등과 결합되어 쓰임.

그림 8-3. 상표심사절차도

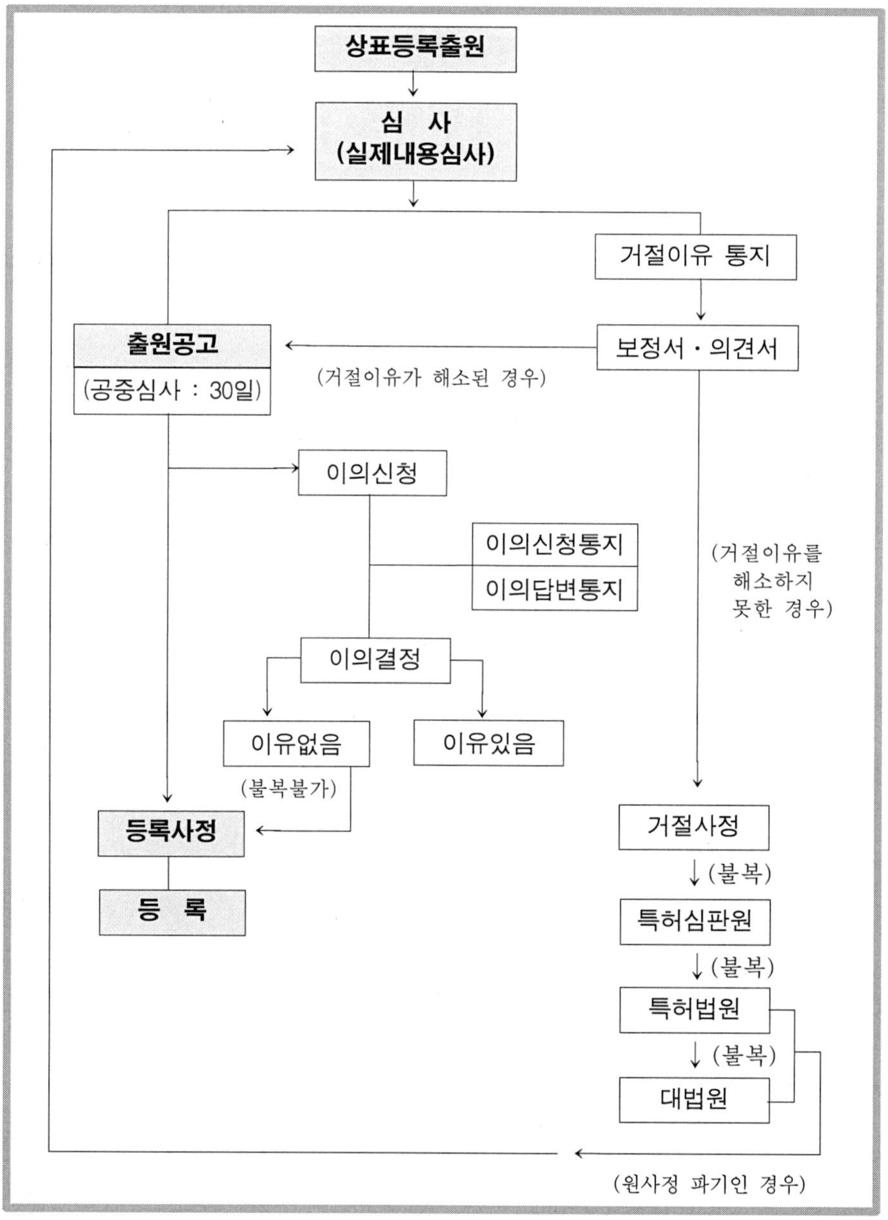

자료. 특허청

d. 결합상표

문자·도형·기호 등이 결합한 형태의 상표로서 회사마크인 기호·도형과 상품 표시로서의 문자상표가 결합되어 하나의 상표를 구성하는 경우

e. 색채상표

색채 그 자체는 상표가 될 수 없으나 문자·도형·기호 등에 착색되는 경우 상표로 인정

상표권은 상표를 특허청에 등록한 사람이 등록한 등록상표를 지정상품에 일정 기간 동안 독점적으로 사용할 수 있는 권리이다(우리나라는 10년).

상표권의 권리행사는 [그림 8-3]과 같은 상표심사절차를 거쳐야 가능하다. 즉, 특허청에 등록출원을 한 후, 그 상표의 적격 여부에 관한 심사를 거쳐 등록됨과 동시에 권리가 발생한다.

그러나 상표권은 특허권이나 의장권 등과는 달리 일정기간(10년)이 경과한 후에도 갱신을 통하여 계속 사용할 수 있으므로 권리자의 의사에 따라 영구적으로 사용할 수도 있다. 상표권을 취득하게 되면 상표권자에게는 독점권과 배타권이 부여되며 사용권 침해에 대해 민사상의 금지청구, 손해배상청구, 신용회복 청구 등에 의해 보호받을 수 있으며 형사상 침해죄에 대해서도 보호받을 수 있다.

3.3 저 작 권

저작권이란 저작자가 자신의 창작 저작물에 대해 갖는 권리를 의미하며 저작재산권과 저작인접권으로 구분된다. 저작재산권이란 저작자의 재산적 이익을 보호하고자 하는 권리로서 주로 자신의 저작물을 제3자가 이용하는 것을 허락하고 그에 따른 대가를 받을 수 있는 권리이다. 이에는 복제권·공연권·방송권·전시권·배포권 등이 포함된다.

표 8-3. 저작권의 종류와 내용

구 분			종 류
저작권	협의의 저작권	저작재산권	복제권, 공연권, 방송권, 전시권, 배포권, 2차적 저작물의 작성권
		저작인격권	공표권, 성명표시권, 동일성 유지권
	저작인접권	실 연	복제권, 보상청구권, 대여권
		음 반	복제・배포권, 대여권, 보상청구권
		방 송	복제 및 동시중계방송권

그림 8-4. 저작물의 이용단계

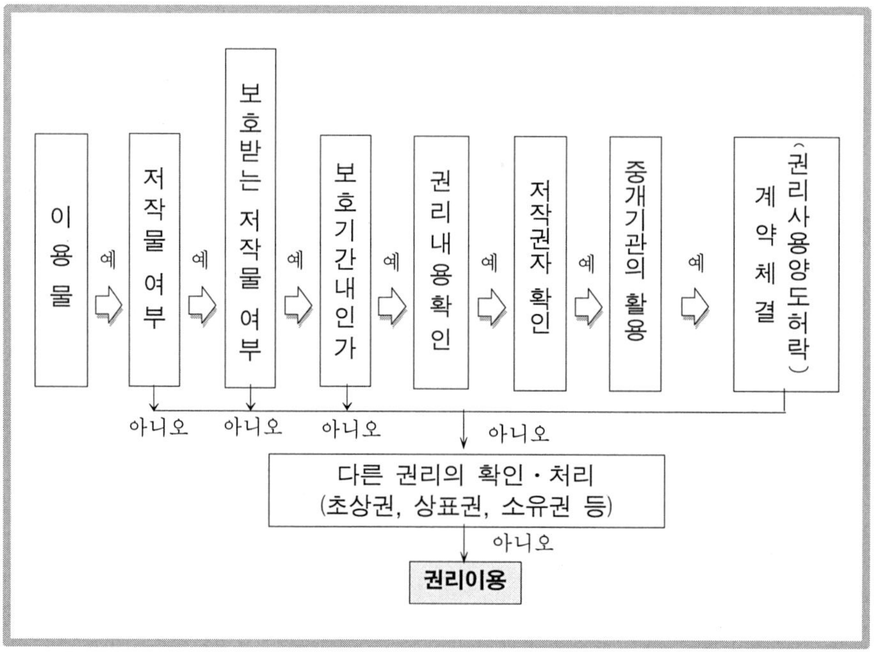

자료. 田代貞之, 「광고와 지적소유권」, p.29.

한편, 저작인접권은 이와 같이 저작권에 인접하는 권리라는 의미에서 붙여진 명칭이며, 실연자(實演者)가 갖는 복제 방송권, 방송사업자에 대한 보상청구권, 음반 제작자가 갖는 복제·배포권 그리고 방송사업자의 복제 및 동시중계 방송권을 포함하고 있다[8].

우리나라의 저작권법 36조에는 원칙적으로 저작권을 행사할 수 있는 보호기간을 저작자의 생존기간 및 저작자 사후(공동저작물의 저작재산권은 맨 마지막으로 사망한 저작자의 사망 후) 50년간 존속한다고 규정하고 있다. 다만 저작자의 사망후 40년이 경과하고 50년이 되기 전에 공표된 저작물의 저작재산권은 공표된 때부터 10년간 존속하며 동법 40조에는 보호기간의 계산방법에 대해서는 저작자가 사망한 다음 해부터 기산한다고 규정하고 있다. 저작권의 이용이나 침해방지를 위한 권리보호단계는 [그림 8-4]와 같다.

3.4 라이센싱

라이센싱은 두 회사간의 협정을 의미한다. 한 회사는 정보·상표, 혹은 저작권에 의해 보호받는 재산권을 가지고 있고 다른 회사는 이 회사의 특허·상표·저작권 등을 이용하는 대가로 로얄티를 지불하는 관계를 말한다. 라이센싱은 특허·상표·저작권을 가진 회사가 자원이 부족하거나 시장경험이 없을 때 새로운 시장에서 활용할 수 있는 마케팅전략이다.

특허 라이센스는 특허권 보유자(Licensor)와 피특허권자(Licensee)와의 협정이라 할 수 있는데 예를 들어, 특허권자가 제품을 생산하지만 판매는 피특허권자가 공급자의 마크를 붙여 판매할 수 있다. 그리고 피특허권자가 실제 제작하고 특허권자의 상표로 판매할 수도 있다.

상표 라이센스는 일반적으로 프랜차이징 협정을 포함한다. 프랜차이징의 일반적인 형태는 가맹점의 상표를 활용하여 사업을 운영하고 매출액의 일정비율을 상표 사용료 즉, 로얄티로 지불하는 것이다.

---

8) 송영석·이상정, 「지적재산법」, 세창출판사, 1996. pp.230~253.

또한 가맹본부(Franchisor)로부터 공급품을 구입해서 판매하고 매출액의 일정액을 지불하는 방법도 있다.

라이센스를 체결하기 이전에 검토할 사항으로는 다음을 들 수 있다.

- 소비자가 라이센싱에 의해 생산된 제품인지의 여부를 알 수 있는가
- 라이센스된 제품의 기존제품·서비스를 보완하는 정도
- 라이센스된 제품에 대한 지식
- 라이센스된 제품에 대한 장기적 전망(인기의 지속성)
- 로얄티 지급방법과 조건
- 라이센스 계약의 갱신 가능성과 갱신시의 조건 등

3.5 영업비밀

우리나라의 부정경쟁방지법 2조 2항에는 "공공연히 알려져 있지 아니하고 독립된 경제적 가치를 가지는 것으로서 상당한 노력에 의해 비밀로 유지된 생산방법·판매방법 기타 영업활동에 유용한 기술상 또는 영업상의 정보"를 영업비밀이라고 규정하고 있다.

이와 같이 고객명부나 판매계획 등 영업상의 비밀 또는 설계도면, 제조기술 등 기술자료도 영업비밀에 속하는 기업경영에 있어 대단히 중요한 재산으로 급속한 기술혁신, 경제사회의 정보화 등과 함께 영업비밀의 중요성이 현저히 증대되고 있다.

우리나라의 경우 1998년 삼성전자의 연구원이 자신이 개발에 참여했던 기술을 퇴직후 대만의 모기업에 팔아 넘김으로써 영업비밀 보호의 중요성이 크게 부각되게 되었고 이를 계기로 영업비밀 보호와 관련한 법적 장치를 두어 법적으로 기업의 영업비밀을 보호해 나가고 있다.

제9장

시장형 창업과정

1. 소점포 창업과정

창업의 일반적인 과정은 사업아이디어 탐색, 사업성분석, 사업계획서 작성, 계획의 실행과 같은 절차에 따라 진행되는 것으로 설명할 수 있으나 소점포 창업에 있어서는 고객과의 인접성이 가장 중요한 요소로서 소점포 사업을 입지산업이라 부르기도 한다.

소점포 창업과정은 후보아이템을 결정하지 못한 경우, 후보아이템을 결정치 못하고 후보점포를 먼저 결정한 경우, 후보아이템과 후보점포가 동시에 결정된 경우 등 세가지 경우로 구분하여 설명할 수 있다. 후보 아이템을 결정하지 못한 경우에는 후보 아이템 선정과정을 거친 후 창업자의 적성과 부합되는 최종 아이템을 선정하는 과정이 필요하다.

최종 사업아이템이 결정되면 후보사업장 또는 점포를 선정하고 그에 따른 사업타당성 분석을 실시한다. 물론 후보 아이템을 선정하는 과정에서도 사업에 대한 수익성 등을 고려해야 하나, 소점포 사업에서 가장 핵심적인 요소인 점포입지가 고려되지 않은 사업타당성 분석은 불충분한 경우가 많으므로 후보점포와 아이템을 중심으로 한 사업타당성 분석을 해야 한다. 사업타당성 분석의 결과가 긍정적이면 사업계획을 수립하고 이에 따라 새로운 점포 창업을 수행한다. 만약 사업타당성 분석의 결과가 만족스럽지 못하면 새로운 업종을 탐색하거나 새로운 점포를 탐색하는 과정으로 되돌아 간다.

한편, 후보 아이템을 결정치 못하고 점포를 먼저 결정하는 경우로는 아이템을 정하지 않은 상태에서 상가를 분양받은 경우, 거주지를 개조하여 소규모 점포를 마련한 다음, 입지에 적합한 업종을 찾는 경우이다. 이런 경우에는 미리 정해진 점포에 적합한 아이템을 선정하고 그에 대한 사업타당성 분석을 실시하여 결과가 긍정적이면 사업을 추진하고, 그렇지 못하면 새로운 아이템을 선택하는 과정으로 되돌아 간다.

마지막으로 기존사업장을 승계하는 경우로써, 점포와 아이템이 동시에 결정되는 경우이다. 이 경우에는 사업성분석을 통하여 그 결과가 긍정적이면 사업을 추진하고 그렇지 못하면 극복해야 될 문제점을 파악하여 대처해 나가야 한다.

소점포 창업과정은 [그림 9-1]과 같이 어느 경우나 마찬가지로 반복과정을 거치게 되며 필요에 따라 단계나 절차를 우회할 수도 있다.

소점포 창업의 경우 그 규모가 소규모이기 때문에 법인 설립절차도 필요없는 경우가 많으며 개업 준비절차도 기술형 창업에 비해 매우 단조롭다는 특징을 가지고 있다. 특히, 고객과의 인접성이 중요한 도·소매업의 경우에는 점포의 입지가 매우 중대한 문제로 대두된다. 유통업은 고객과의 직접적 대면에 의해 매출이 발생하기 때문에 점포입지 즉, 점포가 어디에 위치하느냐에 따라 사업성패가 좌우된다. 그러므로 유통업 창업자는 점포입지의 선정에 각별한 주의가 필요하다.

소점포 창업에 있어 좋은 입지조건은 다음과 같다.

- 상권내에 소비대상 인구가 많고, 향후에도 인구증가가 예상되는 곳
- 소득수준 및 소비수준이 높고 구매력이 왕성한 연령층의 거주자 즉, 계획업종 및 업태에 적합한 소비자가 다수 존재하는 곳
- 지하철, 버스노선 등 교통이 편리하여 사람이 모이기 쉬운 곳
- 소비자를 유인할 수 있는 시설이 주변에 존재하는 곳
- 주변에 강력한 경쟁업체가 없는 곳(예 : 대형 할인점 등)

그림 9-1. 소점포 창업과정

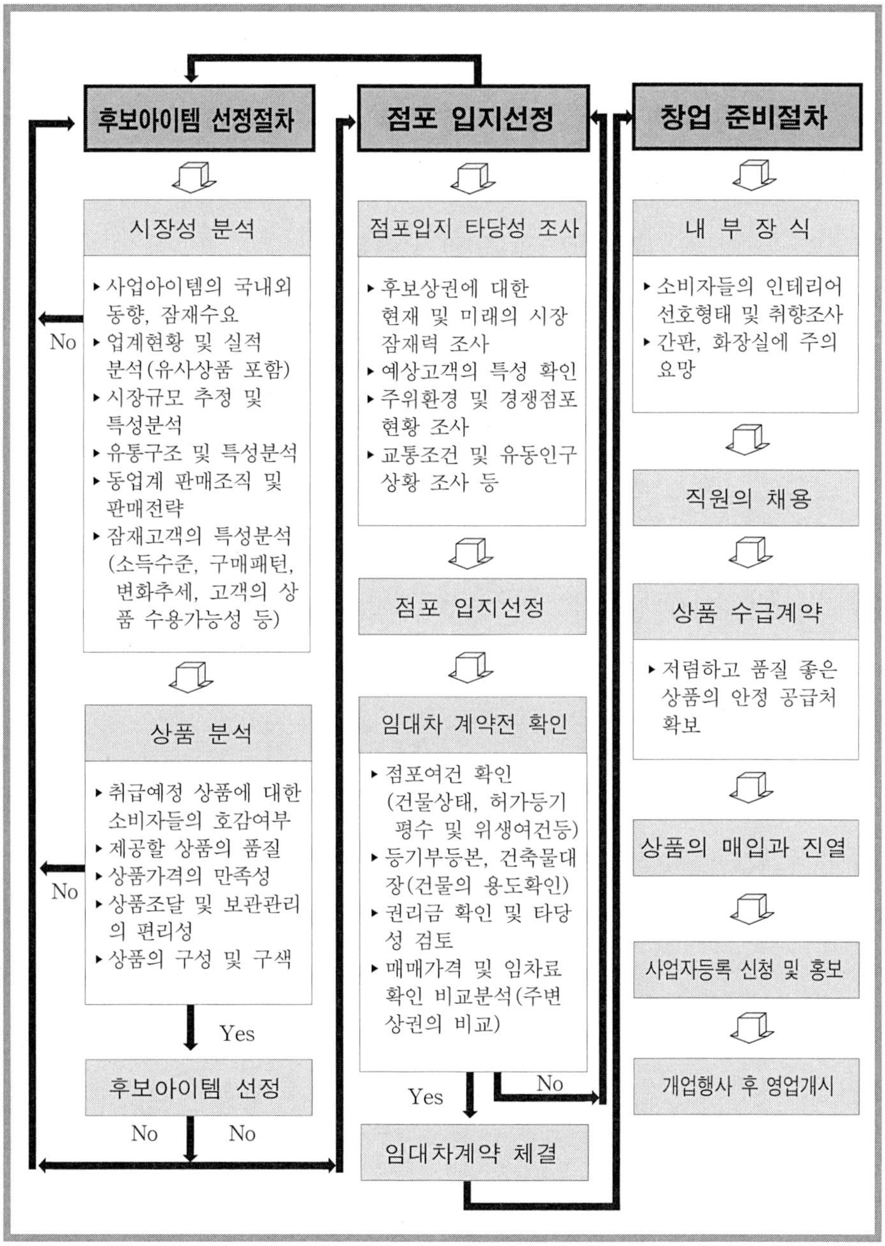

이와 같은 기본 입지조건이 갖추어져 있는 적합한 장소를 물색한 후에는 입지선정을 위한 분석에 착수해야 하는데 고려해야 할 사항은 다음과 같다.

(1) 입지선정시 고려해야 할 사항

[가] 후보입지와 계획업종 및 업태와의 적합성

일반적인 관점에서 아무리 좋은 입지라도 계획업종 및 업태와 연결되지 않는다면 좋은 입지라 볼 수 없으므로 창업자가 선정한 계획업종과의 적합성을 평가해 봐야 한다.

[나] 후보입지에 대한 구체적인 환경조사

해당 상권의 인구수, 인구 구성, 세대수, 소비수준, 목표 소비자의 수 등에 대해 창업자가 직접 현장조사를 통해 동일제품 또는 관련제품의 판매처와 고객수 등을 분석해 볼 필요가 있다.

[다] 후보입지의 장래성 조사

후보입지의 현황만 보고 입지를 결정하는 것은 위험이 크기 때문에 시가지 형성 상황, 주변 도시의 인구증가 속도, 신도시 계획 및 도시개발 계획의 유무, 도로의 신설 및 변경, 대형점의 진출계획 유무 등을 사전에 파악해야만 한다. 장래 발생할지도 모를 경영환경의 변화를 미리 예측해 봄으로써 사업실패를 방지할 수 있는 것이다.

[라] 자금조달 능력의 검토

실제 입지 선정에 있어서는 좋은 점포입지의 경우 보증금이 높고 상당한 권리금도 존재하는 것이 현실이다. 따라서 아무리 좋은 입지라 하더라도 거기에 상응하는 자금조달 능력이 없다면 창업자에게는 그림의 떡에 불과하다. 그런 의미에서 자기자본 수준에 맞는 점포입지가 당해 창업자에게는 최적의 입지라 볼 수도 있을 것이다.

[마] 사업장 규모의 적합성 및 경쟁성

아무리 좋은 위치라 하더라도 인접한 다른 점포와 비교하여 규모가 작다면 소비자의 심리상 작은 가게에는 들어오지 않게 된다. 따라서 좋은 입지란 취급하고자 하는 상품을 보기 좋게 진열하고, 판매할 수 있을 정도로 적정규모의 매장확보가 필요하다. 즉, 주변의 여타 점포에 비해 규모면에서도 경쟁력을 갖춰야 한다.

(2) 유망업종의 선택

창업자가 선택 가능한 업종은 수 없이 많다. 그러나 모든 업종이 성공 가능한 업종은 아니다. 시대의 흐름에 맞는 상품으로서 기본적인 시장이 존재하고 수익성이 높은 업종을 유망업종이라 볼 수 있다.

유망업종에 대한 선택 포인트 몇 가지를 살펴보면 다음과 같다.

[가] 시장성이 있어야 한다

국민소득이 높아질수록 가처분 소득이 많아지는 것은 당연한 일이고 이런 가처분 소득은 저축보다는 소비로 이어지는 경향이 높다. 따라서 소비자의 소비성향을 잘 파악한 후 업종선택을 하면 의외로 좋은 사업아이템을 도출해 낼 수 있다.

[나] 창업자의 적성과 능력에 맞는 업종 및 사업아이템 선정

기술형 창업과 마찬가지로 시장형 창업에 있어서도 창업자의 적성과 취미 그리고 경험에 적합한 업종이 그 창업자에게 있어서는 유망창업 분야이다.

[다] 계획업종의 수명주기 분석

시장형 사업의 판매상품도 각 품목별 수명주기가 존재한다. 우리나라의 도·소매업은 90년대에는 성장기가 지속될 것으로 전망되고, 2000년대 초까지도 성숙기가 이어질 것으로 예상되는 등 유통업 전체적으로는 전망이 밝은 편이다.

그러나 특정 상품으로 시장을 세분해 보면 성숙기 후반이나 이미 쇠퇴기에 접어든 상품도 존재하고 있다. 따라서 전체적인 경제흐름과 해당 제조업 그리고 유통업 현황 및 전망을 심층 분석하여 성장기나 성숙기 초기에 있는 상품을 사업아이템으로 선정한다면 이것이 바로 유망아이템이라 할 수 있다.

[라] 위험부담이 적고 수익성이 높은 업종의 선택

위험부담이 적은 업종이란 상품 구입의 경우 외상거래가 어느 정도 가능하고 공급과 반품이 원활하며, 재고 부담이 그렇게 높지 않은 것을 말한다.

적정수준의 재고관리는 효율적 경영의 첩경이라 해도 과언이 아니다. 그리고 수익성은 기술형 창업이나 시장형 창업에 있어서 최대의 기업 목표이다.

(3) 사업규모 및 형태의 결정

소점포 창업의 기본적 고려사항으로서 입지선정 및 업종선택 이외에 사업규모와 기업형태의 결정문제가 있다. 모든 창업은 그 규모에 관계없이 기본적으로 자금이 필요하다.

소점포 창업에 있어서 투자자본은 점포구입비 또는 점포임차료, 운전자금, 기타 특수자금(권리금) 등으로 구성되며 이들을 모두 합산해 보면 예상외로 많은 창업자본이 필요하게 된다.

사업의 욕심은 끝이 없으므로 창업 초기부터 창업자는 과욕을 삼가하고 자기 능력 범위내에서 적정규모의 사업을 도모해야 할 것이다. 특히, 부금대출이나 적금대출, 예금연계성 대출 등 창업자 개인의 신용에 의한 자금조달 방법 이외에 정책적으로 지원되는 자금은 거의 없는 실정이다.

그러므로 가급적 창업자의 자금조달 능력 범위 즉, 지금까지 저축한 자기자본 범위내에서 창업하고 만약 실패시에도 가계에 큰 타격을 주지 않도록 창업자 자신의 통제 가능 범위내에서 출발하여 점차 규모를 늘려 가는 것이 현명한 방법이다.

결국, 사업규모와 형태의 결정은 창업자 자신의 분수에 맞는 업종일 때 실패없이 성장해 가는 유망창업이 될 수 있는 것이다.

2. 프랜차이즈 창업과정

프랜차이즈 창업과정에는 네가지, 즉 ⓐ업종선정부터 시작하는 경우, ⓑ사업장이 먼저 정해진 경우, ⓒ점포와 업종이 동시에 결정되는 경우, ⓓ본부업체가 먼저 결정되고 점포가 선정되는 경우 등으로 나눌 수 있다.

후보 아이템을 선정하는 경우에는 먼저 후보 아이템을 선정하고 그에 적합한 프랜차이즈 본부(대리점 본부)를 탐색한다. 다음에는 여러 본부들의 조건(물자공급 조건, 반품처리, 대금결제, 점포 평수, 보증금의 종류와 유무)을 조사하여 비교·검토하고 가장 유리하다고 판단되는 후보본부업체를 선정한다. 예를 들어, 음식점 분야에 관심이 있다고 하자. 음식점분야의 프랜차이즈도 김밥집, 두부요리 전문업체, 피자 전문업체 등 많은 프랜차이즈 사업본부가 있다. 또한 하나의 업종에 대하여도 여러 개의 프랜차이즈 본부가 있으므로 장·단점에 대한 치밀한 사전조사가 필요하다. 후보 본부업체가 선정되면 그에 대한 사업성분석을 실시하여 희망적인 결과가 예상되면 사업계획을 수립하고 사업을 추진한다. 그렇지 못한 경우에는 새로운 후보업종의 탐색 또는 새로운 후보본부업체의 탐색과정으로 되돌아간다.

한편 사업장이 먼저 정해진 경우에는 점포에 적합한 업종과 본부업체를 선정한 후, 사업성 분석을 실시한다. 사업성분석의 결과가 희망적이면, 사업계획을 수립하여 사업을 추진하고 만약 그렇지 못하다고 판단되면 새로운 후보업종의 탐색이나 새로운 본부업체의 탐색단계로 되돌아가서 앞의 과정을 반복한다. 프랜차이즈 창업과정은 [그림 9-2]와 같은 과정을 거친다.

그림 9-2. 프랜차이즈 창업과정

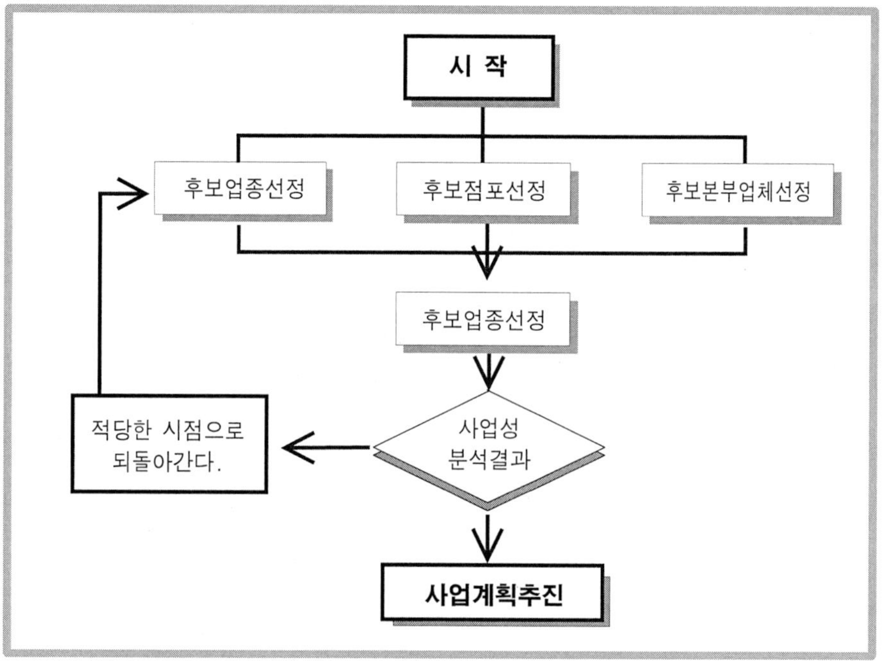

3. 서비스업 창업과정

(1) 서비스업의 유형 및 절차

서비스업은 크게 개인 서비스업과 사업 서비스업으로 구분할 수 있다. 개인 서비스업은 일반 소비자를 고객으로 하여 각종 서비스 및 용역을 제공하는 것을 말하며 부동산 관련 서비스업, 여행알선업, 음식점업 등이 해당된다.

사업 서비스업은 주로 사업체를 주고객으로 하여 각종 서비스 및 용역을 제공하는 사업을 말하며 전기 통신업, 보관 및 창고업, 고용알선업, 엔지니어링 및 관련 기술 서비스업, 교육 서비스업 등을 말한다.

그러므로 규모면에서 보면 개인 서비스업보다 사업 서비스업이 규모가 크며, 업무자체도 전문적이고 복잡하다. 따라서 사업 서비스업은 법인 형태로 설립되는 경우가 많고 그에 따라 제조업과 같이 법인 설립절차가 필요할 뿐만 아니라, 사무실 입지도 고객의 왕래가 용이한 곳으로 선정해야 한다.

그림 9-3. 서비스업 창업과정

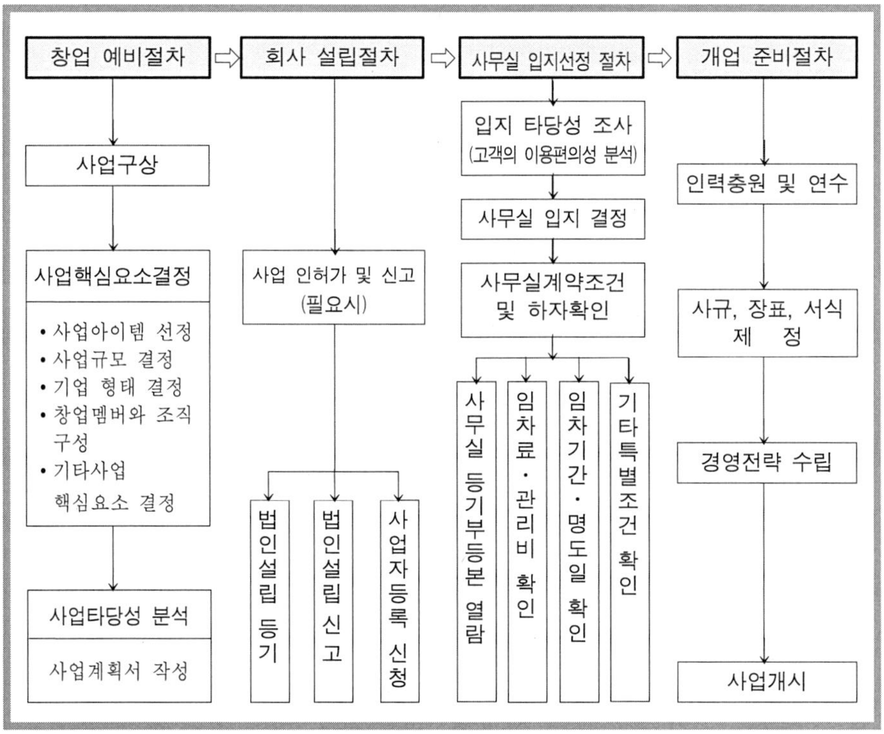

서비스업 창업절차를 좀더 구체적으로 살펴 보면 크게 나누어 창업 예비절차, 회사 설립절차, 사무실입지 선정절차, 개업 준비절차로 구분할 수 있으며 상기의 [그림 9-3]과 같이 나타낼 수 있다.

(2) 서비스업 창업의 특성

서비스업 분야의 창업은 여러 가지 특징을 갖고 있으며 이와 같은 특징으로 인해 창업이 비교적 용이한 반면 창업시 고려해야 할 사항도 적지 않다.

서비스업의 주된 특징은 다음과 같다.

[가] 창업자 자질 · 능력 등이 그대로 사업에 반영된다.

즉, 창업자의 지식, 경험, 노하우 등이 직접 사업에 적용되고 사업 수익력의 원천이 된다. 따라서 서비스업 창업자는 해당 분야에 대한 전문지식을 폭넓게 가지고 있어야 한다.

[나] 인간 중심형 산업이다.

제조업은 기계와 기술자가 공동으로 제품을 생산하지만, 서비스업은 경영자와 직원의 지식을 바탕으로 운영되며, 종업원의 능력은 사업성장의 관건이 된다. 그렇기 때문에 서비스업의 성패는 바로 구성원의 자질에 달려있으며 핵심멤버가 퇴직하거나 이직하면 사업에 큰 타격을 입게 된다.

[다] 무형의 재화를 생산하므로 소비자(이용자)의 동의가 필수요건이다.

즉, 보이지 않는 무형의 재산을 상품화하기 위해서는 이용자가 그 무형의 재산가치를 인정해 주어야 하며, 가치도 생산자(창업자)가 제시하는 조건과 일치되어야만 거래가 이루어질 수 있다. 따라서 무형의 재화를 판매키 위한 마케팅 전략 수립이 필수적이다.

[라] 창업에 소요되는 자금이 비교적 적게 든다.

서비스업은 특정한 생산설비가 불필요하며 사업거점 즉, 사무실 개설비만 필요하며, 창업 이후의 운영관리비도 사무실 유지관리비와 인건비가 대부분이다. 그러므로 적합한 사업 아이디어만 있으면 쉽게 창업할 수도 있고, 쉽게 폐업할 수도 있어 사업의 신축성이 아주 높다.

[마] 경제여건 등 경영 환경변화에 민감하다.

서비스업은 직 · 간접적으로 환경변화와 연계되기 때문에 불경기인 경우에는 매출

감소 등 직접적인 영향을 받게 된다. 또한 수주 자체가 불규칙적이며, 용역 및 서비스 제공에 대한 수수료(용역비)도 내용 및 수주처의 성격에 따라 큰 차이가 나기 때문에 장・단기 수지계획을 수립하고 이에 따라 경영해야 하는 등 불경기에도 적응력을 가질 수 있도록 대비할 필요가 있다.

[바] 창업초기에서 영업기반 확보까지 다소 긴 시간이 소요된다.

우선 영업내용을 홍보하고, 이를 이용자가 인식하기까지는 상당한 기간이 필요할 뿐만 아니라 종업원의 사무능력 및 업무추진능력 제고에 많은 시간이 소요되기 때문에 창업초기 영업기반이 확충될 때까지 자금력의 뒷받침이 있어야 성공할 수 있다는 제약이 있다.

이상과 같은 여러 가지 특성으로 인하여 서비스업은 창업과 폐업이 가장 많은 업종이며 성공적인 서비스업의 창업을 위해서는 창업전의 충분한 준비 및 창업 후에도 경제 및 경영 환경변화에 적응할 수 있는 신축성 있는 경영전략이 요구된다.

4. 창업전 점검사항

시장형 창업 특히, 소자본으로 창업을 하려면 창업의 3대 요소라 할 수 있는 창업자, 자본, 사업아이디어 등 창업에 필요한 요소에 대한 충분한 점검이 이루어져야 한다. 따라서 서비스업 창업에 있어서는 창업자가 창업분야에 정통하지 않고서는 창업 자체를 생각할 수 없다.

상기의 [표 9-1]은 시장형 창업을 하기에 앞서 창업자가 확인하고 준비해야 할 사항을 예시한 것으로 이는 구체적인 창업실행단계 이전에 점검 또는 준비해야 할 필수사항을 정리한 것이다.

그림 9-4. 시장형 창업의 라이프사이클 위치(2000.1월 현재)

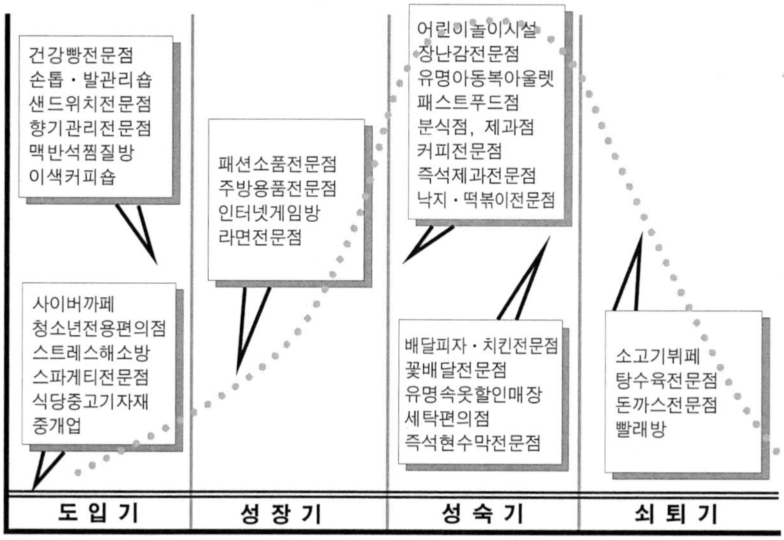

동일한 시장형 창업이라고 해도 창업자가 누구인가, 어느 분야에 어느 정도의 자금을 투자하는가, 어떻게 운영하느냐에 따라 창업의 성패가 좌우된다. 특히, 기존 비즈니스 모델을 완전히 바꿀 수 있는 창조적인 아이디어를 가지고 있는가에 따라 달라진다고 할 수 있다.

특히 대부분의 시장형 창업은 라이프 사이클상 도입기 → 성장기 → 성숙기 → 쇠퇴기 단계를 거쳐 발전·쇠퇴하게 되는데 창업 초보자일 경우 업종에 대한 사회 인식기반이 취약한 도입기의 사업보다는 성장기 초기에 있는 사업의 틈새시장을 겨냥해 에 도전하는 것이 바람직하고 성공가능성도 높일 수 있다.

표 9-1. 창업전 점검사항

항 목		점 검 사 항
1	사업의지 확인	• 왕성한 사업의욕과 창업자로서의 끼가 있어야 한다.
2	목적확인	• 돈을 벌기 위한 창업이 아니라 사업해야 하는 이유를 정확히 인식해야 한다.
3	자금준비	• 창업초기 예상소요자금의 150% 이상을 확보해야 한다.
4	업종군 선택	• 경기 변동에 따른 업종의 변화를 고려하여 자신의 능력 및 조건에 적합한 후보업종군을 정해야 한다.
5	세부업종 선정	• 선택한 후보업종군 중에서 성장률과 안전성이 가장 높은 세부업종을 비교하여 선정한다.
6	입지선정	• 선정한 업종에 따른 최적입지를 결정해야 하며 가능한 도시 발달 단계에 따른 입지조건을 고려해야 한다(상권분석 실시).
7	사업형태 구상	• 체인점 형태 또는 독립운영점 형태에 대한 장·단점을 비교해 보아야 한다. 초보자는 체인점 가맹으로 하는 것도 요령이 된다(기존체인점 조사).
8	가상창업	• 가상 창업을 하여 투자비용과 수입액을 비교하여 손익계산을 해보고 사업성 분석에서 부정적 결과가 있을 때는 후보 업종의 변경을 고려한다.
9	사업계획	• 사업에 대한 가능성과 성공에 대한 확신이 섰을 때 사업실행을 위한 사업 추진 계획을 세운다. 이 단계에서 상품 수급 방법 및 공급처에 대한 사전 조사 및 협의가 필요하다. 또한 창업후 영업방법과 판촉전략을 구상하도록 한다(문서화 필요).
10	창업/개업	• 경영에 대한 폭넓은 지식을 확보해야 하며 창업후 뒤를 돌아보면 약해진다. 모든 사업은 단기에 승부가 나지 않으므로 인내력을 배양해야 한다.

제10장

프랜차이즈

현재 국내에 약 250개 업종, 3,000여개 가맹본부, 10만여개 가맹점이 운영되고 있는 등 프랜차이즈(Franchise)창업을 하려는 사람들이 많이 늘어나고 있다. 특히, 소점포 창업의 한 형태로서 창업을 꿈꾸는 예비 창업자는 누구나 한번 정도 고려하는 형태의 창업이다. 그러므로 본장에서는 프랜차이즈 시스템의 개념, 장점과 단점[9], 피해사례 등에 대해서 알아보고자 한다[10].

1. 프랜차이즈의 정의

프랜차이즈란 "특정구역내에서 일정기간 동안 모기업이 개인기업 내지 비교적 작은 기업에 계약방법대로 영업을 할 수 있는 권한·특권을 허가해 주는 마케팅 또는 분배형태"라고 정의하고 있다. 여기서 모기업을 프랜차이저(Franchiser)라고 하며, 특권을 받는 기업을 프랜차이지(Franchisee)라고 부르며, 이 특권 내지 권한 자체를 프랜차이즈(Franchise)라 한다.

9) 오상락 · 김종진, 「중소기업경영론」, 한국방송대학출판부, 1997. pp.134~152.
10) 김성천, 「취업 · 창업관련 피해사례 및 대책」, 창업교육과정, 1998. 10.

따라서 프랜차이즈란, 프랜차이저(본부)가 프랜차이지(가맹점)에게 프랜차이저의 상호, 상표, 서비스 마크(Service mark), 노하우(Know-how), 기타의 기업운영방식을 사용하게 하여 제품이나 서비스를 판매할 수 있도록 해주는 '모든 경영양식의 허가(Licencing of an entire business form)'라고 할 수 있다. 사업자 또는 본부가 타사업자 또는 가맹점과의 사이에 계약을 체결함으로써 자기의 상호・상표・기타 경영의 상징 및 경영기술과 정보를 사용하게 하여 동일한 이미지(Image)하에서 상품의 판매 등 기타 사업을 행할 권리를 주며, 한편으로 프랜차이지는 그에 대한 보증으로서 가입금, 보증금, 로열티(Royalty : 본부에게 주는 정기 납입금)를 지불하고 사업에 필요한 자본을 투입, 본부의 지도 및 원조 아래 사업을 행하는 양자간의 계속적인 관계를 말한다.

2. 프랜차이즈의 유형

프랜차이즈는 매우 많은 업종업태에 폭넓게 적용될 수 있다. 따라서 프랜차이즈는 많은 패턴이 존재한다. 본부가 되는 것은 유통경로상 어느 위치에 있는 유통기관에서도 가능하여 제조업자, 서비스 전문업체, 도매업자, 소매업자 등 누구나 본부가 될 수 있으나 일반적으로 크게 네가지 형태로 나눌 수 있다.

[가] 제조업자-소매업자 프랜차이즈

제조업자가 판매망을 확보하고 소매업자들의 영업방법・상표・상호 등에 관한 프랜차이즈를 개발하는유형으로서 자동차업계와 석유판매업계에서 널리 활용되고 있는데, 미국의 경우 지엠(General Motors), 포드(Ford), 크라이슬러(Chrysler), 폭스바겐(Volkswagen)과 같은 자동차산업과 엑슨(Exxon), 텍사코(Texaco), 모빌오일(Mobile Oil)과 같은 석유산업에서의 제조업자-소매업자 체인의 경우가 그 대표적인 예라 할 수 있다.

[나] 제조업자-도매업자 프랜차이즈

제조업자가 프랜차이즈를 개발하는 방법인데, 소매상의 수가 지역적으로 광범위하게 분산되어 있거나 소량을 취급할 경우 도매상을 가맹점으로 체계화하는 방법으로서 코카콜라(Coca Cola), 펩시콜라(Pepsi Cola) 등의 음료업계의 공급체인이 이 범주에 속한다.

[다] 도매업자-소매업자 프랜차이즈

제조업자가 생산하는 제품의 품목수가 한정되어 있으므로 도매업자가 여러 제조업자로부터 다양한 품목을 공급받아 프랜차이즈를 개발하고 소매상을 계열화하는 방법을 활용하는 시스템이다. 도매상이 본부가 되고, 소매상이 가맹점이 되는 유형으로서 제약업, 잡화상, 이엘씨(ELC)와 같은 자동차 수리업체, 스포츠용구점, 계절적 가구전문점 등이 여기에 속한다.

[라] 상표 · 상호사용 허가공여자-소매업자 프랜차이즈

미국에서 20년 전부터 꾸준하게 성장한 유형으로서 제조업자나 도매업자가 아닌 본부가 소매상의 성공적인 사업수행을 위하여 상표 내지 상호와 표준화된 영업방법을 직접 제공하는 것이 특징이다. 그 예는 다음과 같다.

- 모텔 체인(Motel chain) : 홀리데이 인(Holiday Inn), 쉐라톤(Sheraton Inn) 등
- 레스토랑 체인(Restaurant chain) : 맥도날드(McDonald), 켄터키 프라이드 치킨(Kenturcky fried chicken), 던킨도너츠(Dunkin's Donuts), 미스터 도너츠(Mister Donut), 버거킹(Burger King) 등
- 자동차 · 트럭 대여체인 : 허츠(Hertz), 아비스(Avis), 버지렌트카(Budget Rent-A-Car)

3. 프랜차이즈 본부의 지원 및 수익

(1) 프랜차이즈 본부의 가맹점에 대한 지원

모든 가맹점들은 계속적으로 본부의 제품과 서비스를 제공받기를 원하는데 이런 상품과 서비스의 제공은 전통적 유통기관들에 의하여 제공되는 것과는 달리 양적·질적으로 일관성을 가지며 본부는 촉진활동을 통해 시장개척·이미지 개발 등으로 가맹점이나 소비자로부터 자동적이고 즉각적인 반응을 기대하고 있다.

본부가 제공하는 서비스로는 [표 10-1]과 같은 것이 있다.

이와 같은 프랜차이즈 본부의 초기 및 계속적 서비스에 대해 대부분의 본부들은 현장서비스에 대한 계속적인 프로그램을 가지고 있으며, 감독자들이 점포를 방문하여 경영원조 및 상품과 서비스의 질을 검토하고 경영성과에 대해 보호·감독하고 있다.

표 10-1. 프랜차이즈 본부가 가맹점에게 제공하는 지원

초 기 지 원	계속적인 지원
① 시장조사와 위치선정 ② 설비설계와 배치 ③ 임대협상의 자문 ④ 재무자문 ⑤ 영업방식 ⑥ 관리자 교육훈련에 관한 프로그램 ⑦ 가맹점 종업원에 대한 교육	① 현장감독 ② 판매와 촉진활동의 자료제공 ③ 관리자 고용인의 재교육 ④ 품질검사 ⑤ 광고 및 홍보 ⑥ 중앙집중구매 ⑦ 시장정보와 지도 ⑧ 감사와 장부기록 ⑨ 관리자 보고서 작성 ⑩ 조직의 보험계획

이에 반하여 가맹점의 의무로서는 매월 1~2월에 걸쳐 주간판매액, 지역광고, 종업원 인사이동, 이익, 재무구조 및 상태, 마케팅 정보를 본부에 보고해야 한다. 이는 정기적 보고로서 재무 및 영업적인 측면에서 마케팅 의 일괄적 통제를 하고자 함에 그 목적이 있다.

(2) 프랜차이즈 본부의 수익

프랜차이즈 본부는 가맹점에 대한 지원으로, 첫째, 가맹점에 약속한 재료와 서비스를 제공하는데 필요한 경비, 둘째 개발되어야 하는 조직을 위한 행정적인 경비, 셋째, 가맹점을 선발하고 시스템을 운용하는데 필요한 촉진적 운영경비, 넷째, 사업을 수행하는데 있어 따르는 위험을 고려한 기회비용으로 사용되는 경비 등을 충당하기 위하여 수익을 어디서 어떻게 조달·획득할 것인가 하는 것은 중요한 문제이다.

프랜차이즈 사업의 가장 큰 장점은 본부로서는 처음에 많은 자본이 요구되지 않는다는 것이다. 가맹점으로부터의 수익은 한정된 가격에 의한 제품과 서비스의 판매에 따른 수익이며, 비용은 제품과 서비스를 제공하기 위하여 필요로 하는 재료비와 노무비이다.

프랜차이즈 본부의 수익원천은 상기의 [표 10-2]와 같다.

표 10-2. 프랜차이즈의 수익원천

수 익 원 천	내 용
1. 초기의 프랜차이즈 수수료 (Initial franchise fee)	보통 1,000만원 정도의 초기 수수료가 든다. 이 수수료는 가맹점의 입지선정 · 교육 · 운영 · 통제 · 착수 등의 초기비용과 프랜차이즈를 정립시키기 위한 개발비용 등의 제경비로 사용된다. 수수료는 프랜차이즈 사업이 성공적일 때는 증가하는 경향이 있다.
2. 사용료 (Royalty fee)	가맹점이 매출액 비율에 근거를 두어 산정하는데 계약에 의해 보통 매출액의 5% 정도를 징수한다. 이외에 매출단위기준으로 청구하기도 한다. 예를 들면 모텔사업체는 실(Room)당 사용료를 청구하며, 자동차세차업의 경우에 차 1대당 사용료를 청구한다.

3. 상품매출 (Sales of products)	도매상 기능으로 본부가 완제품을 가맹점에 공급할 경우에 해당한다.
4. 대여 · 임대수수료 (Rental and lease fee)	건물 · 장비 · 설비 등의 사용에 따른 사용료 징수를 말한다.
5. 허가수수료 (Licence fee)	프랜차이즈 본부의 상표이용과 전시에 관한 수수료를 말한다.
6. 경영수수료 (Management fee)	드문 경우로서 상담 서비스의 경우에 경영보고서의 작성이나 교육에 드는 수수료이다.

4. 프랜차이즈 피해사례

최근 급격히 프랜차이즈 창업이 늘어나면서 피해사례도 급증하고 있다. 97년 12월부터 '98년 2월까지 소비자보호원에 접수된 체인점 관련 상담피해사례는 468건으로 전년 대비 33%나 증가하였다. 따라서 이에 대한 유형분석과 대처방안에 대해서 알아보았다.

(1) 가맹점계약 및 창업과정에서의 피해사례

[가] 영업허가를 받지 못함

마땅한 직업이 없었던 차에 무조건 영업허가를 받아낼 수 있다는 가맹점 영업사원 말만 믿고 인테리어비 및 설비비 일부를 지급하면서 체인점 계약을 체결하였으나 시청에서 환경문제로 허가를 받을 수 없게 된 경우.

[나] 가계약금 선지급 유인

한식집을 운영하다 업종전환을 해보려고 체인점 개설을 상담하는 과정에서 "전국적으로 체인점 모집이 완료되는 단계에 있으니 빨리 서두르라"는 가맹본부측의 말에 가계약금 30만원을 지급하였는데 좀 이상해서 계약해제를 요구하자 가계약금 환급을 거절당한 경우.

체인점 개설 상담을 하다가 "독점영업권을 주겠다, 경쟁이 치열하다, 2~3일 후면 모집이 마감되니 빨리 결정하라"는 가맹본부측의 말에 가계약금 100만원을 온라인 송금한 후 성급한 결정을 후회하여 해지를 요구하자 거절당한 경우.

[다] 잘못된 입지선정

체인점 상담시 "시장조사를 거쳐 시설 및 점포를 알선해 주고, 2개월내에 개점할 수 있도록 해 주겠다"는 가맹본부의 말을 믿고 카드결제 등을 통해 가계약금 500만원을 지급하였으나, 너무 외진 곳이고 미입주 신도시 지역으로 전혀 영업이 될 수 없는 장소를 알선해 줌으로써 해약을 요구한 경우.

[라] 인테리어 및 설비 강제

체인점 개설을 상담할 때 인테리어는 본인이 해도 좋다는 약속을 받았으나 막상 200만원의 가계약금을 지급한 후에는 본사가 인테리어를 해야 된다고 강요하여 해약을 요구하자 가계약금 반환을 거절한 경우.

[마] 독점적 영업권을 인정받지 못함

계약금 100만원에 체인점 계약을 체결하였으나, 매장오픈 일자가 지연되면서 확인한 결과 동일 상권 내에 이중계약된 사실을 알고 해약을 요구하였으나 거절된 경우.

또한 체인점계약을 체결하였는데, 상권분석이 제대로 안된 곳에 점포를 개설하여 매출이 너무 적은 관계로 가맹본부와 충분히 협의하여 독점적 영업권의 확보를 보장받아서 장소를 옮겨 다시 개점하였음에도 불구하고 길건너 맞은편 1개소, 200~300m 떨어진 거리에 다시 1개소가 개점되는 등 독점적 영업권을 보장받지 못하여 피해를 당함.

이외에도 가맹사업 관련 정보 즉, 이익현황, 매출현황, 임원경력 등과 관련한 정보제공이 불충분하고 가맹계약서의 내용이 부실하여 피해가 예상되는 경우 등 다양한 사례가 있음.

(2) 가맹점 운영과정에서의 피해사례

[가] 가맹본부의 횡포나 무성의한 관리

레코드가게를 운영하다가 업종전환코자 문구가맹계약을 체결하였으나 가맹본부가 아동용품이 잘 팔리는 상권특성을 무시하고 일방적으로 성인용품만 공급해 주면서 반품거절, 매 15일마다 대금결제를 요구하는 등 횡포가 심하여 계약을 해제한 경우.

[나] 하자물품, 재고품 등의 처리

가맹점계약을 체결하고 아이스크림을 판매해 왔으나 가맹본부가 유효기간이 1년 정도 지난 상태의 미국 수입 아이스크림 원료를 유효기간을 변경하는 표시만 붙여 가맹점에 공급해 주는 등 공급물품의 품질불량으로 영업손해가 심해지자 가맹본부를 고소한 경우.

의류가맹점계약을 체결하였으나 타사 제품이 섞여 있고, 판매관리 지원을 해준다는 약속을 지키지 않아 계약을 해 제한 경우.

[다] 계약기간내 추가적 금전 부담

3년 기한으로 일정액의 보증금에 편의점 계약을 체결하고 영업을 시작했으나 3개월만에 보증금 인상을 요구하여 거절하다가 계약을 해제한 경우.

[라] 광고 및 판촉활동, 예상매출액, 마진율 등의 상이

퇴직후 즉석인쇄체인점계약을 체결하였으나 계약내용과 달리 상권보장이 안되고, 예상매출액이 700~800만원은 된다고 하였으나 실제는 200만원도 안되며, 컴퓨터 및 프린터 고장으로 문제가 많이 발생하는데도 A/S가 안되어 사용할 수 없어 다른 기계를 구입하는 등 상당한 피해를 당한 경우.

[마] 가맹본부의 판매지원 불충분에 대한 불만

보증금 700만원에 아기를 돌봐주는 체인점 계약을 체결하였는데 지역광고는 가맹점주가 해야 하고, 전체 광고는 가맹점들이 광고비를 분담해야 하는 등 본사의 판촉지원이 전혀 없으며, 1년 내에 해약시 보증금 중 300만원만 환급받을 수 있고, 계약기간 중에도 가맹본부가 자신들에게 일방적으로 유리하게 재계약을 요구하는 등 가맹본부의 횡포가 심한 경우.

5. 프랜차이즈 창업의 유의사항

프랜차이즈 창업의 경우, 브랜드의 인지도가 낮아 판촉 효과도 별로 거두지 못하고, 본부가 가맹점 교육이나 신상품 개발에도 소극적이고, 계약사항을 잘 이행하지 않아 치명적인 피해를 입게 되는 경우가 많이 있다. 이러한 피해를 입지 않으려면 여러 각도에서 부실본부를 체크하여 선별하는 지혜가 필요하다. 가맹본부를 선택할 때 이러한 점을 간과했다면 이 역시 본인의 책임을 면할 수 없다. 피해예방을 위한 방안을 살펴보았다.

- 가맹본부에 대하여 철저한 사전조사를 해야 한다. 이를 위해서는 [표 10-3]과 같은 가맹본부의 건실성 분석을 실시하는 것이 바람직하다.
- 계약서를 자세히 살펴보고 미비된 특약사항이나 구두약속 등은 반드시 서면으로 기재할 것을 요구한다.

계약분쟁이 발생할 경우 가장 중요한 것은 계약서인만큼 계약서에 사인을 하기 전에 반드시 다음의 세부사항을 꼼꼼하게 따져보고 점검해야 한다.

또한 가맹점을 유치하는 담당자와 계약을 체결하는 사람이 다를 때가 많다. 이때는 가맹 유치 담당자가 약속한 내용이 계약서에 포함되어 있는지를 확인할 필요가 있다. 구두로 약속받은 사항은 가맹계약 후 효력이 발생하지 않기 때문에 본사와 계약서에 약속한 내용을 문구화해 놓는 것이다.

가맹시 본사가 지원해 줄 항목에는 어떤 것이 있으며 지원 항목에 대한 비용 부담 등 추가할 내용은 없는지 확인해 두어야 한다.

예를 들어 입지선정, 실내구조나 인테리어, 시설물의 유지보수, 상품배송과 같은 비용처리 등 본사에서 지원해 주는 내용이 어떤 것들이 있고 이 비용은 얼마나 발생하는지 세밀히 확인해 두어야 한다.

표 10-3. 가맹본부의 건실성 분석내용

체 크 항 목	매우 그렇다				전혀 아니다
• 본부의 재정 · 운영상태 건전성	건전함 5	4	3	2	건전치 못함 1
• 직영점의 유무(개소)	10개 이상 5	6~7개소 4	5개소 3	3~4개소 2	없음 1
• 가맹점의 수	30개 이상 5	25~29개 4	20~24개 3	11~19개 2	10개 이하 1
• 안정적 제조 · 유통망의 구축	안정적임 5	4	3	2	불안정함 1
• 가맹점 지원체계의 구축 정도	견실함 5	4	3	2	견실치 못함 1
• 법률적 관계	법적 제재가능성 있음 5	4	3	2	법적 제재가능성 없음 1
• 발전가능성 여부	있음 5	4	3	2	없음 1
• 소비자의 브랜드 인지도	높음 5	4	3	2	낮음 1

주. 총점이 32~40점 안정적, 24~31점 검토 대상, 23점 이하 요주의

체인 본사에 따라서는 판촉과 광고비용 일부를 가맹점들에 전가하는 사례도 있다. 물론 본사와 지역본부 및 가맹점간에 광고비를 분담하는 것이 프랜차이즈 정신에 위배되지는 않으나 일방적으로 가맹점에 광고비나 판촉비를 전가하는 사례도 있는 만큼 사전에 분담내용을 살펴보아야 한다.

표 10-4. 계약서 작성시 점검사항

점 검 사 항	내 용
1. 가맹시의 가맹비, 보증금, 기타 금전 징수에 관련된 사항	• 세부 항목별 징수 금액과 그 산정방법 • 가맹비, 보증금, 비품대, 기타 비용의 성격 • 징수 시기 및 징수 방법 • 보증금과 같이 반환되는 항목의 경우 환불 조건 및 시기
2. 상품공급 조건 관련 사항	• 체인점주에게 공급(판매)하는 상품의 종류 • 상품 대금의 결제방법
3. 경영지도에 관한 사항	• 가맹시 연수 또는 강습회 개최 유무 • 강습회를 개최할 경우 강습회의 세부 교육 일정과 내용 • 지속적인 경영지도 여부, 구체적인 횟수
4. 체인점주가 사용할 상표, 상호, 기타 표시에 관한 사항	• 사용가능한 상표, 상호, 기타 표식 • 사용에 따른 별도의 조건이 있는 경우 구체적인 내용
5. 계약기간의 갱신, 해지에 관한 사항	• 계약기간 • 갱신조건 및 절차 • 해지조건 및 절차 • 계약 해지로 인한 손해배상금의 지급과 기타 의무사항
6. 체인점주로부터 정기적으로 징수하는 금전에 관한 사항	• 징수금의 세부항목, 기타 비용의 성격 • 상호 사용료, 경영지도료, 기타 비용의 성격 • 징수 시기 • 징수 방법

제11장

시장형 창업의 사업타당성 분석

1. 사업타당성 분석의 개념과 필요성

제1부 창업기초편에서 사업타당성 분석과 사업계획서의 작성방법 등에 관해 상세히 설명하였다. 그러나 시장형 창업은 점포의 입지, 주차장의 유무, 제품계열의 특성 등이 성공에 큰 영향을 미치는 등 기술형 창업과는 그 유형이나 특성이 매우 다르다.

따라서 본 장에서는 시장형 창업의 사업타당성 분석과 관련된 내용으로 범위를 제한하여 설명하였다.

사업타당성 분석은 첫째, 구상하는 사업의 형성 요소를 정확하게 파악하는 기회를 제공하고 둘째, 사업의 적정 규모와 어떠한 영업 형태가 좋은가를 알게 하여 창업 실패로 인한 손실과 시행착오를 예방하게 한다. 그리고 예비 사업가의 사업에 대한 지식기반을 확고히 하여 사업 경영에 큰 도움을 준다.

이와 같은 유용성 때문에 사업타당성 분석은 반드시 그리고 정밀하게 실시해야 하는 것이다. 이것은 다분히 전문적인 지식을 가진 전문가의 영역이기도 하며 그 분석에 전문 기법이 필요한 것이다.

[그림 11-1]은 시장형 창업의 보편적인 사업타당성 분석과정을 나타낸 것이다. 창업을 하기 위해서는 창업자의 적성·사업수행능력평가를 통하여 창업자로서의 자질을 충분하게 평가하고, 창업자가 고려하고 있는

그림 11-1. 사업타당성 분석과정

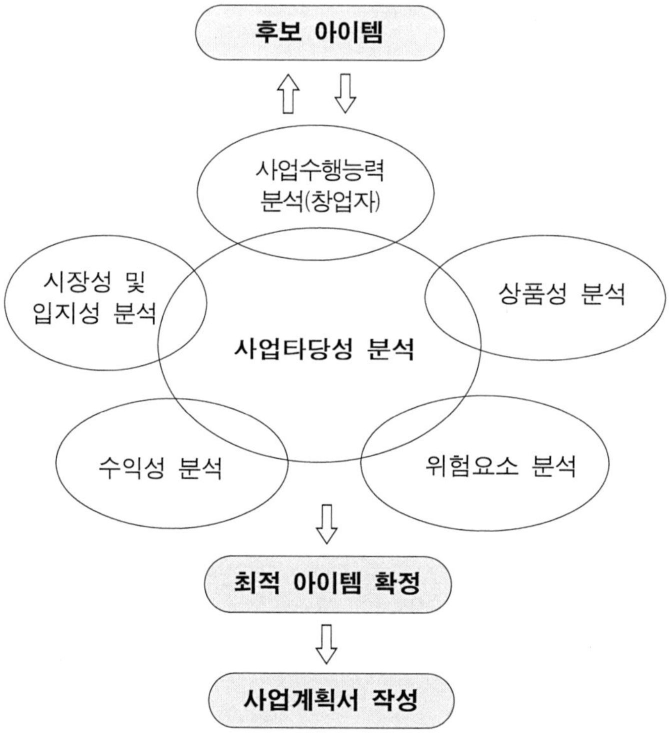

여러 개의 후보아이템을 대상으로 제품·용역의 상품성검토, 대상제품 용역의 시장성을 분석하고 고려하고 있는 점포·입지후보지가 후보아이템에 적합한가하는 점포·입지의 분석, 사업수익성, 사업을 추진함에 있어서 내재된 위험요소의 분석 등 5가지 항목의 분석 틀을 이용하여 가장 최적의 사업 아이템이 도출될 때까지 반복적으로 검토·분석해야 함을 나타내고 있다.

2. 사업타당성 평가항목

[표 11-1]에서는 사업타당성 분석 항목들을 제시하였다. 이를 구체적으로 살펴보면 창업자의 사업수행능력 및 적성분석, 시장성 및 입지성 분석, 수익성 분석, 상품성 분석, 위험요소 분석, 영업 및 서비스 운영전략 등에 대하여 구체적으로 분석하는 것이 중요하다. 특히, 시장형 창업은 입지산업적 특성을 보이므로 입지성 분석이 매우 중요하다 하겠다. 그러나 전문가가 아닌 일반인들에게는 다소 시행하기가 어려운 것도 있고 난해한 점들도 있다.

예비 사업자들이 본인의 능력과 적성을 세밀히 분석하고 또한 구체적인 평가항목 별로 분석해 보는 것은 분석과정에서 얻어지는 결과를 바탕으로 사업에 대한 분명한 이해와 사업의 위험성, 그에 대한 대응책을 강구하는 과정을 통하여 사업의 유용성을 높이기 위한 하나의 방법으로서 반드시 필요한 과정이라 하겠다.

표 11-1. 사업타당성 분석 · 평가항목

핵 심 요 소		세 부 평 가 항 목
사업수행능력 및 적성 분석(창업자)		• 사업적성 및 자질(적성 또는 흥미, 추진력, 건강 등) • 경험과 지식(창업분야) • 사업수행 능력(아이디어, 기획력, 영업력, 상황판단 능력, 친절도 등)
시장성 및 입지성분석	시장성 분석 업계분석	• 사업아이템의 국내 · 외 동향, 잠재수요 • 업계 현황 및 실적 분석(유사상품 포함) • 시장규모 추정 및 특성 분석 • 유통구조 및 특성 분석 • 동업계 판매조직 및 판매전략 • 잠재고객의 특성 분석(소득수준, 구매패턴, 변화추세, 고객의 상품 수용 가능성 등)
	입지성 분석 <상권 · 입지 조건 분석>	• 상권분석(수요예측, 통행인구, 소비형태, 점포분포 현황, 교통조건, 경쟁 점포수, 공공기관, 잠재고객, 도시계획 등) • 점포 및 입지여건(건물상태, 주변환경, 주거환경, 지형지세 등) • 판매전망

수익성 분석	• 투자비용 분석 • 자금조달능력 검토 • 수익전망 • 손익분기점 분석 • 장 · 단기 채산성 분석
상품성 분석	• 취급 예정 상품에 대한 소비자들의 호감 여부 • 제공할 상품의 품질 • 상품가격의 만족성 • 상품조달 및 보관관리의 편리성 • 상품의 구성 및 구색
위험요소 분석	• 각종 계약 관련 분쟁 가능성 • 종업원 갈등 및 문제 발생 • 상품조달 위험성 • 고객(인기) 감소 가능성 • 경쟁 점포와의 분쟁 가능성
영업 및 서비스운영 전략	• 영업조직 및 독특한 판매 전략 유무 • 독특한 고객유치 행사개최 및 그 지속성 • 서비스제공 및 경영전략 • 판매전략 기획력 및 창의력 / 고객에 대한 최상의 서비스 발휘

3. 상권분석 및 입지선정

3.1 상권분석의 개념과 필요성

상권(Trading area)이란 구매 고객이 분포되어 있는 지리적인 지역범위를 의미한다. 즉, 사업주체가 고객을 대상으로 할 수 있는 지역으로서 실제로 판매자와 소비자 사이의 상거래가 이루어지는 지역적 범위를 말한다. 이는 상품 판매로 생기는 수입액과 그로 인해 발생하는 비용을 상호 비교하여 경제성이 있다고 볼 수 있는 지역의 지역적 경계를 의미하기도 한다.

예를 들어, 남대문 의류 도매시장에 소재한 상점의 상권은 전국이며 부산에 있는 백화점의 경우에는 부산시와 부산시 주변 지역의 군 단위까지가 상권이라 할 수 있다. 상권은 판촉활동이나 판매된 상품의 배송문제 등을 고려하여 결정되며 그렇게 결정된 상권이 그 점포의 판매 대상지역이 되는 것이다. 상권에 대한 정확한 인식의 필요성은 다음과 같다.

- 매출이 상권의 크기와 세력에 따라 직접적인 영향을 받기 때문이다.
- 상권의 크기에 따라 판매예상액 추정을 할 수 있기 때문이다.
- 구체적인 영업전략 전개시 상권분석 결과가 필요하기 때문이다. 예를 들어, 광고 전단의 배포범위를 어디까지로 할 것인가 하는 것 등이다.
- 상권이 인식되어야 구체적인 입지전략을 전개할 수 있으며 입지선정 이전에 해당 상권이 어떤가를 이해해야 구체적인 경영 전략을 수립할 수 있기 때문이다.
- 상권의 규모정도와 변화는 권리금 형성에 커다란 영향을 준다.

따라서 점포의 입지선정을 하기 전에 목표 상권을 제대로 잡는 것은 사업의 요체라 할 수 있는 것이다.

3.2 상권과 입지의 개념

가끔 용어의 의미를 혼동하기도 하는 상권과 입지는 밀접한 관계를 가지고 있다. 상권이 숲에 비유되는 거시적인 뜻이라면 입지는 나무를 나타내는 미시적 개념이라 할 수 있다.

상권이란 잠재고객이 어느 지역범위에 거주 또는 분포되어 있느냐 하는 개념으로 유동적인 반면, 입지는 사업장의 위치선정(Location)의 문제로서 사업장이 위치한 곳이 사업을 영위함에 있어 어떤 여건에 있느냐 하는 것을 의미한다. 입지는 한번 정해지면 일정 기간동안 고정되는 성격이 있기 때문에 신중을 기해야 한다. 입지선정이란 실제 영업장소를 선정하는 행위를 말한다.

일반적으로 업종선정과 입지선정에 대한 우선순위를 논하는 것과 같이 상권과 입지는 밀접한 관계가 있으며 그만큼 상권이나 입지는 소비자와의 직접적 대면성이 강한 시장형 창업에 있어 중요한 것이다.

3.3 상권의 분석요소

상권이 좋으냐 나쁘냐 하는 것은 상권을 구성하는 요소별로 판매량 증대에 어떠한 영향을 미쳤느냐를 평가하는 말이다. 상권분석에는 다양한 요소에 대한 검토가 필요하다.

상권은 일정한 지역적 범위를 뜻하는 지역 공간적 특성을 가지고 있기 때문에 상권의 크기 뿐만 아니라, 특정 지역이 갖는 공간적 특성부터 분석해야 한다.

상권의 공간적 요소는 몇 가지로 나뉘어져 있다. 첫째, 시장의 지역적 거점으로서 점(点)적인 성격을 가지고 있는데 이는 점포의 위치에 대한 평가이다.

표 11-2. 상권분석요소

구 분		내 용
상권의 지역특성	상권분류상 특성	• 상권의 공간적 특성(점 · 면 · 공간) • 상권 경계상 상권구조(지역 · 지구 · 개별입지) • 지역 도시 특성상 상권분류(주거 · 상업 · 공업지역 등) • 도시 구조상 구분(도심 · 부도심 등) • 도시내 상권지구 구분상 특성(번화가, 역세권, 학교 주변권 등)
	현재 시장성(수요크기)과 성장 가능성	• 인구, 연령, 직업, 가구수, 가족, 구성원수 • 소득 및 소비 수준, 주거 유형, 도시계획 등
	경제, 행정, 교통여건 등	• 산업구조, 문화, 공공시설 유무, 도로 및 교통체계와 교통량, 통행인구 등
	기 타 요 인	• 자연조건, 지형 · 지세 등
상권내 고객특성		• 유동성 정도(차량 소유 정도) • 상권지역내 상주인구와 직장인구, 유동인구의 비중과 구매패턴 비교 • 잠재고객의 구매성향 · 해당상품에 대한 호응도
상권의 경쟁 구조		• 상권 범위 · 경계상 경쟁 구조 • 업태별 · 업태내 경쟁 구조 • 경쟁 · 보완관계 분석 • 대형점 또는 경쟁 도 · 소매점 분포 현황 및 활동현황

둘째, 선(線)적인 특성으로서 상권지역은 연쇄적인 상호 의존관계를 형성하고 있다. 이는 큰 도로변 옆을 끼고 있는 특정 블럭에서 일렬로 늘어서 있는 점포들의 상호 관련성과 특성이 어떠하냐를 뜻하는 것이다. 이것은 상권의 골격을 이루는 것으로 선(線)적인 특성분석을 통해 고객유인의 중심 특성이 어떠하냐를 파악할 수 있다.

셋째, 면(面)적인 특성이다. 이는 영업 흡인력이 미치는 범위이며 시장으로서 기능을 발휘하는 범위를 의미하는데 실제의 시장력 범위 즉, 상권의 크기를 말한다.

상권의 현황이 설명해 주는 또 다른 중요 요소는 상권이라는 지역범위 내에서 동질적인 구매 특성을 가진 고객들이 분산되어 있는 정도를 나타내는 구조이다. 즉, 상권은 다시 광범위한 지역을 포괄하는 지역상권과 그 지역상권내 여러개의 부분적 상권범위를 의미하는 지구상권 그리고 점포의 입지라고 할 수 있는 개별 점포상권으로 구분할 수 있다.

표 11-3. 상권분석 참고자료의 원천

기 관	참 고 자 료
통 계 청	• 도 · 소매업체 통계조사 보고서 • 도시가계연보 • 인구통계연보 • 한국의 사회지표
관할 시 · 군 · 구청	• 해당 시 · 군 통계 연보
구청 · 동사무소	• 주민분포 현황
상 공 회 의 소	• 상업통계자료, 주민의 Life Style 조사서
관 할 세 무 소	• 국세 · 지방세 통계
조 사 기 관	• 분석에 필요한 조사 보고서 또는 통계자료
기 존 업 체	• 업체의 매출정도, 지역 소비자의 소비행태에 대한 개요

그림 11-2. 약식 상권분석의 단계

상권도 작성	- 입지예정장소를 중심으로 1차(반경 약 500m), 2차(반경 약 1,000m), 3차(그이상)지역으로 구분, 둥근원형태의 상권도를 작성한다. 1차 지역의 매출이 2/3이상 되는지 확이 필요하다.
주요건물 및 공공시설 파악	- 상권도내에 인구를 유인하는 특별한 시설이 있는지 구체적으로 파악한다.
인구동태적 분석	- 양적인 요인들로 인구, 세대수, 통행인구 정도 등을 파악한다.
주민의 소득 및 소비성향 추정	- 주택 평수를 기준으로 하여 소득을 추정한 후, 실제 구매실태를 조사하여 소비특성과 수준을 조사한다.
주변 상권지역의 주요기능 파악	- 이는 해당 대상 지역의 특성이 번화가이냐, 주택가이냐 등을 파악하는 것으로 이에 조화를 이루는 업종을 선정해야 한다.
주변 상권지역의 부수기능 파악	- 주기능 이외에 유흥가, 상가, 식당가 등 어떤 기능이 부가되어 있느냐를 파악한다.
지역 통행량 조사	- 입지 주변의 교통체계를 분석한 후, 요일별 시간대별 통행량 조사를 실시한다.
예상매출액	- 일일 구매자를 예측하여 예상 매출을 나름대로 추정한 후 손익을 계산해 본다.
지역의 변화가능성 분석	- 각종 개발계획을 검토하여 해당 구역의 변화를 살핀다..
사업타당성 검토	- 사업타당성 분석기준에 의한 분석을 실시한다.

이와 같이 상권 분석을 위해서는 대상지역에 대한 현지조사를 통해 2차 자료를 입수하여 분석의 보조자료로 활용해야 보다 정확한 분석이 이루어질 수 있다. 또한 상권분석이란 상권을 구성하는 요소들을 하나하나 대상 지역에 적용시켜 어느 정도의 구매력과 특성을 가진 상권인지 즉, 상권규모를 분석하는 것이다.

그러나 사실 정확한 상권분석은 전문가가 아니면 어려운 작업으로 올바른 마케팅 전략을 수립하기 위한 이론적 상권분석기법에는 기술적(技術的) 기법과 규범적 모형 그리고 확률적 모형 등이 소개되어 있으나 본서에서는 [그림 11-2]와 같이 일반인들도 활용하기 쉬운 약식 상권분석 단계를 소개하였다.

3.4 상권의 유형과 특성

(1) 상권의 유형

상권의 유형은 계층적, 지리적, 매출액, 도시계획 유무 등에 의하여 다양하게 정의되고 있다. 계층적 구분에 의한 상권은 그 구성밀도에 따라 지역상권, 입지상권으로 구분되고 있다. 즉, 넓은 범위의 지역상권(General trading area)과 이보다 소규모 지역을 의미하는 지구상권(District trading area) 그리고 점포의 입지상권으로 구분된다.

지역상권은 도시의 행정구역과 일치하는 개념으로 하나의 지역상권은 여러 개의 지구상권을 포함하고 있다. 그리고 지구상권은 개별 점포들이 위치하는 점포입지를 의미하는 점포 입지상권으로 구성되어 있다.

서울의 경우를 예를 들면, 서울 전체는 지역상권이며 강남역 주변 또는 명동 인근 등은 지구상권이라 할 수 있다. 그리고 지구상권내에 있는 특정 점포가 입지하고 있는 주변은 점포 입지상권이 되는 것이다.

한편, 지리적 구분에 의한 상권분류의 방법에는 1차 상권, 2차 상권, 3차 상권 등으로 구분하기도 한다. 이는 한계상권을 지리적 거리에 따라 구분하는 방법으로 계층적 상권구분 방법과 유사하다.

일반적으로 도시의 성격을 공업도시 또는 소비도시 등으로 구분하지만, 그러한 도시적 특성이 있다 하더라도 도시내에는 번화가, 주택가, 학교 주변가 등의 지구 특성별로 상권이 나눠지고 있다.

표 11-4. 상권 구분 방법

상권구분 기준	상 권 구 분 내 용
계층적 구분	• 지역상권 : 도시 전체 지역 • 지구상권 : 지역상권내 특성별로 구분되는 일정 범위 지역 • 입지상권 : 점포가 입지한 주변지역(반경 500m 이내)
지리적 구분	• 1차 상권 : 반경 500m이내 또는 교통거리 30분 이내(매출의 $\frac{2}{3}$차지) • 2차 상권 : 반경 1km이내 또는 교통거리 1시간내 • 3차 상권 : 상기 이외의 지역
매출액에 의한 구분	• 1차 상권 : 전체 매출액의 60～65%를 점하는 고객의 거주 지역 • 2차 상권 : 전체 매출액의 30%를 점하는 고객의 거주 지역 • 3차 상권 : 상기 이외의 지역
도시계획 관련 구분	• 계획적 구매 상권 : 광역형(대생활권), 중역형(중생활권), 근린형(소생활권) • 비계획적 구매상권 : 중앙영업지구, 부영업지구, 근린영업지구, 도로변 상점가
지구 특성별 구분	• 번화가 및 패션가형 · 주택가 및 아파트 밀집형 • 노변형 · 역세권형 · 쇼핑타운형 • 교외형 · 오피스가형 · 학교 주변형 • 휴게소 및 휴양지형 · 특수형(열차내 등)

[표 11-4]에 예시한 상권의 구분은 기존의 객관적인 시장 여건에 따른 것으로써 예비 창업자가 실제 점포를 개설하는 경우 사업 내용에 따라 주변의 상권도 달라질 수 있음을 명심해야 한다.

(2) 좋은 상권의 조건

좋은 상권이란 소비자의 높은 구매력이 존재하거나 또는 예상되는 판매 대상지역을 말한다.

이는 위에서 언급한 상권의 특성을 구성하는 요소들에 비추어 볼 때 다른 지역보다 우수한 판매조건을 가지는 지역을 의미하며 구체적인 입지 선정에 앞서 알아야 할 사항인 것이다. 좋은 상권을 선정한 후 구체적으로 점포의 입지를 선정하는 것이 순서이므로 상권에 대한 분석은 매우 중요한 과정이라고 할 수 있다.

또한 좋은 상권이란 수요면에서 충분한 수요(잠재고객)가 있고 공급면에서는 경쟁점포가 적은 지역을 말한다.

즉, 수요적인 측면에서는 다음 요건을 충족하는 지역을 의미한다.

- 양적으로 상권 내에 소비인구가 많고 장래에도 잠재 고객의 증가가 예상되는 지역.
- 소득 및 소비의 질적 수준이 높고 구매력이 왕성한 지역.
- 다수의 소비자를 유인할 수 있는 시설이 주변에 존재하고 교통 체계가 발달되어 사람이 쉽게 모이는 곳.
- 기타 개별 점포의 내부적 매력(내부 인테리어, 가격 차별화 등)에 의한 고객 유인 효과 또는 광고활동 효과가 잘 나타날 수 있는 지역 등

자연적 지형조건의 측면에서는 지형・지세가 해당 지역내에서 평지에 해당하고 주위환경이 편안한 느낌을 주는 지역으로 해당 지역에 공급자 즉, 경쟁점포가 적을수록 사업여건이 좋은 만큼 기존 점포가 너무 많이 들어선 곳은 유망 상권 대상에서 제외하는 것이 좋다. 그러나 동대문 의류상가, 구로 공구상가 등 특정업종이 밀집되어 소비자가 상권특성을 인지하고 있는 곳은 양립성 원칙에 따라 고객 유인 효과가 크기 때문에 좋은 상권에 포함되기도 한다.

(3) 상권의 특성

상권이 가지고 있는 특성을 살펴보면 다음과 같다.

[가] 상가 형성 : 여러 점포가 모여 있는 곳을 일반적으로 상가 또는 상점가라고 부른다. 소자본 사업장소로서 상가 건물이 여러개 집합되어 있는 지역, 또는 한 건물내에 여러 점포가 모여 있는 상가 건물은 좋은 점포의 입지조건을 가지고 있는 곳으로 시장형 창업자의 관심의 대상이 되고 있다. 특히, 아파트 단지내에 있는 상가는 이러한 예의 하나이다. 구로 공구상가와 같은 집합 상가는 고객의 집합력, 유인력, 회유성, 체류성 등이 높고 강한 특성을 가지고 있다.

[나] 양립성 법칙 : 이 법칙은 유통업 소매점에서 통용되는 개념으로 동일지역내에 동종업태가 많을수록 고객도 늘고 판매액도 증가한다는 것이다. 예를 들어, 전문식당이 모여있는 식당가가 동 떨어져 있는 지역보다 오히려 많은 손님을 유인하는 특성을 가지고 있다. 이러한 예로서는 서울 종로의 인사동 화랑가, 구로 공구상가, 동대문 의류상가 등을 들 수 있으며 상가에 대한 소비자의 기본 인식에 의해 성업하고 있는 것이 특징이다.

[다] 유동인구 분석 : 상권이 잘 형성되어 있느냐의 여부는 실제 그 지역을 통과하는 유동 인구에 대한 요일별·시간대별 현장조사를 실시해야 파악할 수 있다.

창업 후보업종이 후보 입지에 적합한지, 예상 매출액이 어느 정도일 것인지를 추정할 수 있는 현실적 분석 방법이라 할 수 있다. 인구의 통행량 변화는 점포 입지 선정 전에 조사원을 동원하거나 본인의 직접적인 현장조사를 통해서만 알 수 있는 것이다.

그림 11-3. 통행량 변화에 따른 거리의 성격 예시

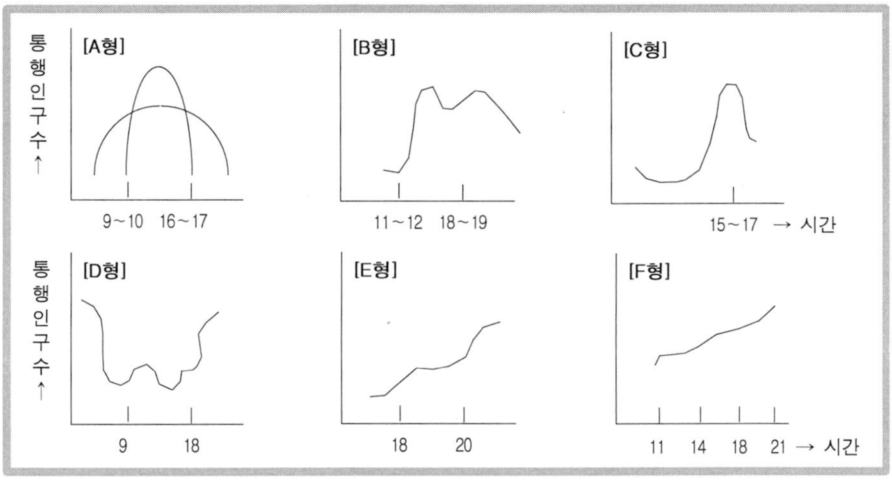

주. A형 – 일반적인 활동시간에 점포 영업 거래가 많은 곳이다. 주로 광역 상권을 이루고 있는 지역으로 일반적인 소매업종에 적합하다.
B형 – 주로 부도심지역에 해당되며 관공서, 회사 인근 주변에서 선매품 판매점과 서비스업종에 유리하다.
C형 – 편의품 상가형으로서 슈퍼마켓, 일반소매점 등이 적합하다.
D형 – 통근인구 유입지역이며 버스정류장, 지하철역 등의 주변지역으로 일반 소매점보다는 간이 음식점, 스넥, Fastfood점 등에 적합하다.
E형 – 야간형으로써 야간 유흥업소, CVS점 등에 적합한 지역이다.
F형 – 번화가 또는 도심지역으로 전문점 등이 유리하다.

3.5 상권별 적합업종

[표 11-5]는 일정한 도시 또는 넓은 범위의 상권지역에서 여러 가지 특성을 가진 지구별 상권을 구분하여 각 상권 지구별 특성을 정리한 것이다.

또한 [표 11-6]은 상권과 밀접한 관련이 있는 후보 업종간의 관련표를 나타낸 것으로 업종과 입지 적합성을 판단하는데 유용한 참고자료가 될 것으로 보인다.

표 11-5. 상권지구별 특성

구 분	상 권 특 성
주택가 및 APT밀집형	• 주고객이 주변 주민, 임대료 저렴. 위험부담 적고 소량다품종 전략 유리. • 1000세대 이상 지역 유망, 주민과 긴밀한 유대필요. <유의사항> - 은행 또는 시장입구 위치가 좋음. - 경쟁점포가 가까운 곳은 불리 - 주택가 어귀가 차량통행 많은 곳보다 유리 - 주민과 긴밀한 유대관계 중요. - 편의성 · 청결성 중요(슈퍼의 경우 상품의 구색성, 신선도) - 주변 백화점이나 대형 쇼핑센터와 경쟁품(예; 고가품) 취급 불리.
노 변 형	• 비교적 넓은 상권 형성, 교통 접근선 양호, 광고효과 큼, 인근 건물성격에 따라 유망업종이 상이함.
번화가 및 패션가형	• 명동거리와 같은 번화가로 젊은이들 집중지역. 패션감각 상품이 유망. • 임대료가 높아 사업초보자는 위험, 유동인구 대상 판매전략. • 브랜드 이미지가 강한 상품 유리. 젊은이 상대의 패션 감각 상품
역세권형	• 전철역 · 기차역 · 버스역 주변의 특수판매 구역. • 유동인구를 겨냥한 편의성 상품 유망.
쇼핑타운형	• 인위적인 고객유인 노력 필요. 저가 전략 구사화 다양한 상품 구색 필수.
교 외 형	• 자유 입지로서 경쟁없고 임대료 저렴, 승용차 고객 유인이 관건.
오피스형	• 직장인 상대 구역, 주변 유인시설 특성에 따라 유망업종 다름.
학교주변형	• 중학생, 대학생 등 학생 구분에 따라 업종 선택 필요. 저가전략과 청결성 유지 필수
휴게소형 및 휴양지형	• 휴게소 또는 레저 휴양시설이 있는 지역. 특색있는 상품 제공이 중요.
특 수 형	• 기내, 열차내, 선박내, 골프장내, 박람회장, 전시장내 등.

자료. 조규호, 「작은 부자들」, 1997. 재가공.

3.6 최적입지의 선정

입지(Location)란 특정 지역에 특정 업종의 점포를 개설하는 것을 의미하므로 좋은 입지를 선정하는 것은 특히, 시장형 소자본 창업시에 가장 중요한 성공요건이며 경우에 따라서는 창업업종보다 중요한 요소가 될 수도 있다.

특히, 점포의 입지는 입지선정시 자금이 일시에 투입됨과 아울러 투자자금도 상당기간 동안 고정되므로 입지 선정후의 변경은 용이하지 않다.

이러한 관점에서 창업자에게 있어서 사업상 입지의 선정은 매우 신중하게 결정해야 할 문제인 것이다.

점포형 사업의 경우 좋은 입지란 첫째, 소비 대상 인구가 많고 장래에도 인구증가가 예상되는 지역 둘째, 소득 및 소비수준이 높은 지역 셋째, 고객을 유인할 수 있는 시설이 존재하는 곳 넷째, 편리한 교통체계로 소비자의 근접성이 높은 곳 다섯째, 경쟁점포가 없는 곳(전문상가 제외) 등을 들 수 있다.

표 11-6. 상권과 창업후보업종의 관련표

업종구분		업태 \ 상권특성	a형	b형	c형	d형	e형	f형	g형	h형
A.식음료관련업		곡물·과일·야채·제과·제빵·음료 등 식품관련업종	▩	▧						
B.음식·외식업관련		레스토랑, 대중음식업 관련 업종		▧	▩	▩	▧	▩		
C.주택설비·수리관련		도배·장판, 샤시, 유리관련 업종	▩	▧						
D.가구·침구관련		홈패션류, 가구·침대, 응접세트관련 업종	▧		▧		▩			
E.가전제품관련		TV·냉장고·세탁기 등 가전제품 관련 업종		▧	▩		▩			
F.의류 관련	F1.외의류	신사·숙녀 정장, 아동복, 패션의류 관련 업종			▩		▩			
	F2.내의류	속옷·장갑·넥타이·양말 관련 업종	▩				▧			
G.잡화·소모품관련		전기·청소용품, 세제관련 업종	▩							
h.문구·도서관련		문구·완구, 참고서·잡지 등 일반서적, 팬시용품관련 업종	▧	▧					▩	
I.교양·오락관련		카메라·피아노, 음반·등산용품 등 전문 취미용품			▩			▧		
J.안경·장신구관련		시계·가방·핸드백, 악세사리, 귀금속, 개성·취미관련 업종			▩		▧			
K.아동학습관련		교육용 학습지, 영·유아학원 등 학원관련 업종	▩						▧	
L.기술·기능학원관련		학생·성인 기술학원, 어학학원등 성인학원관련 업종				▩		▩	▧	
M.기타서비스업		M1. 세탁·수선업	▩							
		M2. 패스트푸드 간이 음식업관련 업종				▩		▧	▩	
		M3.화원·인테리어 관련 업종						▩		
		M4. 편의점			▩	▧		▧		
		M5. 숙박업(Room Rental관련) 관련 업종	▩			▩	▧			
		M6. 즉석사진관·Photo Shop			▩	▩		▧	▧	
		M7. 주점·커피전문점			▩	▧				

※ 최적입지, 중간입지, 부적합한 입지를 의미

※ a형 : 주택가 및 Apt.밀집형, b형 : 노변형, c형 : 번화가형, d형 : 역세권형, e형 : 쇼핑타운형, f형 : 오피스형, g형 : 학교 주변형, h형 : 휴게소·휴양지형

요컨대 좋은 입지의 선정에는 먼저 좋은 상권 선정이 전제되어야 한다. 이러한 유망 입지선정 작업시 고려할 사항은 [표 11-7]과 같이 크게 주관적 요소와 객관적 요소로 나누어진다.

표 11-7. 입지선정시 고려 사항

구 분	검 토 내 용
주관적 요 소	1) 계획하고 있는 업종 및 업태와의 적합성 2) 사업자 거주지 및 기타 여건 고려 3) 자금조달능력과의 부합 여부 4) 계획하고 있는 점포규모, 업태, 업종, 매장구성, 조직 및 인력구성 5) 계획중인 영업 전략, 판매촉진 활동 등
객관적 요 소	1) 후보지역의 상권 구조상 특성(도심, 부도심 구분 및 상권 지구특성 등) 2) 후보 지역, 후보 점포의 환경특성에 대한 조사(지리 · 지형적 조건, 교통조건, 주변 건물특성, 통행인구 특성) 3) 후보 건축물 여건조사(건물용도, 평수 · 면적, 노후화 정도, 화장실 편의성 등) 4) 인접 점포의 호황 · 불황업종 여부 확인조사(1일 매출액, 1일 수익 정도 등) 5) 후보지, 점포 건물의 장래성 및 발전성 검토(도시개발계획 등) 6) 주차장 시설, 시각성 확보가능성 검토

이를 부연 설명하면 첫째, 계획하고 있는 업종이 무엇이며 대리점 · 체인점 · 할인 판매점 · 소매점 등 다양한 사업형태 중 어떤 형태로 영업을 할 것인가에 따라 입지를 다르게 선정해야 한다. 예를 들어, 전자제품 대리점은 차량의 접근이 용이한 교차로 부근의 주차시설이 있는 비교적 넓은 면적의 점포가 유망한 입지가 된다. 그리고 체인점업은 도로변이 적합하고, 할인매장은 주차시설이 잘 갖춰져 있다면 상대적으로 후미진 곳도 입지로써 선정할 수 있는 것이다.

둘째, 주거지역 이외의 상업지역은 동종업태가 모여 있는 곳이 좋다. 고객들은 특정 지역을 해당 업종지역으로 인식하기 때문에 한 곳에 점포들이 모여 있으면 잠재고객의 유인효과가 크다. 즉, A점포에 없는 상품인 경우 고객에게 어느 점포에 있는가를 안내하거나 또는 다른 점포에서 구매하여 제공할 수 있는 등 상호보

완성이 강해지므로 상호 경쟁관계가
형성되기보다도 상호보완성이 강해지기 때문에 동반자로서 좋은 영업 효과를 볼 수 있다.

그러나 아파트단지 지역에서는 인근에 경쟁점포가 있으면 한정된 소비자를 대상으로 한 제로섬 게임이 되기 때문에 오히려 불리하다. 주거상권에 위치한 점포는 시장 길목에 위치하는 것이 좋고 또 차량통행이 많은 곳보다는 주택가 어귀가 오히려 나은 영업효과를 가져올 수도 있다.

셋째, 사업자의 조건 즉, 투자자금 등을 고려하여 적합한 점포를 구해야 한다. 아무리 좋은 입지가 있다해도 자기 분수에 넘치면 무리가 될 수밖에 없다.

넷째, 지역과 업종에 따라 다르겠으나 유통업과 외식업 등은 가능하면 고객의 이용면의 성과 접근성이 좋은 1층, 2층에 사업장 위치를 선정하는 것이 좋다.

다섯째, 사업장 위치는 가능한 한 넓은 시야를 확보하는 것이 좋다. 이는 시야가 넓은 곳일 수록 잠재고객에 대한 광고효과가 크기 때문이다.

이상에서 간단히 언급했으나 결국 입지선정의 원칙은 사업자 자신의 조건과 후보업종에 맞는 입지를 고르되 수익성과 법률적으로 안전성이 점검된 곳을 선정하는 것이 최선이라 할 수 있다.

3.7 업종선택시의 유의사항

사업에는 유망업종과 유행업종이 있다. 유망업종이란 이론적으로는 수익성과 성장성 그리고 안정성이 있는 업종을 말하며 유행업종은 사업초기 일시적 유행에 따라 인기를 누리다가 수익성이 곧 저하되는 업종을 의미한다.

상품에도 수명주기가 있는 것과 같이 시장형 사업에 있어서도 점포의 수명주기(Retail institution life-cycle)라 하는 주기가 존재한다. 즉, 대부분의 사업은 도입기→성장기→성숙기→쇠퇴기를 거치게 된다. 그러므로 소비자의 소비패턴 및 사회환경 변화에 민감한 시장형 창업에 있어서는 도입기 후반 또는 성장기 초기에 있는 업종을 선택하는 것이 위험을 최소화하고 성공 가능성을 제고하는 철칙이라 할 수 있다.

여기에서 주의해야 할 점은 같은 업종이라 할지라도 지역에 따라 소비자의 소비패턴과 성향이 다르기 때문에 사업주기에 다소 차이를 보이는 경우가 많다는 점이다. 즉, 어느 지역에서는 성장기에 해당하는 업종이지만 다른 지역에서는 도입기에 해당하는 업종이 될 수도 있는 것이다.

또한 일반적으로 소비자들이 신규업종 또는 신규제품을 구매대상 상품으로 받아들이는 경우는 소비자 집단의 특성에 따라, 그 구매패턴이나 속성이 다르게 나타나고 있다. 즉, 신제품의 출현초기에 과감히 구매하려는 그룹인 혁신적 채택그룹(A), 비교적 빠른 시기에 구매·사용하는 집단인 조기채택그룹 등 시간적 경과에 따라 구분할 수 있다.

예를 들면, 미니스커트가 처음 시장에 등장한 경우 어떤 사람은 과감하게 구입하여 입어 보는가 하면, 어떤 사람들은 모두가 보편적으로 착용하고 다니는 상황에서도 거북스러워하며, 이미 기성제품의 범주에 속해 있는데도 수용을 거부하는 태도를 보인다. 이런 특성은 소비자 개인의 특성 차이일 뿐만 아니라 서울과 지방도시간의 차이, 지역별 주민특성의 차이 등 거주지역의 특성에 따라서도 달라진다.

따라서 유망업종을 선정하여 사업을 할 때는 자기가 목표로 하는 고객집단이 어느 그룹에 속하며 실제 구매력이 있는 고객인지 파악해야 한다.

예를 들어, 서울에서 향수전문점이 호황을 누리고 있다 하더라도 어떤 지방에서는 상당한 세월이 지난 후에야 매출로 연결되는 경우도 있다. 이는 특정 지방의 잠재 고객들이 향수전문점을 신규업종으로 받아들임에 있어 향수에 대한 인식 속도와 지역적인 거부감 등의 요인으로 인하여 실질 고객집단으로 등장하는데 시간이 소요되기 때문이다.

특히, 사업자는 일반소비자 집단보다 새로운 업종과 상품에 대해 비교적 일찍 수용하는 특성을 가지고 있다. 남보다 앞서 나가는 사업자의 이러한 특성 때문에 자신의 분야에서는 누구보다도 앞서 사업을 시작할 수 있다는 장점이 있으나, 한편으로는 상기와 같은 소비자의 신상품 수용특성을 고려할 경우 사업자와 달리 잠재고객은 새로운 업종·신상품에 대한 수용적 반응이 그다지 빠르지 않다는 사실을 인지해야 한다.

그러므로 창업 후보업종의 선택에 있어서는 시장진입 초기에 있는 업종 보다는 성장기에 있는 업종 등 항상 한 템포 늦춘 업종분야의 사업을 하는 것이 위험부담을 최소화하는 한편, 지속적 성장가능성도 높다 할 수 있다.

업종 선택시의 고려 사항은 앞에서 언급한 사업타당성 분석으로서 창업 이전에 실시하는 전반적인 사업성 검토절차와 거의 동일하다고 할 수 있다. 다만 여기서는 업종 선정과 관련된 정보를 보다 집중하여 분석하는 것 뿐이다. 따라서 사업타당성 분석은 창업 이전에 행하는 전반적인 검토절차로서 업종 선정의 검토 도구로 그리고 입지선정과 관련한 분석도구로 복합적으로 활용될 수 있다.

4. 사업타당성 종합평가

앞에서 살펴 본 바와 같이 사업타당성 분석의 과정은 사업타당성 분석 항목에 따라 명확하고 치밀하게 사업성을 평가해야 하기 때문에 일반인에게는 쉬운 과정이 아니다. 그러므로 [표 11-8]과 같이 약식 사업타당성 분석표를 활용하기도 한다. 이는 전문가가 아니더라도 자신의 사업에 대한 평가를 간단히 해 볼 수 있는 것으로써 예시한 기준 점수 이상이면 사업을 시작해도 좋다는 의미이나 이것이 절대적인 기준은 아니다.

약식 사업타당성 분석의 결과를 원형차트에 결합시킨 결과 [그림 11-4]와 같이 나타났다고 하면 다음과 같이 분석할 수 있다. 창업자의 사업수행능력과 적성이 우수하고, 점포위치, 후보아이템의 상품성, 영업 및 서비스전략 등이 매우 우수한 것으로 나타나고 타 아이템에 비하여 계약관련 분쟁가능성이나 상품조달 위험성이 매우 낮은 것으로 나타난 반면, 산업의 라이프 사이클상 후보아이템은 성숙기 또는 쇠퇴기에 속하는 아이템인 것으로 분석되어 시장성장성이 낮은 것으로 나타났다.

표 11-8. 약식 사업타당성 분석표

항 목	평 가 내 용	평가점수 0	20	30	40	50	기준점수
창업자의 사업 수행능력·적성 (70)	적성과 사업의 부합성						80
	건강에 대한 자신감 정도는 ?						80
	관련 경험과 지식 정도는 ?						60
	사업수행능력(영업력, 친절도)은 ?						60
시 장 성 (70)	후보아이템의 성장성 정도는 ?						70
	업계 현황 및 판매 예상은 ?						70
	동업종의 확산 정도는 ?						80
	1일 고객수 / 1일 매출액 전망은 ?						70
입 지 성 (76)	해당상권 수준은 ?						70
	점포여건(건물위치, 층수 건물상태)은 ?						80
	점포 임대료의 적정성 · 경제성은 ?						70
	지역내 경쟁점포는 ?						70
	점포의 접근성은 ?						80
재무능력·수익성 (65)	총투자액 적정성은(보증금, 권리금, 내부 공사비, 상품구입비) ?						70
	투자 자금의 조달 능력(150%)은 ?						70
	계획사업 또는 후보업종의 수익성은 ?						70
	계획사업 또는 후보업종의 장기 안전성은 ?						60
상 품 성 (70)	인기도 / 지명도는 ?						70
	가격경쟁력은 ?						70
	품질만족도는 ?						70
	조달 및 보관관리 편리성은 ?						70
	해당 상품관련 지식 보유정도는 ?						70
위험요소 분석(⊖평가) (78)	계약 관련 분쟁 가능성은 ?						90
	경쟁 점포와의 분쟁소지는 ?						70
	상품조달 위험성은 ?						80
	고객(인기)감소 가능성은 ?						80
	종업원 갈등 및 문제발생은 ?						70
영업 및 서비스 운영 전 략 (70)	영업 조직 / 독특한 판매전략은 ?						70
	고객유치 행사는 지속적으로 개최 가능한가 ?						70
	서비스 제공 / 운영전략은 ?						70
	독특한 판매전략 기획력 및 창의력, 서비스 제공에 대한 자신감 정도는 ?						70

주. 1. 위험요소분석 항목평가는 부(⊖)의 점수를 기록한다. 즉, '경쟁 점포와의 분쟁 소지'가 전혀 없으면 100점으로 기록한다.
2. 평점은 보통 3점을 기준으로 하고 평점에 20을 곱하여 기준점수를 계산함.

그림 11-4. 사업타당성 종합평가

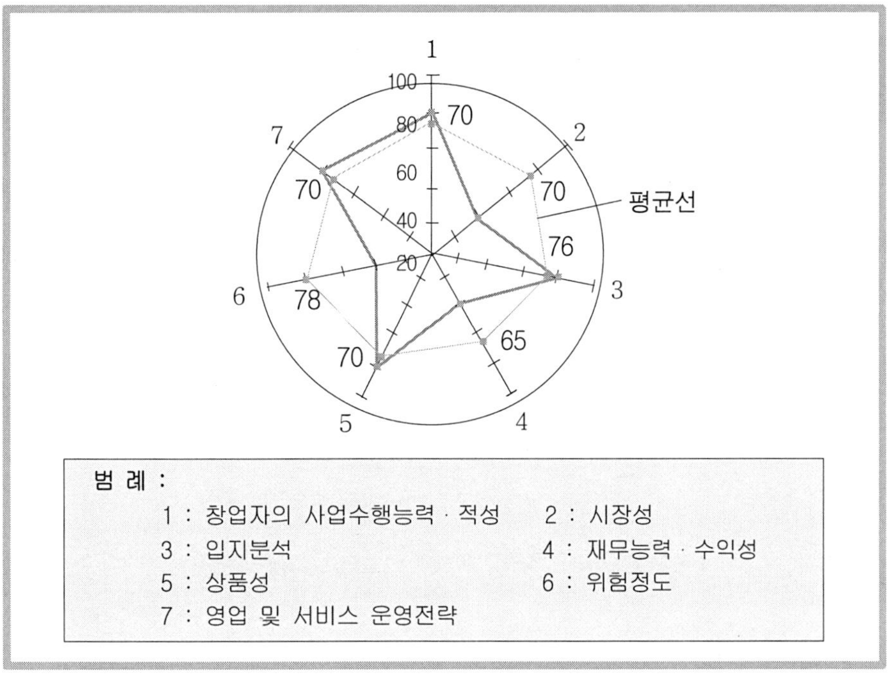

따라서 보다 치밀하고 구체적인 시장분석을 하거나 전문가에게 상담을 해보는 것이 좋으며 특히, 창업자의 재무능력이 낮으므로 이에 대한 보완책을 심층적으로 분석 · 검토한 후 사업 추진여부를 판단해야 할 것으로 평가할 수 있다.

여기에서 가장 신중하게 평가해야 하고 중요한 의미를 부여해야 할 것은 예비사업자 본인의 사업적성과 사업수행능력으로써 적성과 사업수행능력
은 정확한 시장성 검토 • 분석의 기반이 될 뿐만 아니라 마케팅 측면에서도 최대한의 능력을 발휘할 수 있도록 함으로써 사업을 성공으로 이끌 수 있다는 점이다. 이러한 관점에서 볼 때 창업의 3요소 중 가장 중요한 것이 창업자의 자질 • 적성이라 할 수 있다.

제12장

시장형 창업 사업계획서작성의 실례

창업은 그 형태에 따라 성공 영향요인들이 달라진다. 예를 들면, 시장형 창업에서는 점포의 입지, 교통 접근성, 판매상품(서비스)의 유용성 및 독특성 등이 다른 요인보다 상대적으로 중요한 반면, 기술형 창업에서는 제품의 품질 및 디자인, 시장침투계획, 생산능력, 변화하는 경쟁환경의 대응능력 등이 상대적으로 중요하다.

1. 사업계획서의 작성지침

사업계획서의 내용은 창업형태, 사업의 규모, 사업계획서의 작성용도 등에 따라 다르지만 일반적으로 다음과 같은 내용이 포함된다.

- 표 지 : 제목, 회사명칭, 작성자 성명, 작성일시, 기타 특기사항
- 요약문 : 창업아이템의 내용과 그 특성, 사업장 위치, 소요자본, 수익성 등을 간단하게 작성한다.

표 12-1. 창업형태별 주요 검토요소

창 업 형 태	중요성의 정도		
	첫 째	둘 째	셋 째
점포창업	제품 계열 입 지 교통접근성 동 력 원 배 치 주 차 장 임 대	설 비 노동 제한 소비자신용 영 업 권	수송 설비
서비스업	부 채 영 업 권 입 지	제품 계열 주 차 장 환 경	배 치 지역제(Zoning)
기술형 창업	수송서비스 지 역 제 배 치 특 허 권 노동 제한	입 지 주 차 장 보 증 소비자신용 부 채	교통편의성 동 력 원 배 치 환 경

(1) 사업내용 및 창업자 소개

- 창업자 : 주소, 생년월일, 간단한 경력을 소개한다.
- 사업의 내용 : 취급하는 상품, 제공되는 서비스의 종류 및 제공방법 등을 기술한다.

(2) 시장성 분석

- 사업아이템의 국내·외 동향 잠재수요 등을 기술한다.
- 시장규모를 추정한다(업계현황 및 실적 분석).
- 잠재고객의 특성을 분석한다(소득수준, 구매패턴, 변화추세 등).

(3) 입지 · 상권분석

- 점포 입지 : 주소, 위치, 주변환경을 설명한다.
- 상권의 규모와 추이 : 상권 내의 인구, 소득정도, 성별, 구매특성과 앞으로의 전망 등을 기술한다.
- 경쟁점포(회사) 분석
- 예상되는 경쟁분석
- 예상매출액
- 향후 전망

(4) 점포계획

- 면적
- 실내외 인테리어
- 설비 · 집기

(5) 수익성 분석

- 소요자금 추정
- 매출액 추정
- 추정재무제표 작성
- 수익성 평가
- 기타 손익분기점 분석 등

2. 사업계획서의 작성사례

사 업 계 획 서

작 성 일 : 2001. 6.

기업체명 : 인도요리 전문점

대 표 자 : 육 ○ ○ (인)

2.1 창업자의 현황

성 명	육 ○ ○	주민등록번호	780914-1234567
주 소	서울시 마포구 도화2동 173	전 화 번 호	02-3273-0627~8

< 종 합 >

새로운 미지의 분야에 대한 도전성이 강하고 끈기가 있으며 목표달성에 대한 결단력이 있는 등 기업가적 자질이 있음. 또한 창업관련 분야에 대한 학문과 지식을 겸비하고 경험이 풍부하나 인적 네트워크는 부족한 편이므로 이에 대한 노력이 필요함. 그러나 경영자로서 분석능력이 뛰어나고 업무전반에 대한 관리통제 능력은 우수한 편임.

2.2 사업내용

- 가족문화형성과 핵가족 단위의 외식화 경향에 따라 1인당 약 10,000~20,000원 정도의 인도요리를 제공한다.
- 특히, 전통적인 인도요리보다는 한국인의 입맛에 맞게 개발된 인도식 요리를 제공한다.

2.3 시장성 분석

□ 시장규모와 성장성

(단위 : 10억원)

아이템명	시 장 규 모				평균	종합판정
	1998	1999	2000	2001		
외식산업	230	200	250	352		성장기
인도요리전문점	2	2.3	2.5	3.5		도입기

- 93년 이후로 붐을 이룬 외국계 레스토랑이 국내에 앞다퉈서 상륙하면서 국내업계에 많은 자극을 주고 외식업계의 운영판도에 일대변혁을 일으킴.

- 기업형으로 운영되는 특별한 식당으로 취급받다 보니 매출자료 등이 100% 노출되고'신토불이'를 주창하는 국내 업체들의 외국 브랜드에 대한 다각적인 경계의 눈초리와 언론, 방송사의 의도적인 편파보도, 한국 특유의 냄비식 접근법과 현금장사에 매력을 느낀 나머지 경험이 전혀 없는 제조업체 등의 무차별 개입이 이루어지고 있어 경쟁이 점차 치열해질 전망임.

- 한편, 국내 인도요리 전문점으로는 "타지마 할"과 "아쇼카"등 두 곳으로 일부호텔에서 운영하고 있으나 대중화되지는 못한 상태임.

- 그러나 개성의 다양화와 핵가족 문화의 욕구 다양화 등으로 향후 성장할 가능성이 높은 아이템으로 분석됨.

2.4 상권분석

① 유동인구분석

시 간		유동인구 (명)		구 성
		평 일	주 말	
오 전	7~8	500	700	
	8~9	500	700	
	9~10	500	1,000	
	10~11	500	1,000	
	11~12	1,000	1,500	
오 후	12~1	1,500	2,000	※ 가족, 연인 등으로 구성된 고객이 많음. ▸평일에는 10~30대 정도의 연인이 많이 찾으나 주말에는 연인·가족 단위의 고객이 주종을 이루고 있음.
	1~2	500	1,000	
	2~3	500	1,000	
	3~4	1,000	1,500	
	4~5	1,000	1,500	
	5~6	1,500	1,500	
	6~7	2,000	2,000	
	8~9	3,000	3,500	
	9~10	3,500	5,000	
	10~11	3,000	4,000	
	11~12	2,500	3,500	
합 계		23,000	31,400	▸특히, 주차장 확보가 절대적으로 필요함

② 상권유형분석

유동인구분석에 의하면 오후 6시경부터 통행량이 증가하기 시작하여 밤늦게까지 이어지는 지역적 특성을 보이는 야간 유흥지형 상권임. 이러한 지역은 상품구매를 위한 통행인구 보다는 주점이나 커피전문점 이용 등 놀이·유흥적 경향이 강한 통행인구가 많다는 특성을 가지고 있음.

그러므로 레스토랑 등 대중음식점 관련 업종의 입지로서 적합한 것으로 분석됨.

구체적으로 동 사업예정지는 가족·연인 중심의 유동인구가 많은 곳으로 나타나 가족중심의 문화를 형성할 수 있는 서비스업종의 입지 적합성이 높은 곳으로 인도요리 전문점의 입지로서 타당함.

2.5 경쟁업체분석

A. 경쟁업체의 수

- 현재 국내에서 운영하고 있는 인도전문 요리점은 "타지마할", "아쇼카"등 2개 정도에 불과함.
- 특히 이들은 모두 이태원에 위치하고 있으며 아쇼카는 해밀턴 호텔 3층에 있음.

B. 경쟁업체에 대한 고객 만족도

- "타지마 할"에서는 인도인 요리사들이 직접 요리하는 것이 특징이며, 가격대는 6,000~20,000원대 임. 특히, 전통 탄도리오븐에서 구운 치킨(1만 4천원)과 채식가를 위한 야채카레(6천원)가 인기임.
- "아쇼카"에서는 평일 한가지씩 입맛대로 주문하는 일품요리를 하지만, 주말과 휴일에는 뷔페로 유명함. 또한 인도 정통 요리들을 다양하게 맛볼 수 있으며 가격대는 10,000~20,000원 수준임.
- 그러나 "타지마 할"과 "아쇼카"는 전통인도요리를 중심으로 하므로 한국인의 입맛에 맞지 아니하여 보편화보다는 특정고객 중심으로 운영되고 있음.

2.6 시설 · 설비분석

품 명	규 격	수 량
냉 장 고	대	2
의자, 탁자	4인 · 0조	20
정 수 기	식당용	1
가스렌지		2
배 식 대	스텐레스	1

스텐발트	21/2	2
	41/2	15
싱 크 대	2구	1
프라이팬	대	1
	중	1
	소	2
수 저	숟가락	100
	젓가락	100
위 생 저		3
양 념 통		5
도 마		4
사각프라이팬		2
밀폐용기	5호	10
	1호	10
앞 치 마		3

2.7 수익성분석

(1) 소요자금 추정

(단위 : 천원)

구 분			금 액
고 정 자 금	임차보증금		20,000
	권 리 금		30,000
	전화가입권		1,000
	내외부장식, 설비비품		30,000
	소 계		81,000
운 전 자 금	판매비	급료(주방장과 서비스요원)/월	6,000
		기 타	500
	입차료/월		1,000
	통신비와 사무용품비/월		200
	전기 · 수도요금/월		200
	현금 · 예비비		1,000
	소 계		5,900
총 계			86,900

※ 급료에는 종업원 급여를 포함하되 창업자 자신의 것은 제외.

(2) 추정손익계산서 작성

(단위 : 원)

과 목	추 정 식	금 액
(가) 추정 매출액	1일 평균 통행인구×25일× [내점객수(1일평균 통행인구의 %)×객단가]	28,575,000
(나) 매출원가	(가)-{(가)×0.3} : 매출원가는 매출액의 30%로 가정함.	6,120,000
(다) 매출 총이익	(가)-(나)	22,455,000
(라) 판매비・일반관리비	∑(A+B+C+E) A : 인건비 B : 수도광열비 C : 지급임차료 E : 기타여비・교통비	10,900,000
(마) 영업이익	(다)-(라)	11,555,000
(바) 영업외 수익	현금과 예금 등 사업예비비의 이자	0
(사) 영업외 비용	지급이자 : 차입금의 이자는 연리 10%로 계산함	167,000
(아) 세전 순이익	(마)+(바)-(사)	11,388,000

주. 1. 내점객수는 1일 평균 유동인구의 0.3%로 추정
2. 객단가란 고객 1인이 1회에 구입하는 평균 구입단가로 15,000원으로 가정함.

제13장

시장형 창업의 지원

1. 금융 및 법률

1.1 금융지원제도

앞에서 시장형 창업의 절차 및 사업타당성 분석, 상권분석 및 사업장의 입지선정 등 창업관련 제반사항에 대해 검토하였다.

그러나 사업성이 뛰어난 사업이라 할지라도 자금의 확보가 전제되지 않으면 성공적인 창업에 이를 수 없다.

일반적으로 예비창업자들은 자금이 충분치 못한 상태에서 창업을 하기 때문에 운영자금의 부족으로 인하여 사업초기에 어려움에 직면하게 되는 경우가 많다.

기술형 창업의 경우, 정부가 산업기술기반 강화 및 기술발전을 도모하기 위해 세제·금융 등 각종 지원시책을 실시하고 있으나 시장형 창업의 경우에는 창업자 개인의 신용을 바탕으로 하여 일반 금융기관의 융자제도를 이용하는 방법 및 생계형 창업자금 지원과 소상공인 창업지원 제도를 활용하는 것 이외에는 별다른 지원시책이 없는 것이 현실이다.

일반적으로 자금난을 겪는 시기는 창업후 기술창업은 2년 이후가 34.8%, 벤처창업은 1~2년 사이가 62.9%로 가장 높게 나타나고 창업형태별로는 Spin-off형태의 기업은 창업후 1년 이내에 자금난을 경험(42.2%)하고 모방형, Hive-off형의 기업은 창업후 2년 이후가 각각 39.7%, 36.8%로 나타나고 있다.

표 13-1. 자금난 시기

기 간	기술창업	벤 처
1년 이내	35.6	10.6
1~2년 사이	29.6	62.9
2년 이후	34.8	17.7
기 타	-	8.8
계	100.0	100.0

표 13-2. 시장형 창업의 자금조달 유형과 장·단점

구분	사 채	계 모 임	친지·친구	은행 등 금융기관
장점	• 차입이 용이하다	• 비교적 부담이 적다 • 비교적 손쉽게 얻을 수 있다	• 긴급상황시 요청 가능	• 비교적 저리 • 공급 기관 다양 (보험, 신용금고, 신용카드 등)
단점	• 높은 이자	• 신용이 불안하다 • 시간이 걸린다	• 돈 거래로 인한 신뢰감 실추 위험 • 차입의지 약화	• 번거로운 절차·담보 또는 개인신용 필요

일반적인 사업자금마련 방법으로서는 개인간의 금전거래인 사채, 은행 및 금융기관의 융자, 그리고 친지·친구들부터의 차입 등으로 대별할 수 있는데 그 장·단점을 정리하면 상기의 [표 13-2]와 같다.

(1) 생계형 창업자금 지원

최근 정부에서는 생계형 창업에 대하여 1억원까지 대출해 주는 시장형 창업지원 제도를 실시하고 있다.

표 13-3. 생계형 창업지원내용

구 분	내 용
지 원 대 상	원칙적으로 직장을 다니다 실직 또는 퇴직했거나 자영업에서 실패한 사람 즉, 중산층형 실업자가 대상임.
지 원 업 종	주점업과 사치향락업 등 국민경제상 불요불급한 향락성 업종의 창업은 제외 • **지원업종** : 음식점, 슈퍼마켓, 꽃가게, 비디오가게, 책방, 다방, 수리센터, 서민용 호프집, 금은방, 시계점, 잡화점, 선물가게, 옷가게 등 • **제외업종** : 단란주점 룸살롱, 노래방, 성인오락실, 안마시술소, 주류도매상, 골동품점 등
지 원 절 차	창업자가 전국 85개 신용보증기금의 영업점에 개설된 창업상담창구를 찾거나 5개 위탁금융기관의 영업점을 찾아가 사업상담을 해야 함
문 의 처	신용보증기금 창업상담담당실 (☏ 02-710-4145)

동 제도는 신용보증기금 등의 전산망으로 상담자가 중산층 실업자인지, 금융 불량거래자인지 등을 확인한 후 창업자금의 지원이 타당하다고 판단되면 자금을 지원하는 제도로서 신용보증기금에 예산 2,000억원을 출연, 중산층 실업자 4만명에게 1인당 최고 1억원씩 창업자금을 지원하고 있는데 국민・기업・조흥・평화・광주은행 등이 신용보증기금의 위탁을 받아 신용보증과 대출을 동시에 취급하고 있다.

창업자금 지원을 받기 위해 예비 창업자는 임대차계약을 체결한 후 계약서를 가지고 국세청에서 사업자등록증을 받게 되는데 임대차에 따른 계약금은 창업자가 준비해야 한다.

그림 13-1. 신용보증기금을 활용한 대출절차

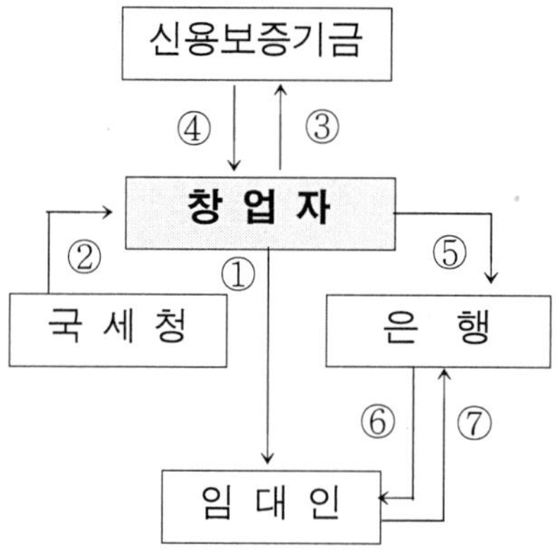

① 임대차 계약 체결
② 사업자등록증 취득
국세청에서 사업자등록증 취득
③ 보증신청
신용보증기금에 보증신청
(임차 또는 구입계약서와 사업자등록증 제출)
④ 보증지원
신용보증기금의 보증지원 받음
⑤ 대출신청
은행에 대출신청
⑥ 잔금지불
은행에서 최고 1억원까지 대출받아
점포 잔금 지불
⑦ 담보후취
은행은 임차보증금에 대해 질권을,
구입점포에 저당권을 설정

사업자등록증이 발급되면 임대차계약서와 사업자등록증을 준비하여 신용보증기금 등에 보증신청을 하면 신용보증기금 등은 보증약속에 따라 창업자의 은행 대출금에 대한 신용보증을 하게 되고 창업자는 대출금으로 계약금 잔금을 지불하게 된다. 은행은 보증사고 예방을 위해 임차보증금에 대해 질권을 설정하게 된다.

(2) 소상공인 창업자금 지원

정부는 99년 2월, 소규모 예비창업자나 기존의 소상공인을 지원하기 위하여 전국에 14개의 소상공인 지원센터를 설치하여 창업관련 상담과 자금지원을 하고 있다.

그러나 현재 사업을 영위하고 있는 소상공인은 시설자금은 대출받을 수 있으나 운전자금은 빌릴 수 없다. 99년 총지원 예산은 3천억원으로 각 센터에는 금융기관이나 대기업 부장급 이상 출신의 전문가들이 상근 상담요원으로 활약하고 있다.

표 13-4. 소상공인 창업지원내용

구 분	내 용
지 원 대 상	• 예비창업자의 경우 종업원 5인 이하로 음식점, 세탁업 등 가족 단위의 사업이나 도・소매 기타 서비스 업종을 영위하려는 사람(단, 건설, 운송업은 10인 이하의 소규모 업체) • 창업한지 6개월 이내 기업, 기존 소상공인은 기존 사업체를 인수하거나 이전, 확장, 사업장 시설개선 또는 설비구입 때 자금지원을 받을 수 있음(단, 금융기관의 불량거래자나 불량거래처로 규제중인 업소는 제외)
지 원 절 차	• 창업 및 경영상담을 한 뒤 자금지원이 필요하다고 인정되면 자금지원을 추천. 소상공인은 자금추천서를 이용해 금융기관에서 신용대출을 받거나 담보를 제출해 대출을 받음.
지 원 규 모	• 필요자금의 50% 범위내에서 최대 3천만원까지 • 연리 8%, 6개월 거치 3년 분할상환

표 13-5. 소상공인 지원센터

센 터 명	주 소	연 락 처
중앙센터	경기도 과천시 중앙동 2 과천청사	02-502-3793/4
서울북부센터	서울시 중구 을지로 2가 기업은행 본점	02-774-7321/2
남부센터	서울시 동작구 상도5동 1-1 숭실대 한경직 기념관 지하1층	02824-0983/4
부산・울산	부산시 진구 범천1동 부산상공회의소	051-633-6562/3
대구・경북	대구시 달서구 송현동 2203-18 지방중소기업청	053-659-2252/6
광주・전남	광주시 서구 농성동 지방중소기업청	0062-360-9125/9
대전・충남	대전시 대덕구 오정동 133 한남대 전자계산원	042-629-8272/4
경 기	경기도 수원시 장안구 정자동 80-17 수원상공회의소	0331-244-5161/5171
인 천	인천시 중구 관동3가 3-2 한미빌딩 2층 한미은행	032-764-1464/5
강 원	강원도 춘천시 후평1동 257-24 강원중소기업은행	0361-258-3570/3
충 북	충북 청주시 상당구 북문로2가 116-84 청주상공회의소	0431-257-0334/6
전 북	전주시 완산구 전동 상공회의소 2층	0652-231-8110/1
경 남	경남 창원시 용호동 7-4 경남무역회관 407호	0551-275-3261/2
제 주	제주시 이도2동 종합지원센터	064-751-2101/2

(3) 장애인 자영업 창업자금 지원

정부(노동부)는 자영업 창업을 희망하는 장애인 예비창업자를 지원하기 위하여 한국장애인 고용촉진공단을 통하여 상담과 자금을 지원하고 있다.

표 13-6. 장애인 창업자금 지원내용

구 분	내 용
지원대상	▸1주이상의 창업교육훈련과정을 이수하고 창업을 희망하는 장애인으로 창업관련 직종의 특허권·전문자격증·면허증 소지자, 창업관련 직종 재직경력 3년이상인 자, 공동창업자를 우선지원.
지원규모	▸1인당 5천만원 ▸융자조건 : 연리 3%(2년거치 5년 분할상환) ▸용도 : 시설·장비구입비, 영업장소 매입비 상품구입비 등
문의처	▸사업장(투자예정지) 관할 공단 사무소 - 서울중부사무소 02-723-5440 - 서울남부사무소 02-835-9324 - 부산사무소 051-862-2447 - 대구사무소 053-656-6691 - 인천사무소 032-874-0363~4 - 광주사무소 062-511-1984 - 대전사무소 042-635-3703~4 - 수원사무소 031-231-9104 - 원주사무소 033-744-4973~5 - 청주사무소 041-272-3336 - 전주사무소 063-246-1913 - 창원사무소 055-285-7992

(4) 자영업 창업지원

정부(노동부)는 장기실업자, 여성가장, 관광업종 실업자 중 창업을 희망하는 예비창업자를 지원하기 위하여 근로복지공단을 통하여 창업관련 상담과 자금을 지원하고 있다.

표 13-7. 자영업 창업지원 내용

구 분	내 용
지원대상	▸장기실업자 : 구직등록한 후 1년이상 경과한 부양가족이 있는 세대주, 창업교육을 이수한 실업자(세대주 요건불요), 전문직종으로 창업하고자 하는 신규 청년 실업자. ▸여성가장 : 가족을 부양하여야 하는 실직 여성가장으로 소정여건을 구비한 자. ▸관광업종 실업자 : 관광업체에서 1년이상 종사하다 실직한 자로서 관관업으로 창업하고자 하는 자.
지원규모	▸임대(전세)보증금 5천만원 이내에서 희망점포 대여 ▸무담보·무보증으로 지원하되 전세금에 대한 연리 7.5%의 이자납부
문의처	▸주소지 관할 근로복지공단 지사(전국 46개소)에 신청 ▸제출서류 : 지원신청서, 사업계획서(소정양식) 등 ▸자세한 사항은 노동부 홈페이지 참조 www.molab.go.kr

1.2 법률지식

기술형 창업 특히, 대규모 제조업을 창업하는 경우 관련 법·제도에 규정하고 있는 창업절차가 까다롭기 때문에 전문가의 상담을 받는 경우가 많으나 시장형 창업 특히, 소규모 점포나 사무실을 운영하고자 하는 예비창업자의 경우 간단하게 생각한 창업과정에서 법률지식의 결여로 인해 뜻하지 않은 난관에 부딪치는 경우가 많다. 이러한 관점에서 시장형 창업을 생각하고 있는 예비창업자들이 반드시 알아야 기초법률지식을 정리하였다.

(1) 공 증

공증은 소점포를 창업하는 사람뿐 아니라 돈 거래가 비교적 잦은 편이거나 점포 계약 등 부동산을 사고 파는 사람은 꼭 알아두어야 할 법률제도이다.

공증이란 말 그대로 이해 당사자간에 일어나는 각종 행위를 법적으로 보증하여 사후에 보호를 받을 수 있도록 공인을 사이에 두고 상호 확약하는 절차이다. 이 제도는 1971년부터 시행되고 있는 것으로 '간이 절차에 의한 민사분쟁사건처리 특례법'에 근거를 두고 있다. 공증을 하려면 공증인가 합동법률사무소와 법무법인 등을 찾아가야 하며 수수료는 증서작성, 열람 등에 따라 다르고 건수와 증서 기재금액에 따라 차등제가 적용된다.

공증시에는 당사자들의 주민등록증, 도장 날인이 필요하며 경우에 따라 위임도 가능한데 위임할 경우에는 위임자의 인감증명과 위임장이 필요하다.

(2) 계약의 해약

부동산이든 동산이든 간에 어떤 계약이 있은 후 불가피하게 계약대로 이행하지 못하는 경우가 종종 발생한다. 계약을 했다가 임차인이 불가피하게 계약이행을 하지 못하는 경우에는 계약금 전액을 반대로 임대인이 계약이행을 하지 못하는 경우 계약금액의 2배를 임대인에게 보상해야 한다.

그리고 계약체결 당시 계약서상에 "계약당사자간의 분쟁이 있을 경우 중재기관의 중재에 의해 해결한다"라는 조항을 삽입해 두는 경우 적은 비용으로 비교적 쉽게 분쟁을 해결할 수 있으며 우리나라의 중재전문기관으로는 대한상사중재원이 있다.

(3) 인·허가업종과 신고업종

예비창업자는 창업하고자 하는 업종이 인·허가업종인지 아니면 신고만으로 사업이 가능한 신고업종인지의 여부를 사전에 파악해두어야 하는데 개인서비스업 및 소규모 점포창업 등과 같은 시장형 창업의 경우는 [표 13-9]에 예시한 바와 같이 사업장 소재지의 구청 등 관할관청에 문의하여 인・허가 대상 여부를 먼저 확인해야 한다.

(4) 사업자등록 신고

모든 사업자는 관할세무소에 사업자등록 신고를 한 후 사업을 할 수 있다. 사업자등록 신고는 관할세무소에 창업전 또는 창업후 20일내에 신고
하여야 한다. 필요서류는

① 사업자등록 신청서 1부(세무서 양식)

② 신분증

③ 건물 임대차계약서 사본 1부(본인 소유인 경우 불필요한 함)

④ 사업 인・허가증 사본 1부(구청에서 발급하며 창업업종이 인・허가업종의 경우만 필요함)

⑤창업자의 도장

등이다.

표 13-8. 시장형 창업의 허가・신고업종 구분

구 분	관 할 관 청	대 상 업 종
허가제 업 종	관할구청 위생과 관할구청 총무과 관할교육청 사회교육계	•음식・숙박업, 다방, 이・미용실 등 위생관련 업종 •레코드, 비디오테이프 대여점, 전자오락실, 당구장, 탁구장 등 유흥업종 •속셈 및 미술학원, 외국어 학원 등 교육학원
신고제 업 종	관할구청 총무과	•달리 허가 업종으로 구분되지 않은 모든 업종

제14장

기술형 창업 사업타당성 분석의 실례

1. 사업타당성 분석의 평가관점

제4장에서 살펴 본 바와 같이 사업타당성 분석은 대상후보 사업에 관련된 충분한 자료와 정보를 수집·분석하고, 기대수익과 위험을 비교하여 사업의 성공가능성을 분석하는 과정이라고 할 수 있다.

고수익 실현 가능성이 높은 기술형 창업은 시장형 창업에 비하여 상대적으로 투자자본의 규모가 크고 위험도 매우 큰 편이다. 이러한 위험을 줄이기 위해서는 투자평가기준이 분명해야만 한다.

그러므로 투자자들이 기술형 창업의 사업타당성을 평가할 때 고려하는 투자의사결정요인은 무엇이며 그 요소들 중에서도 어떤 요인을 중시하는가 하는 투자자의 관점에서 사업의 성공가능성을 분석해 보는 것도 중요하다. 이에 본장에서는 투자자관점에서의 사업타당성 분석방법을 살펴보고자 사업타당성 분석의 평가관점을 경영자, 시장, 기술 및 제품, 서비스, 판매력 등으로 구분하여 정리해 보았다.

1.1 경영자적 관점

창업기업은 물론 기존 기업의 경영에 있어서도 기업 경영자의 성격은 그 기업에 직접적인 영향을 준다. 기술형 창업기업의 창업자가 도전정신을 가지고 사업을 수행하고 있는지 아니면 보수적으로 사업을 유지하고 있는지의 여부는 창업후 2~3년만 경과하면 명확하게 나타난다.

표 14-1. 경영자에 대한 기본평가 항목

평 가 항 목	내 용
통찰력에 기반한 목표 · 방향성	• 예측력, 통찰력 • 도전적인 비젼을 가지고 있을 것 • 사업스케일(Scale)의 원대성 • 환경변화에 따른 유연한 사고에 의한 사업활동 • 경영적인 직감력
계획성 및 사업에 대한 수익감각	• 사업에 대한 강한 수익개념 • 명확한 수치계산 • 구체적인 사업계획서 및 장기계획 • 설비 · 인원 · 자금에 대한 구체성 • 대화 초점의 명확성
실행력	• 체력 및 활력 • 솔선하는 사업적 행동력 • 사업추진의 신속성 • 판단력과 결단력 • 결정사항을 끝가지 실행하는 추진력
설득력 · 교섭력	• 투자자 및 친구 • 타인을 설득하는 화술 • 사업에 대한 신념 · 확신 • 사람을 유인하는 흡인력 • 종업원에 대한 지도력(Leadership)
신뢰성	• 공과 사의 명확한 구별 : 사업은 물론 특히, 금전거래에 있어서는 공과 사를 명확히 구별해야 한다. • 허위 또는 과장을 하지 않을 것 • 솔직한 언행 • 적절한 의리와 인정의 조화

대부분의 투자자가 투자결정시에 최종적으로 고려하는 사항이 경영자에 대한 평가결과이며 경영자에 대한 평가는 [표 14-1]과 같이 기본 평가항목으로 하고 있다. 특히, 기술형 창업기업에 대한 투자가치를 판단하는 중요한 기준이 경영자에 대한 신뢰성으로 경영자는 사업발전의 원동력이 신뢰성 확보에 있음을 명심해야 한다.

1.2 시장적 관점

예비창업자는 창업형태가 시장형 창업이든, 기술형 창업이든지 간에 무엇보다도 먼저 검토해야 하는 것이 수요, 성장 잠재력, 상품의 판매망 및 판로 등 시장분석이라 할 수 있다.

기술형 창업기업에 있어 경영자 이상으로 중요한 것이 시장이며 시장성은 투자자의 투자결정에 있어서 경영자에 이어 두 번째로 중요시하는 항목이다. 투자자들은 경영자가 어떠한 시장을 목표로 하여 어떻게 사업을 전개할 것인가를 듣고 이를 객관적인 조사내용과 비교한 후, 종합적으로 투자여부를 판단한다.

일반적으로 시장성에 대한 검토에 있어서는 기술형 창업기업의 발전단계에 따라 영역확장단계(E), 중간단계(M), 공공성 단계(P)로 구분하는데 영역확장 단계는 창업초기로서 기업의 확장단계를, 중간단계는 일정한 사업기반이 구축되어 있는 단계를 그리고 공공성 단계는 주식공개 가능성이 엿보이는 단계를 의미한다.

시장성 검토에 있어서는 창업 후의 시장규모와 시장내의 경쟁관계가 검토대상으로 구체 내용은 [표 14-2]와 같다.

표 14-2. 시장성 분석 항목

평 가 항 목	평 가 내 용
창업 3년 후의 시장규모	시장규모의 확대가능성
시장의 성장성	일반적으로 창업후 3년간 평균 성장률을 시장성 평가 기준으로 하며 앞에서 설명한 벤처기업의 단계별 구분을 기준으로 기대성장률을 다음과 같이 하고 있다. • 영역확장단계 : 30% 이상 성장 기대, 적어도 20% 정도는 전망될 것 • 중간단계 : 20% 이상의 성장기대, 적어도 10% 정도는 전망될 것 • 공공성단계 : 10% 이상의 성장기대, 플러스적인 성장이 전망될 것 이러한 기대 성장률은 경제환경에 따라 다소 차이가 있을 수 있으나 투자효율 측면에서는 당연한 기대수준이라 할 수 있다.

경 쟁 상 황	시장의 성장잠재력이 클 것으로 예상된다고 하여 기업이 그 시장에서 성장할 수 있을 것이라고 확신할 수는 없다. 그러므로 다음과 같은 경쟁상황 검토를 통한 위험성 체크가 필수적이라 할 수 있다. • 시장수요 및 가격변동의 정도 • 동업분야의 경쟁관계 • 대기업의 신규참여 가능성 • 시장의 유동성으로 인한 신규시장 개척의 가능성 • 제공하는 상품 · 서비스의 독자성 • 시장의 지역적 한계 여부

1.3 기술 · 제품(상품) · 서비스적 관점

기술력 · 상품력은 기업 고유의 경영자원이기 때문에 이는 기업성공의 포인트가 됨과 동시에 투자자를 기업을 평가하는 중요한 항목이기도 하다. 특히, 미국에서는 기업의 독자적인 기술과 상품을 중시한 지원이 확대되고 있으며 기업이 보유한 기술력은 [표 14-3]과 같이 3가지 차원에서 검토되고 또 이를 만족할 수 있어야 한다.

표 14-3. 기술력 · 상품력 분석 항목

구 분	내 용
제품(상품 · 서비스)의 기술력	•제품 · 기술의 독자성이 있고 그 수준이 높을 것 •제품 · 기술의 발전성이 있고 파급효과가 기대될 것 •제품의 컨셉, 디자인, 가격이 시장에 부합될 것 •제품 · 기술의 수명주기(Life Cycle)가 장기일 것
기술(상품 · 서비스) 개발력	•기술개발테마 발굴력이 우수할 것 •기술 및 시장수요(Market Needs)에 대한 충분한 정보를 가질 것 •신기술 · 신상품 개발을 위한 설비 및 체제가 정비되어 있을 것
생산기술력 (상품 및 서비스제공 시스템)	•공장 · 창고 · 사무실 등이 정비되어 활력이 있을 것 •자동화 · 시스템화가 추진되고 있을 것 •생산관리 및 생산과정을 매뉴얼화 할 것 •제공된 상품 · 서비스에 대한 우수한 품질관리

1.4 마케팅적 관점

판매력은 기업의 에너지원으로써 기업의 흥망성쇠를 좌우한다. 전통존중의식이 강하고 의리·인정이 사회의 기반을 구성하고 있는 우리의 사회에서는 특히, 창업기업의 판매력이 그 무엇보다 중요한 요소라 할 수 있다.

이러한 마케팅적 관점에서 기술형 창업기업이 성공하기 위한 체크포인트로는 시장에 있는 잠재고객을 정확히 파악하는 힘, 잠재고객은 물론 전혀 새로운 고객을 발굴하는 힘 그리고 상품 및 기업을 고객에 알릴 수 있는 홍보력 등을 들 수 있다.

이에 대한 세부내용은 [표 14-4]와 같이 정리할 수 있다.

표 14-4. 마케팅 분석 항목

구 분	내 용
잠재고객에 대한 파악력	• 독자적인 판매망 및 판매력을 가지고 있을 것 • 좋은 고객을 다수 확보하고 있을 것 • 계획적인 판매망 및 판매거점의 확보 • 판매대리점 등의 판매채널 구축 • 고객관리 및 서비스체제의 정비
새로운 고객의 발굴력	• 신규고객 창출에 대한 방안 수립여부 • 신규고객 창출을 위한 투자의 적극성 • 판매망 및 그 채널구축에 대한 적극성
홍보 및 광고력	• 상품 및 기업안내서의 이해 용이성 • 상품 및 기업안내서의 지속적인 신규성 • 판매촉진 관련 구체적 수단의 유무 • 광고·선전비의 적정성

1.5 재무적 관점

기술형 기업의 창업과정은 물론 그 성장과정에서 창업자가 가장 고민하는 것은 아마 자금의 조달일 것이다. 특히, 우리나라의 금융관행상 거의 모든 대출이 연대보증 또는 담보에 의한 대출이기 때문에 성장가능성은 크나, 높은 위험성을 내포하고 있는 기술형 창업기업의 경우 일반 금융기관을 통한 무담보 자금조달은 현실적으로 거의 불가능하다. 이러한 의미에서 기술형 창업기업에 있어서는 벤처캐피탈과 같은 벤처자본의 시의적절한 활용이 사업성패의 관건이 된다고 할 수 있다.

그러나 기술형 창업기업의 결산서를 성장회사와 비교하거나 교과서적인 분석은 의미가 없다. 왜냐하면 창업초기에는 어느 정도 기업내 특수 사정이 있을 수밖에 없기 때문이다.

자금조달력 분석은 [표 14-5]의 항목을 꼼꼼하게 체크하는 것이 매우 중요하다. 즉, 자금조달규모의 합리성, 자금조달 방법의 검토, 거래금융기관과의 우호성 등을 세세히 분석해야 한다.

기술형 창업기업의 결산서는 사업이 시작된 이상 사업활동의 결과가 수치로 나오므로 기업의 경영실태 및 성장가능성을 파악하는 하나의 수단으로 검토되는 중요한 서류이다.

표 14-5. 재무적 분석 항목

구 분	내 용
자금조달력	• 사업추진과 그에 따른 자금조달액 규모의 합리성 • 사업기반 확립기까지 자금조달 방법의 검토 여부 • 거래하는 금융기관과의 우호성 • 시설 · 장비의 리스 의존도가 크지 않을 것 • 손익에 대한 정확한 인식 정도
재 무 제 표	• 재무제표(손익계산서(P/C), 대차대조표(B/S))에 대한 공인회계사의 체크여부 • 정확한 월별 시산표(試算表)의 작성 • 관계회사와의 거래관계 명료성 • 재무비율분석 - 매출채권 회전기간 : {(매출금+수취어음)÷월매출액)} - 재고 회전기간 : (재고액÷월매출) - 경상수지비율 : {(경상수입÷경상지출)×100}이 100% 이상일 것 - 자금수지차 : {(매출채권 회전기간+재고 회전기간)-지불채무 회전기간)} - 지불채무 회전기간 : {(지불어음+외상매입금+이서어음)÷월매출액} - 유이자부채 회전기간 : (유이자 부채÷월매출)

2. 사업타당성 평가 요소

맥밀란(MacMilan : 1985)은 투자 평가기술을 크게 창업자의 자질과 적성, 창업자의 경험, 제품・서비스의 특성, 시장특성, 재무적 고려사항 등 5가지로 분류하고 투자자들이 어떤 요인을 중시하는 가를 조사한 바 있다. 이를 구체적으로 살펴보면 다음과 같다.

(1) 창업자의 자질과 경험

창업자의 특성 중 가장 중요한 것은 지속적으로 노력할 수 있는 힘(Staying power)과 위험관리능력이다.

또한 창업자의 목표시장에 대하여 완전히 친숙한가 즉, 목표시장에 대하여 분명한 목표가 설정되어 있는가에 대하여 매우 중요하게 평가하고 있다.

(2) 제품 및 시장특성

제품의 특성을 평가함에 있어 투자자가 가장 중요하게 생각하는 것이 제품의 소유권 방어(Proprietary protection)문제인 것으로 나타나 얼마나 오랫동안 시장에서 제품의 독점적 이익을 누릴 수 있는가와 수익성에 직접적으로 영향을 미치는 요인에 큰 관심을 보이는 것으로 분석된다.

이는 시장 특성과 관련된 중요한 평가기준 중 다른 시장특성변수들은 중요하게 평가되지 않는 반면 목표시장의 높은 성장률인 것으로 나타난 것으로 보아서도 알 수 있다.

(3) 재무적 고려사항

재무적 고려사항 중에서는 높은 투자보수를 기대할 수 있고 투자자본 회수 가능성이 가장 중요한 기준으로 나타났다.

표 14-6. 맥밀란의 투자결정요인

	평 가 기 준	고려 우선순위
1	창업자의 자질과 특성	
	1. 지속적이고 집중적인 노력을 할 수 있는가?	1
	2. 위험을 잘 평가하고 대처할 수 있는가?	2
	3. 분명하게 벤처비즈니스에 대하여 토론할 수 있는가?	3
	4. 상세하고 섬세한가?	4
	5. 벤처캐피탈리스트와 조화할 수 있는 퍼스낼리티를 소유하였는가?	5
2	창업자의 경험	
	6. 벤처비즈니스의 목표 시장에 친숙한가?	1
	7. 과거에 뛰어난 리더십을 가졌는가?	2
	8. 벤처비즈니스와 관련된 과거의 실적이 있는가?	3
	9. 창업자의 경험이 믿을 만한 정보원에 의해 파악되었는가?	4
	10. 창업자에 대한 평판을 잘 알고 있는가?	5
3	제품/서비스 특성	
	11. 제품에 대한 독점적 소유권이 있거나 보호 가능한가?	1
	12. 제품의 시장수용성이 현저한가?	2
	13. 이미 작동하는 시제품이 개발되었는가?	3
	14. 첨단기술인가?	4
4	시장특성	
	15. 목표시장의 성장률이 현저한가?	1
	16. 벤처비즈니스가 기존 시장을 자극할 수 있는가?	2
	17. 벤처비즈니스는 벤처캐피탈리스트가 잘 아는 사업분야인가?	3
	18. 최초 3년간 경쟁의 위협이 거의 없는가?	4
	19. 벤처비즈니스가 새로운 시장을 창조할 수 있는가?	5
5	재무적 고려사항	
	20. 투자 후 5~10년 이내에 10배 이상의 투자 수익을 기대할 수 있는가?	1
	21. 쉽게 유동성을 확보할 수 있는 투자인가?	2
	22. 투자 후 최초 5년 이내에 10배 이상의 투자 수익을 기대할 수 있는가?	3
	23. 계속적 투자가 예상되는가?	4
	24. 그 사업에 대한 최초 투자인가?	5

자료. MacMilan, Siegel & Narasimha, "*Criteria Used by Venture Capitalists to Evaluate New Venture Proposals*", Journal of Business Venturing, Vol.1, 1985. p.121.

이상의 결과를 종합해 보면 일반적으로 창업자 자질과 경험수준에 대한 벤처캐피탈리스트의 관심이 높은 동시에 투자수익성에 대한 특성이 중요한 평가요인으로 나타나고 있다.

특히 투자자들이 절대적 평가기준으로 활용하고 있는 10가지 평가기준은 지속적이고 집중적인 노력, 시장에 대한 철저한 지식, 5~10년 이내에 최소 10배의 투자보수, 뛰어난 리더십, 위험분석과 관리능력, 투자시 유동성 확보 가능성, 시장 성장성, 사업과 관련된 과거의 경험, 사업설명 능력, 소유권 보호 등으로 분석되고 있다. 즉, 어떤 기술형 사업이 절대적 기준을 충족시키지 못하면 다른 특성이 아무리 절대적 특성의 부족한 점을 보완해 줄 수 있다고 해도 투자자들은 동 사업에 대한 투자를 포기한다는 의미이다.

10개의 절대적 평가기준 중 지속적인 노력을 할 수 있는 능력, 뛰어난 리더십, 위험분석·관리능력, 과거의 경험, 사업설명 능력 등 5가지 요인이 창업자와 관련되어 있다. 이와 같이 기술형 창업은 창업자의 자질과 경험 등에 의하여 그 성패가 좌우된다고 할 수 있다.

제15장

기술형 창업 사업계획서작성의 실례

사업계획서는 요구하는 기관이나 용도·목적에 따라 조금씩 다르므로 그 용도나 목적에 맞게 사업계획서 내용을 적절히 조정할 필요가 있다.

즉, 자체검토용으로 작성할 경우 충실한 조사와 분석을 통해 가급적 자세하고 정확한 내용으로 작성되어야 하며 미래에 대한 가정도 비관적·보수적인 것부터 낙관적·최대치인 것까지 여러 형태의 사업계획서를 마련할 필요가 있다. 그러나 투자 또는 융자를 받기 위한 금융기관 또는 정책기관 제출용이나 인·허가용일 경우 기관별, 용도별로 작성내용을 적절히 조정할 필요가 있다.

사업계획서 작성 기본원칙에 준거하여 본장에서는 창업자가 기관투자자 등으로부터 투자를 받을 목적으로 제출하는 사업계획서를 작성하는데 있어서 반드시 검토해야 할 주요항목, 내용 등을 고려하여 사업계획서 작성의 실제 사례를 게재한 것이다.

사업계획서 작성에 있어서 많은 도움이 되기를 바란다.

<table>
<tr><td colspan="7">중소・벤처기업 창업자금 지원 신청서</td></tr>
<tr><td>기 업 체 명</td><td colspan="2">(주)k산업</td><td colspan="2">대 표 자
(예비창업자)</td><td colspan="2">김 ○ ○</td></tr>
<tr><td>법인등록번호</td><td colspan="2">120121-1755400</td><td colspan="2">주민등록번호</td><td colspan="2">580903-1234567</td></tr>
<tr><td>사업자등록번호</td><td colspan="2">120-81-87000</td><td colspan="2">설립(예정)일</td><td colspan="2">1998. 6. 21</td></tr>
<tr><td>본 사 주 소
(예비창업자 주소)</td><td colspan="6">서울특별시 마포구 도화2동 173
(☎ :02-3273-0627~8 FAX :02-3273-0629)</td></tr>
<tr><td>사업장주소</td><td colspan="6">상 동 (☎ :)</td></tr>
<tr><td>사업계획내용
(사업화 대상
기술 및 제품)</td><td colspan="6">초절전형 냉동기 개발・보급</td></tr>
<tr><td rowspan="5">사업화자금
조달계획
(단위:백만원)</td><td rowspan="2">용도</td><td rowspan="2">총소요자금</td><td colspan="4">신 청 내 역</td></tr>
<tr><td>신청금액</td><td colspan="2">자 금 용 도</td><td>자금 소요시기</td></tr>
<tr><td>시설</td><td>100</td><td></td><td colspan="2" rowspan="2">인건비・원재료비・
판매관리비 등</td><td rowspan="2">1999.8~2000.3</td></tr>
<tr><td>운전</td><td>350</td><td>300</td></tr>
<tr><td>계</td><td>450</td><td>300</td><td colspan="2"></td><td></td></tr>
<tr><td colspan="7">상기와 같이 중소・벤처기업 창업자금 지원 및 신용보증 사전심사를 신청합니다.

2001 년 6 월 일

신청인 김 ○ ○ 인

중소기업진흥공단이사장・기술신용보증기금이사장귀중</td></tr>
<tr><td colspan="7">※ 첨부서류
1. 사업계획서 3부.
2. 벤처기업 창업자금지원 추천서(해당자에 한함) 1부.
3. 사업자등록증 사본 및 최근년도 재무제표(해당자에 한함) 각 1부.
4. 법인등기부 등본(해당자에 한함) 1부.
5. 기타 증빙서류</td></tr>
</table>

사 업 계 획 서

작 성 일 : 1999. 6.

기업체명 : (주)K산업

대 표 자 : 김 ○ ○ (인)

귀하께서 제출한 본 사업계획서 내용은 대출지원 및 보증결정에 중요한 자료이므로 정확하고 객관적으로 작성하여 주시기 바랍니다.
(기재사실과 실제 내용이 다른 경우에는 불이익을 받을 수 있음)

1. 창업자 현황

□ 창업자의 인적사항

<table>
<tr><td>성 명</td><td colspan="2">김 ○ ○</td><td colspan="2">주민등록번호</td><td colspan="2">580903-1234567</td></tr>
<tr><td>주 소</td><td colspan="2">서울시 중랑구 망우동 123</td><td colspan="2">전 화 번 호
(휴대폰, 호출기)</td><td colspan="2">02-492-0000</td></tr>
<tr><td rowspan="4">학 력</td><td>기 간</td><td>학교명</td><td colspan="2">전 공</td><td>수학상태
(졸업,수료,중퇴)</td><td>비 고
(취득학위 등)</td></tr>
<tr><td>1984.3</td><td>△△대학교</td><td colspan="2">기계공학</td><td>졸 업</td><td>공학사</td></tr>
<tr><td>1988.8</td><td>××대학교</td><td colspan="2">경영학</td><td>졸 업</td><td>MBA</td></tr>
<tr><td></td><td></td><td colspan="2"></td><td></td><td></td></tr>
<tr><td rowspan="5">경 력</td><td colspan="2" rowspan="2">근 무 기 간</td><td colspan="3">근 무 처</td><td rowspan="2">담 당 업 무
(최종직위)</td></tr>
<tr><td>근무처</td><td>주요
생산품</td><td>전화번호</td></tr>
<tr><td colspan="2">1984.4.25～87.6.25</td><td>(주)갑
산업</td><td>자동차
전장부품</td><td>02-866-0000</td><td>차 장</td></tr>
<tr><td colspan="2">1987.7.25～98.3.25</td><td>A기술
경영연구원</td><td>경영
컨설팅</td><td>02-864-2222</td><td>수석연구원</td></tr>
<tr><td colspan="2">98.6～현재</td><td>(주)K
산업</td><td>냉동기</td><td>02-3273-0627</td><td>사 장</td></tr>
<tr><td rowspan="2">재산보유
현황
(단위:백만원)</td><td>종 목</td><td>내 역</td><td>금 액</td><td>종목</td><td>내 역</td><td>금액</td></tr>
<tr><td>주 택
기타부동산
현금·예금</td><td>자가,임차
-
-</td><td>300</td><td>주식·채권
기 타</td><td>-
-</td><td></td></tr>
<tr><td>기타특기사항
(자격증, 상벌,
연수,
대외활동사항)</td><td colspan="6">· 산업안전기사 1급
· 일반기계기사 1급
· 기계안전기술사</td></tr>
<tr><td rowspan="2">연구개발 및
사업화 실적</td><td colspan="2">개발과제명 및 내용</td><td>근무처</td><td>실시기간</td><td>사업규모
(소요자금)</td><td>비고
(사업화현황등)</td></tr>
<tr><td colspan="2">·가스모터이용 절전장치개발
·자동차용 초경량 브레이크</td><td>(주)K산업
(주)갑산업</td><td>2000.6~2001
86.1~87.1</td><td>100
250</td><td>사업화추진중
사업화</td></tr>
</table>

※ 창업자가 수인인 경우이거나 창업자외에 경영실권자가 있는 경우에는 별지로 추가 작성 요망

2. 창업기업 현황

(단위 : 백만원)

<table>
<tr><td colspan="2">기업체명</td><td colspan="2">(주) K산업</td><td colspan="2">대표자</td><td colspan="2">김 ○○</td></tr>
<tr><td colspan="2">설립일자</td><td colspan="2">2001.6.21</td><td colspan="2">사업자등록번호</td><td colspan="2">120-81-87000</td></tr>
<tr><td colspan="6">소재지</td><td>전화번호</td><td>소유여부</td></tr>
<tr><td colspan="2">본사</td><td colspan="4">서울시 마포구 도화2동 173</td><td>02-3273-0627</td><td>자가, 임대</td></tr>
<tr><td colspan="2" rowspan="2">사업장</td><td colspan="4">서울시 마포구 도화2동 173</td><td>02-3273-0627</td><td>자가, 임대</td></tr>
<tr><td colspan="4"></td><td></td><td></td></tr>
<tr><td colspan="2">업종(주제품)</td><td colspan="2">제조업</td><td colspan="2">상시종업원</td><td colspan="2">30명</td></tr>
<tr><td colspan="2">관계회사</td><td colspan="2">(주)J산업
(주)C연구소</td><td colspan="2">자본금
(납입자본금)</td><td colspan="2">50</td></tr>
<tr><td rowspan="2">연혁</td><td>년월</td><td colspan="6">주요내용(자본증감, 대표자변경, 상호변경 및 주요경영내용 변경 등)</td></tr>
<tr><td>2001.6.21
2001.6.30</td><td colspan="6">(주)K산업 설립
법인 등기</td></tr>
<tr><td rowspan="5">주요시설등</td><td colspan="2">시설명</td><td>규격</td><td>수량</td><td colspan="2">용도</td><td>금액</td></tr>
<tr><td colspan="2">Oscillo scope</td><td>OS-635</td><td>1</td><td colspan="2">기술개발</td><td>4,500,000</td></tr>
<tr><td colspan="2"></td><td>LBO-310A</td><td>2</td><td colspan="2">기술개발</td><td>3,000,000</td></tr>
<tr><td colspan="2">Computer</td><td>P11급</td><td>2</td><td colspan="2">기술개발</td><td>5,000,000</td></tr>
<tr><td colspan="2">DC Power Supply</td><td>DPS-1A</td><td>1</td><td colspan="2">기술개발</td><td>1,000,000</td></tr>
</table>

※ 본사 및 사업장 약도 별지 첨부

□ 경영진・주요기술인력・주요주주 현황(예비창업자는 계획내용 기재)

(단위 : 백만원)

직 위	성 명	주민등록번호	대표자 관계	최종학력 (전공・학위)	주요경력	소유주식 (금 액)
대표이사	김○○	580903-1234567	본인	○○대 (석사)	10년	50%
이사	방○○	690721-1234567	타인	○○대	7년	25%
이사	이○○	701009-1234567	타인	○○대	10년	25%

※ 소유 주식은 법인기업에 한하여 작성.

□ 금융거래 현황(20 . . . 현재)

(단위 : 백만원)

대 출 기 관	운전/시설	대출금액	대출금리	대출기한	담보제공 내용 등
			< 해당사항 없음>		
합 계					

3. 사업내용 및 사업화 추진계획

□ 창업동기 및 기대효과

<table>
<tr><td>창업동기</td><td>(사업의지, 추진능력, 과제선정경위, 준비상황 등을 중심으로 기재)</td></tr>
<tr><td colspan="2">• 현대문명의 발전과 함께 그로 인한 공해발생 등의 부작용으로 인류의 공영에 심각한 피해가 예상됨.예컨대, 오존층파괴, 대기오염, 해수오염 등
• 주요 오염원으로는 각종 에너지를 얻기 위한 수단으로 사용되는 종합적 에너지 발생장치임.
• 따라서 당사는 공해요소를 남기지 않는 청정에너지 발생장치 및 절전장치 개발에 주력하고자 유체에너지를 재활용하여 동력을 발생하는 장치인 "고압가스구동 원동기장치" 와 전기에너지를 효과적으로 절전시키는 "절전냉동장치" 개발에 전력하고 있음.
• 그러므로써 효율을 극대화하고 전기에너지 낭비를 줄여서 자연환경을 훼손시키는 공해발생요소를 점차적으로 근절시키는 그린테크 기술의 확립을 목표로 함.</td></tr>
<tr><td>기대효과</td><td>(관련산업의 기술적, 경제적 파급효과 등)</td></tr>
<tr><td colspan="2">• 기술적 파급 효과
① 기존 모타효율의 향상(10%에서 80% 수준으로)
② 고압가스냉동/에어컨, 흡수식 냉동장치 등에서 투입되는 입력동력의 50%~100%를 재활용함으로써 효율을 극대화
③ 자체순환동력으로 발전하여 전기를 생산하고 냉난방의 열이동효과가 부수적으로 활용되는 순환장치의 개발이 가능함.
• 경제적 파급효과
① 상기기술이 활용되면 연간 5,000억원의 시장이 수입대체는 물론 기존장치의 교체가능함.
② 고용창출효과는 직간접적으로 1,000명 정도에 이를 것으로 기대됨.</td></tr>
</table>

□ 사업화대상 기술 및 제품

<table>
<tr><td>기술 및 제품명</td><td colspan="6">초절전냉동장치</td></tr>
<tr><td>개 발 기 간</td><td colspan="2"></td><td>개발비용</td><td>200 백만원</td><td>제품화여부</td><td>㉮, 부</td></tr>
<tr><td>개 발 방 법</td><td colspan="6">(단독, 공동) 공동개발의 경우 상대처 :</td></tr>
<tr><td>권 리 구 분</td><td colspan="6">(특허, 실용신안, 프로그램, 기타 ( ))</td></tr>
<tr><td rowspan="2">권 리 자
(발 명 자)</td><td>성명</td><td>김○○</td><td>주민등록번호</td><td>580903-1234567</td><td rowspan="2">비고</td><td rowspan="2"></td></tr>
<tr><td>주소</td><td colspan="3">서울시 마포구 도화2동 173</td></tr>
</table>

□ 창업사업의 내용

계획제품의 특성	(용도, 성능 등 제품에 대한 설명)

고압가스의 냉매특성을 이용하여, 대기중의 열을 흡수하면서, 기체로 증발하는 기체냉매의 팽창작용과 대기중의 열을 방출하면서 액체로 응축하는 액체 냉매의 수축작용으로 유체냉매가 순환하는 고압가스냉매의 운동에너지인 인위적인 바람을 동력으로 획득하여 압축기 또는 발전기를 구동시켜 초기 시동시만 전기모터를 이용하는 절전냉동장치 개발

기 술 성	(핵심기술, 개발내용, 국내외 상품화 현황 등)

동향 및 전망	개 발 동 향		부족기술	발 전 전 망	
	선 진 국	당 사		제품발전	기술발전
초절전형 냉동기	개발중	개발중	모터직렬 연결기술	소 형	효율90% 이상

• 절전형 냉동기 기술은 선진(미 · 일)경쟁기업에서는 아직 체계화되지 않은 분야 특히 핵심기술인 모터직렬연결 기술은 당사가 현재 주요 선진국에 특허출원 중에 있으므로 기술 경쟁력이 충분함.

품질경쟁력	(국내 및 경쟁국 제품과의 품질비교 등)

• 동기술을 활용한 제품이 아직 출시되지 않았으므로 직접적이면서 구체적으로 비교하기는 어려우나 핵심기술인 모터연결기술을 당사가 보유하고 있으므로 뛰어난 경쟁력이 있음.

□ 사업장 현황 또는 확보계획

(단위 : 백만원)

소 재 지	규 모	자가, 임차	소요자금 (억원)	자금조달방법	비 고
서울시 마포구 도화2동 173	100평		30	자기자본	

□ 생산시설계획

(단위 : 백만원)

시 설 명	규 격	수 량	용 도	소요자금	제작처
• 냉매순환 유체실험기	A-450	1set	실 험	20	
• Oscillo Scope		2대	실 험	10	삼성
• 컴 퓨 터		1대	실 험	2	LG
• 기 타				68	

□ 인력확보 계획

구 분		현인원	추가필요인원		확 보 방 안
			1999	2000	
관 리 부 문	임 원	2	-		
	사무직	8	-		
	기 타	-	-	5	
	소 계	10	-		
생 산 부 문	기술직	10	-		
	생산직	10	-		
	소 계	20	-		
계		30	-		

□ 사업타당성

국내외 시장규모 및 특성	(현재 수출·입 현황을 포함하여 현재 및 향후 3년간 내용 기입)

- 시장규모

구 분	2001년	2002년	2003년	2004년
세계시장	1,500,000	2,000,000	2,200,000	3,000,000
국내시장	80,000	120,000	150,000	200,000

자료 : 산업자원부

- 시장특성

구 분	국 내	국 외
시장상태(독점/경쟁)	독 점	독점/경쟁
안 전 성	양 호	양 호
지 속 성	유지됨	유지됨
성 장 성	계 속	계 속

국내 주요 수요처 현황	(수요처명, 주생산품, 수요량, 소재지, 전화번호 기입)

수요처명	주요생산품	수 요 량	소 재 지	전화번호
전 자	가전 · 전자	50대	경기도 과천	
전 자	가전 · 전자	50대	경기도 안양	
세 기	산업용 냉동기기	10대	경기도 부천	

국내 동종업계 현황	(유사품목의 개발·사업화 현황 및 경쟁회사 현황 등)

경쟁기업명	
○○ 산업	
△△ 기기	

가격 경쟁력	(제조원가 및 주요 경쟁제품과의 비교)

- 가격경쟁력

	제 조 원 가	판 매 가	비 고
당 사	2,500,000	3,500,000	
○○산업	3,000,000	4,000,000	
△△기기	2,950,000	4,000,000	

구 분	세 부 사 항	당 사 제 품	○○기기 제품
용 량	냉 방 능 력	8,100kcal/h	7,100kcal/h
	난 방 능 력	8,900kcal/h	7,900kcal/h
압축동력	전 기 모 터	4.2kW(1대)	2.2kW(1대)
	가 스 모 터	0.3kW(7대)	×(×)
		시동시 전기모터 작동 운전시 가스모터 작동	시동시나 운전시에 전기모터 작동
투자비용	추가설치경비	동력활용장치 : ₩1,000,000 토탈장비장치 : ₩3,600,000	장치비 : ₩2,600,000
사용경비	전기요금 1kWh당 100원으로 일률적으로 적용함. 실제는 기본료, 사용료, 누진률을 적용하기 때문에 더 큰 차이를 보일 것임	2.2kW×3H×30일= 198kWh 1개월 전기요금 ₩19,800	2.2kWX×24Hz×30일= 158kWh 1개월 전기요금 ₩158,400
기 타	운전특성	장치를 연속 운전시 전기요금 절감은 더 많이됨	장치의 시동때 마다 전기모터의 시동전류에 의해 전력소비가 많음.

4. 사업화 방법

□ 사업추진 계획

현재 개발상황	(설계, 시작품 제작, 시험테스트, 양산개발 등 현재의 제품개발 상태)

1) 동일특성의 압축공기에서 유체 소비량에 따른 획득 에너지 비교 시험을 완료한 상태임. 기존방법에 의한 열효율 10% 이내인 것에 비하여 50%로 향상임.
2) 동일구조의 유체기기인 공기모터를 사용하면서 물성특성이 서로 다른 유체인 물, 공기, 냉매로 구동하면서 에너지 전달효율 시험 완료함.

향후 추진방법	(향후 양산기술개발 방법 상세 기술)

냉난방 겸용 펌프개발 → 모터연결장치 기술개발 → 절전형 냉동기개발 ↓

시 작 → Test → 보 완 → 판 매

양산체제 구축계획	(생산규모, 생산공정, 공정별 설비, 외주활용 등 생산방법 기입)

1) ○○세기의 냉난방 겸용 히트펌프에 독일 ○○사의 모터로 구성된 기체모터직렬연결 장치를 설치하여 유체냉매의 비운동 에너지를 회수하는 복합장치인 가스모터이용 절전냉동장치를 이동용으로 구성.
2) 절전냉동 장치를 발전시켜 열교환기로서 열에너지 이동을 빠르게 하여 유체기기로서 발생시키는 동력에너지가 투입되는 에너지의 3배 이상이 되는 고압가스 구동원동기장치를 구성함.
3) 세계 최초로 국내기술에 의하여 개발된 초절전 냉동장치와 청정에너지 발생장치로서 방송 신문등의 매스컴을 통하여 국내는 물론 세계 인류의 에너지공급에 기여할 것임.

주요자재 조달방안	(주요 원부자재의 구입처, 가격, 수입 / 국내조달 등 기입)

(단위 : 원)

주요자재명	구 입 처 명	가 격	조 달 형 태
히트펌프	○○산업	500,000	국내조달
모 터	독일 A사	500,000	수 입
감속장치	○○산업	300,000	국내조달
압 축 기	○○공업사	300,000	국내조달

□ 추진일정

내 용	'99			2000				비 고
	2/4	3/4	4/4	1/4	2/4	3/4	4/4	
상세 설계	→							
시작 · Test	→	→						
수정 설계		→						
시작 · Test		→						
최종 설계			→					
최종 시작			→					
양 산				→	→	→		
판 매				→	→	→		

□ 판매전략 및 판매계획

(단위 : 백만원)

구분	제 품 명 (상 품 명)	2001 실적	2002		2003		비 고
판매전략	·특허기술을 기반으로 세계시장 개척과 더불어 국내시장 공략						
판매계획			내 수	수 출	내 수	수 출	
	초절전형냉동기		500	100	2,000	1,000	

5. 소요자금 및 자금조달 계획

(단위 : 백만원)

<table>
<tr><th colspan="3">소 요 자 금</th><th colspan="3">조 달 계 획</th></tr>
<tr><th>용 도</th><th>내 용</th><th>금 액</th><th>조달방법</th><th>기조달액</th><th>추가조달액</th></tr>
<tr><td rowspan="5">시 설
자 금</td><td>연구시설 · 생산</td><td>100</td><td>자기자금</td><td>100</td><td></td></tr>
<tr><td></td><td></td><td>금융차입</td><td></td><td></td></tr>
<tr><td></td><td></td><td>창업자금</td><td></td><td></td></tr>
<tr><td></td><td></td><td>기 타</td><td></td><td></td></tr>
<tr><td>소 계</td><td>100</td><td>소 계</td><td>100</td><td></td></tr>
<tr><td rowspan="5">운 전
자 금</td><td>인 건 비</td><td>350</td><td>자기자금</td><td>50</td><td></td></tr>
<tr><td></td><td></td><td>금융차입</td><td></td><td></td></tr>
<tr><td></td><td></td><td>창업자금</td><td></td><td>300</td></tr>
<tr><td></td><td></td><td>기 타</td><td></td><td></td></tr>
<tr><td>소 계</td><td>350</td><td>소 계</td><td></td><td>300</td></tr>
<tr><td>합 계</td><td></td><td>450</td><td></td><td>150</td><td>300</td></tr>
<tr><td>운전자금
산출근거</td><td colspan="5">(기존)인건비 : 23명×평균임금 1,000,000/원×6월 = 138,000,000원
신규인력(영업직 5명) : 5명×1,000,000/원×6월 = 30,000,000원
원재료비 : 1,500,000/대×110대 = 165,000,000원
기 타 : = 67,000,000원
계 : 400,000,000원</td></tr>
<tr><td>조달계획
산출근거</td><td colspan="5"></td></tr>
</table>

※ 운전자금은 창업후 생산제품의 판매대금으로 정상 영업자금 회전이 될때까지의 기간동안 소요되는 전체 예상자금을 자금용도별로 구분 기재

○ 창업준비자금 + 양산개발자금(인건비, 시제품·견본품 제작, 위탁개발비, 간접사업비 등) + 1회전 운전자금(원재료비, 노무비, 판매관리비 등) + 기타

※ 산출근거에 대한 세부기재 사항 : 필요시 별지 첨부 설명

6. 사업계획 지연 또는 차질시 대안

구 분	대 안
자금조달 부문	•ABC 투자펀드에 사업계획서 제출등 외부자금 활용에 대하여 검토중
인력수급 부문 (기술인력, 경영진)	•기술인력은 이미 충분히 확보되어 있는 상태이므로 추가적인 채용계획은 없으나 장기적인 관점에서 산·학·연 협력체제를 구축하고 이를 통한 우수 인력 확보에 노력할 것임.
기술 개발 부문	•전자부품종합연구소, 기계연구원 등과 같은 국내 우수연구기관과 공동연구를 추진하거나 우수기술을 이전받을 수 있도록 노력중임.
생산계획 부문	•현재 구로동 소재하고 있으며 생산시설이 년간 약 300대의 생산능력이 있으므로 판매 초년도인 2001년 말까지는 여유가 있을 것으로 보임. •그러나 수출시장개척과 국내시장 수요가 커지게 되는 2002년 이후에는 안산에 위치한 산업공단으로 이전할 계획임
판매계획 부문	•2001년 절전형 냉동기의 개발이 완료되어 보급할 시기에 전문 Engineer를 채용하여 판매·보급할 계획임.

위 사업계획서 양식으로 설명이 부족하거나 귀사(하)의 기술성·사업성에 대한 내용을 추가하고자 할 경우 관련 자료를 첨부하여 주시기 바랍니다.

제16장

기술형 창업의 지원

기술형 창업은 높은 수익을 가지는 반면, 그 만큼의 위험도 수반한다. 기술형 창업이 활발한 미국의 경우에도 성공률이 5~10% 정도에 불과하며 우리나라의 경우 창업 후 5년 이상 생존하는 기업은 40% 이하로 다소 낮게 나타나 산업의 활성화를 위해서는 기술형 창업지원을 통한 산업구조조정과 고용창출이 절실한 과제로 부각되고 있는 실정이다. 이에 정부(중소기업청)는 창업을 활성화하기 위해 1998년에 3,000개 그리고 향후 5년 동안 20,000여개의 기술형 창업기업에 대한 육성계획을 발표하고 이에 대한 지원을 강화하고 있다.

정부의 창업활성화를 위한 창업기반의 구축과 자금 및 세제지원계획은 다음과 같이 요약할 수 있다.

- 벤처기업 자금공급 확대 : 엔젤투자(개인투자)시장 개설 및 투자금 확대
- 우수인력 공급 확대 : 기술지원과 주식을 연계한 스톡옵션제 도입, 병역특례연구요원제의 개선
- 벤처기업 정보지원 강화 : 벤처넷(Venture-net)의 설치
- 창업보육센터 입지지원 확대 : 2002년까지 60개의 보육센터를 건립함과 아울러 주요 도시에 10개의 벤처타운 조성

표 16-1. 정부의 벤처기업 육성계획

구 분	산 업 자 원 부 (중소기업청)	정 보 통 신 부	과 학 기 술 부
주요대상	일반 제조업	소프트웨어산업	기초기술 응용분야
지원자금	창업투자회사 자금 기술혁신 개발자금 공업기반기술개발자금 창업진흥기금	정보통신기술개발자금 국책연구개발사업 정보화촉진기금	한국종합기술금융(주)의 사업자금 과학기술진흥기금 특정연구개발기금
사업내용	창업 촉진 · 지원 기술개발지원 창업투자회사 운영 기타 벤처육성종합대책 수립	창업지원 기술개발지원 보육센타 등 입지지원	기술개발지원 보육센터등 입지지원

자료. 중소기업청, 「벤처기업창업 및 고용안정계획」, 1998. 4.1

현재 우리나라의 벤처기업 육성시책은 산업자원부, 정보통신부, 과학기술부 등에서 실시하고 있으며 부처간 이견조정 필요성이 있을 경우, 그 조정기관으로 대통령 직속으로 "중소기업특별위원회"를 설치하여 부처간 이견을 조정할 수 있도록 하고 있다. 또한 향후 10년간 벤처기업을 육성하기 위하여 1997년 8월 28일 "벤처기업 육성에 관한 특별조치법"이 한시법으로 제정되었다.

한편, 기술형 창업의 활성화를 위해 정부 및 관련기관에서 지원하고 있는 시책을 도식화하면 [그림 16-1]과 같다.

그림 16-1. 창업지원 체계

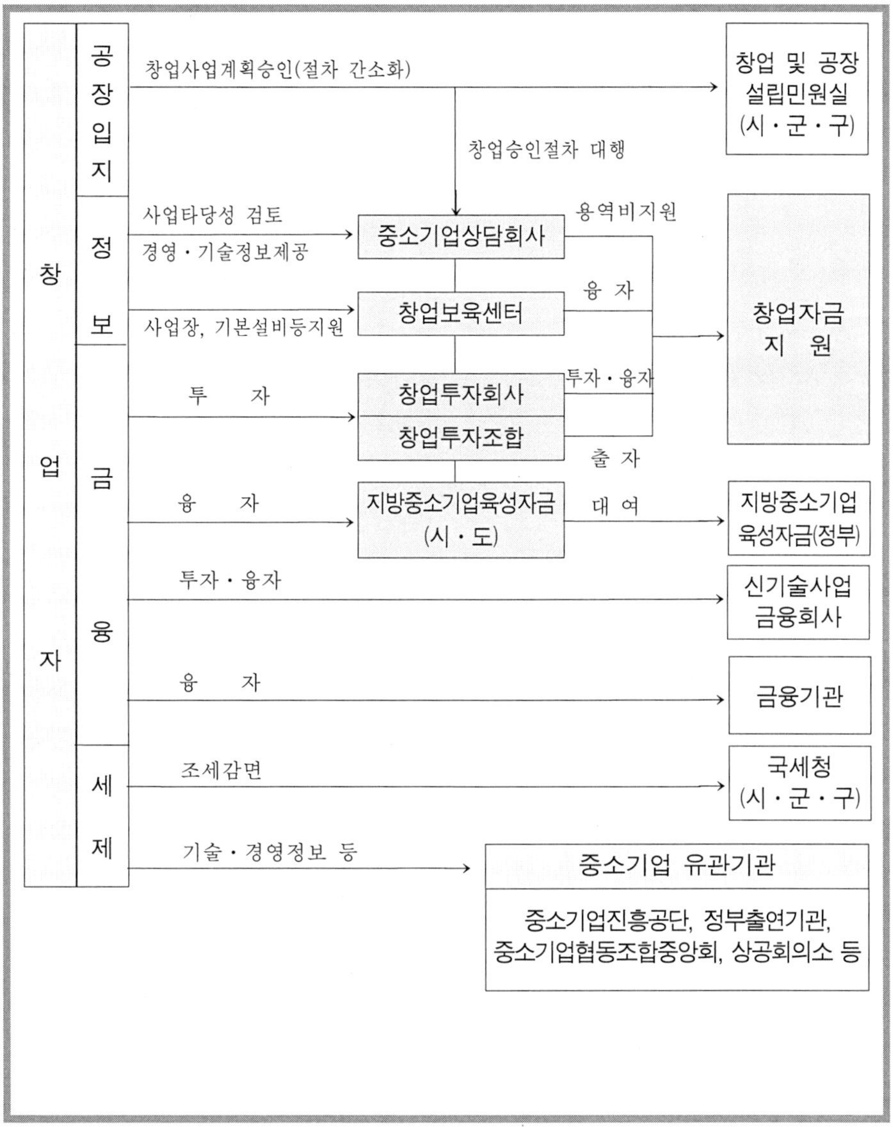

1. 벤처기업 확인방법과 절차

기술형 창업기업이 벤처기업에 해당하는지의 여부에 대한 확인은 세무서·신용보증기관·증권업협회 등과 같이 벤처기업에 대한 지원시책을 집행하는 기관이 관련업무를 함에 있어 벤처기업 확인이 필요한 경우 법령에 정한 요건에 부합되는지 여부를 증명서류 등의 확인을 통하여 자체적으로 확인하고 관련업무를 처리하도록 하고 있다.

모든 벤처기업들이 산업자원부의 별도 확인절차를 거쳐야 하는 것은 아니나 다만, 벤처관련 시책의 집행기관과 기업간에 벤처기업 해당여부에 대한 이견이 있을 경우, 최종 유권해석기관인 산업자원부에 벤처기업 해당여부에 대한 확인 의뢰를 할 수 있도록 하고 있다. 이 경우 정부는 요청일로부터 15일 이내에 벤처기업 해당여부를 확인하여 그 결과를 요청인에게 통보한다.

벤처기업 여부에 대한 확인절차는 첫째, 벤처캐피탈회사로부터 받은 투자비율을 기초로 확인을 받고자 하는 경우 둘째, 매출액대비 연구개발투자비를 근거로 하는 경우, 끝으로 개별법에 의한 기술개발사업 성과를 기초로 하는 경우로 대별할 수 있으며 그 확인 유형에 따라 다음과 같은 절차로 진행된다.

그림 16-2. 벤처캐피탈사의 투자비율을 근거로 하는 경우

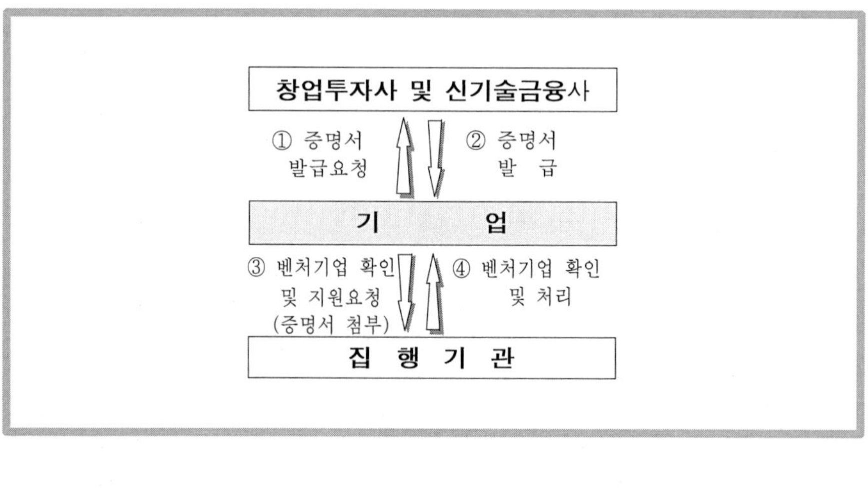

그림 16-3. 연구개발비를 기초로 하는 경우

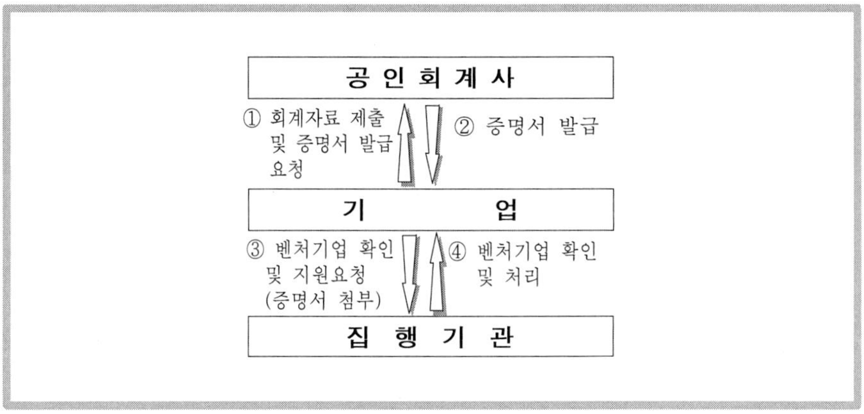

그림 16-4. 기술개발성과를 기초로 하는 경우

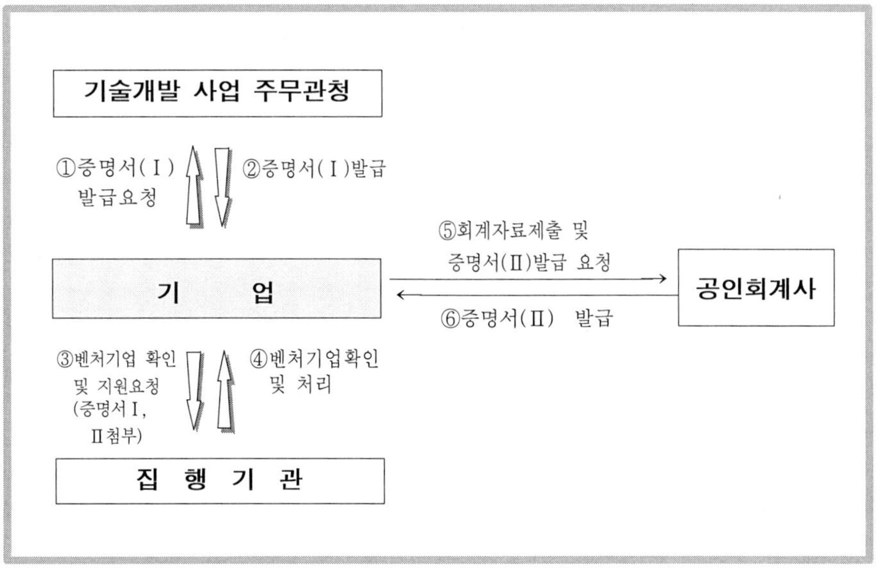

2. 기술형 창업기업 지원내용

최근 미・일 선진국 등에서도 기술형 창업 특히 벤처창업의 경우에는 적극적으로 지원하려는 정부차원의 노력이 매우 활발하게 전개되고 있다. 우리나라도 기술형 창업에 대한 집중지원이 정부정책의 중점이 되고 있다.

이러한 정부의 기술형 창업기업(벤처기업 포함)에 대한 다양한 정책적 지원의 실시는 현재 국내 기존 산업의 성장한계를 극복하고 경제에 활력을 불어넣기 위해 기술개발기반의 확립, 도전정신이 강한 기업의 창업 및 육성이 절실하다는 인식의 확산에서 비롯되고 있다.

최근 실시 또는 추진되고 있는 기술형 창업기업관련 주요 시책은 첫째, 기술형 기업에 대한 직접금융의 활성화 둘째, 기술 및 기술인력공급의 원활화 셋째, 공장 등 기업입지 공급의 확대 넷째, 기술보유인력에 대한 창업활성화 지원 다섯째, 조세지원 등 5가지 측면으로 요약할 수 있으며 구체적인 내용은 다음과 같다.

(1) 기술주도형 기업에 대한 직접금융 지원확대

[가] 연・기금 및 기관투자가의 투자허용

72개에 달하는 각종 연・기금, 투자신탁회사, 보험회사 등은 원칙적으로 비상장기업의 주식을 취득하지 못하도록 되어 있으나 벤처기업에 대한 직접투자 또는 창업투자조합 등에의 출자는 허용하고 있다.

[나] 외국인의 투자허용

벤처기업에 대한 외국인의 투자를 전면 허용한다. 단, 당해 기업의 정관에서 외국인의 투자를 제한하는 것은 가능하다. 현행법상 외국인은 상장주식에 한하여 주식 취득이 가능하며, 상장주식의 경우에도 별도의 투자한도를 규정하고 있다.

[다] 발행주식 액면가 특례

벤처기업에 대해서는 사업상 규정된 액면가 이하로 주식을 발행할 수 있도록 허용하여 스톡옵션제도가 효과를 발휘하도록 하고, 장외시장의 거래활성화를 유도하고 있다.

[마] 직접금융 활성화를 위한 세금혜택

개인투자자들이 창업투자조합에 출자하는 경우, 출자액의 20%를 소득공제해 주고, 중소기업의 창업 및 증자를 위한 자금과 창업투자조합 출자금에 대하여 자금출처조사를 면제하고 있다.

[바] 코스닥시장 등록 벤처기업의 등록·주식발행 특례

코스닥 시장내에 벤처기업부를 1998년 1월 3일에 개설하고 코스닥 등록 벤처기업에 대한 주권상장법인의 특례를 다음과 같이 부여하고 있다. 즉, 증권거래소 상장법인과 차별성을 완화하였으며(우선주 발행한도 특례, 주식배당 특례, 신종사채발행특례, 사채발행 특례, 보증금의 대신납부, 주주총회의 질서유지권, 주주총회 소집공고 등), 해외증권 발행 및 해외시장 상장허용 등 상장법인에게 부여한 특례를 코스닥등록 벤처기업에 동일하게 부여하고 있다.

[사] 벤처기업에 대한 우선적 신용보증 실시

벤처기업이 용이하게 신용보증을 받을 수 있는 기회를 확대하기 위하여 기술신용보증기금은 신기술 보유기업에 대하여 우선적으로 신용을 보증해 주고 있다.

[아] 대기업의 벤처기업 투자한도 확대

대기업의 벤처기업에 대한 투자한도를 총발행주식의 20%에서 30%로 확대하여 벤처기업의 자금난을 완화하고 벤처기업과 대기업간 기술지도·협력관계를 강화하고 있다.

(2) 기술 및 인력공급 원활화 지원

[가] 산업재산권의 현물출자 허용

특허권・실용신안권・의장권 기타 이에 준하는 기술과 권리 등 산업재산권의 현물출자를 허용하여 자본금 증대효과 및 보유기술의 사업화를 촉진한다. 한편, 산업재산권 평가에는 전문기술이 필요하기 때문에 대통령령에서 정하는 기술평가기관의 공인감정을 거쳐야 한다.

[나] 스톡옵션제도 활성화

벤처기업 주식의 액면가를 100원 이상으로 인하하여 유동성을 증대시킴으로써 스톡옵션제도의 활성화 기반을 마련하고, 스톡옵션에 대한 세제감면을 통해 벤처기업이 고급인력을 확보하고 경쟁력을 제고할 수 있도록
지원하고 있다.

[다] 교수・연구원의 창업 허용

교수・연구원의 기술형 벤처기업 창업 및 참여를 위한 3년간 휴직을 허용하여 대학・연구소에서 개발된 기술의 이전 및 상업화를 용이하게 하고 있는데 휴직은 임용권자의 명령사항이므로 6개월 이상 휴직시에는 결원보충을 허용하여 임용권자의 휴직허용 기피를 방지하고 있다.

[라] 병역특례 전문연구요원의 전직 허용

병역특례 지정업체의 전문연구요원은 2년이상 근무한 경우에 한해 다른 지정업체로 전직이 가능토록 되어 있으나, 앞으로는 2년 이내 근무한 전문연구요원도 새로이 병역특례 지정업체로 선정된 벤처기업으로의 전직을 허용하고 있다.

[마] 중소기업 기술개발 지원체제 도입

연구개발사업이 많은 중앙행정기관, 정부투자기관의 중소기업 지원계획수립을 의무화하여 중소기업의 기술개발을 지원하며 우선적으로 벤처기업을 지원하고 있다.

[바] 기술담보대출제도 도입

벤처기업의 원활한 자금조달 및 기술개발을 촉진하기 위해 기업이 보유한 지적재산권과 컴퓨터 소프트웨어, 기타 독립적인 기술 등 개별기술의 가치를 기술평가 전문기관인 산업기술정책연구소가 평가하고, 여기에 담보권을 설정하여 금융기관으로부터 대출받도록 하는 기술담보대출제도를 도입하고 있다.

[사] 신기술 복덕방제도 시행

산업자원부는 1997년 6월 한국생산기술연구원에 대학 및 정부출연 연구기관에서 개발되었으나 사업화되지 못한 기술을 체계적으로 조사하여 데이터베이스를 구축하고, 기술박람회 개최 등을 통해 이를 공개하여 예비창업자와 연결하는 신기술 복덕방을 설치하였다.

신기술 복덕방은 기술이전 및 알선 이외에도 성장 가능성이 높은 유망기업을 발굴하여 동 연구원에 설치된 신기술창업보육센터(TBI)에 입주할 수 있도록 지원하고 벤처기업 지원자금과 연계시키는 등 다양한 지원활동을 추진하고 있다.

[아] 기술우대보증특례제도 실시

기술신용보증기금은 1997년 6월부터 신기술을 보유한 교수·연구원의 연구실적 및 사업계획 내용을 사전평가하여 창업시 특별보증해 주는 '벤처기업 창업 기술우대보증 특례제도'를 신설하여 교수·연구원의 창업을 유도하고 있다.

지원대상은 이공계 대학교수 및 박사학위 취득자, 기술사, 연구기관에서 5년이상 근무한 연구원 등이 창업한 벤처기업 또는 창업된지 3년 이내인 벤처기업이며 한 개 기업당 지원규모는 5억원(운전자금 한도는 2억원)
까지이다.

(3) 공장 등 기업 입지공급의 확대 지원

[가] 신기술기업 전용단지의 산업단지 지정 및 개발허용

신기술기업 전용단지는 공장·연구시설·기업관련 서비스시설 등을 복합적으로 구비하여 조성되기 때문에 산업단지로의 지정이 필요하다. 산업입지 및 개발에 관한 법률에 따르면 국가산업단지 또는 지방산업단지는 단지조성 관련 인·허가, 지방세 감면, 기반시설보조 등 정부지원을 받을 수 있으므로 신기술기업 전용단지를 산업단지로 지정하여 단지조성을 활성화시켜 나가고 있다.

[나] 신기술기업 집적시설 지정

기술·지식의 특성상 집단거주를 통한 상호 정보교류는 기술·지식의 집약화를 촉진할 수 있으므로 신기술기업이 집단 입주한 기존 건축물을 집적시설로 지정할 수 있도록 하고, 필요한 경우 지방자치제가 집적시설을 직접 건축할 수 있도록 하고 있다.

[다] 국·공유 부동산의 공급 활성화

현행 국·공유재산관련 법령은 제한적으로 수의계약을 허용하고 있으나, 신기술기업 전용단지의 신기술기업 집적시설의 개발 또는 설치를 위해 필요한 경우에는 수의계약에 의해 국·공유 재산을 매각, 임대가 가능토록 하고 있다.

또한 국유재산의 매매가격, 임대료, 임대기관 등과 관련하여 신기술기업 전용단지 및 신기술기업 집적시설에 대하여는 감액매각, 임대료 감면, 장기임대 등과 같은 특례를 인정할 수 있도록 하였다.

[라] 건축금지 특례

신기술기업 전용단지 및 신기술기업 집적시설은 원칙적으로 건축법상 용도지역별 규제와 상관없이 건축이 가능하며, 신기술기업은 상황변화에 따른 조직의 가변성이 대표적인 특징이므로 입주시설에 대한 용도변경이 가능토록 하고 있다.

[마] 입지관련 부담금 면제

신기술기업 전용단지 및 신기술기업 집적시설에 대하여는 개발부담금, 농지전용부담금, 교통유발부담금 등 각종 입지관련 부담금을 면제하고 있다.

(4) 기술보유 인력에 대한 창업 활성화 지원

[가] 대학생 창업경연대회 및 '벤처창업 로드쇼(Road Show)'개최

대학생들의 참신한 아이디어와 신기술을 조기에 발굴하고 사업화하여 우수기술의 사장을 방지하는 한편 창업에 대한 관심과 간접 경험의 기회를 주기 위해 전국의 대학생과 대학원생을 대상으로 창업 경연대회를 개최하고 대학생의 창업정신을 확산하기 위해 전국 주요 대학을 순회하여 벤처기업 성공사례, 회사 및 공장설립절차, 창업관련자금·세제 등 지원제도, 창업보육센터 입주방법, 창업시 주요 애로요인 및 극복방법 등을 소개하는 '벤처창업 로드쇼'의 개최를 계획하고 있다.

한편, 최근 대학내에 구성되고 있는 창업동아리를 확대해 나가기 위해 연구활동에 필요한 최소한의 사무용품 및 기자재 구입비를 대학당 1,000만원 한도내에서 지원하고 있다.

[나] 창업정보 종합지원시스템 구축 및 벤처 사랑방 개설

중소기업진흥공단은 예비창업자 또는 중소기업자에게 창업 및 경영에 필요한 각종 통계·서식 및 절차 등 모든 정보·자료를 데이터베이스화하여 언제 어디서나 창업정보의 검색이 가능한 창업정보 종합지원시스템을 운영하는데 한편, 동 공단은 벤처기업에 대한 경영상담을 위해 본부 및 전국지역본부에 벤처사랑방을 개설하고 있다.

[다] 벤처기업 창업강좌 개설

전국 30개 대학 및 유관기관에서 명예퇴직자 등 유휴 고급기술자 5,000명을 대상으로 창업절차, 자금조달, 공장입지 선정, 창업지원제도, 창업성공사례 등에 대한 강좌를 개설하여 창업에 대한 자신감을 제고시켜 나가고 있다.

[라] 벤처단지조성 및 창업보육센터 설치

지방자치단체의 지원 벤처기업이 국가경제회생의 견인차로 부상하면서 지방자치단체들도 지역경영제 활성화를 위해 벤처단지조성 및 창업보육센터의 설치, 산

· 학연계 투자조합의 결성 등 적극적으로 벤처기업 지원에 나서고 있다.

예컨대 서울시는 강남지역에 대규모 벤처빌딩[11]의 건설, 벤처기업에 대한 창업보육센터 입주지원과 벤처캐피탈 운영 등 다양한 방안을 추진중이며, 포항시를 비롯한 일부지방자치단체에서도 창업보육센터의 건설을 추진하고 있고, 경기도와 대전시 등에서는 대규모 벤처기업 창업단지를 조성할 계획이다.

(5) 보조금 및 조세지원

이외에 기술주도형 벤처창업기업에 대한 세제혜택을 두고 있는데 이를 요약하면 다음 [표 16-2]와 같다.

[가] 중소기업상담회사의 벤처기업지원에 대한 보조금 지원

중소기업상담회사는 기술형 창업기업의 업무지원을 위해 등록된 회사로 사업타당성 검토 및 사업계획 수립, 창업사업계획승인 신청서 작성 및 인·허가 절차 용역대행 그리고 경영·기술지도, 자금의 알선, 창업관련 상담 및 정보제공 업무를 수행하는 회사이다.

동 회사의 지원대상은 기술형 창업기업이며 지원금액은 사업타당성 검토 용역업무에 대한 용역비의 50%까지(250만원 한도), 그리고 창업사업계획승인 신청서 작성 및 인·허가절차대행 용역비의 50%까지(100만원 한도) 창업지원자금에서 보조(단, 사업타당성 검토 용역대금을 받는 경우는 제외)하고 있다.

[나] 창업 중소기업 및 기술집약형 중소기업에 대한 법인세 또는 소득세감면(조감법 제6조)

창업 중소기업 또는 창업보육센터의 최초 소득이 발생하는 연도와 다음 5년간 법인세 또는 소득세의 50% 감면해 주고 있다

11) 벤처빌딩이란, 벤처기업들을 동일한 공간에 입주시켜 공동연구, 공동판매 및 공동 공간활용 등을 통한 시너지효과를 배가시킴과 동시에 금융기관, 연구조합, 각종 협회 및 연구기관 등 지원기관도 동일공간에 함께 입주함으로써 효용성을 증대시키기 위한 건물을 말한다.

표 16-2. 기술형 벤처기업에 대한 세제혜택

대 상	법인세/소득세	등록세	취득세	재산세	종토세
벤처기업	최초년도, 그후 5년간 50%(개정)	2년간 75% (개정)	2년간 75% (개정)	5년간 50% (개정)	5년간 50% (개정)
창업보육센터	〃	면제(신설)	면제(신설)	50%(신설)	50%(신설)

주. 과밀억제권역 내 벤처기업 집적시설에 입주하는 기업에는 취득세·등록세·재산세의 5배 중과적용 배제(신설)

[다] 창업 중소기업에 대한 지방세 감면(조감법 제113조, 제114조, 제115조)

창업 중소기업이 창업일로부터 2년 이내에 취득하는 사업용 재산 및 창업법인 설립등기시 등록세와 취득세를 75% 감면하고 있다.

또한 창업 중소기업이 보유하는 사업용 부동산에 대하여 창업일로부터 5년간 재산세·종토세를 50% 감면하고 있다.

[라] 창업보육센터에 대한 지방세 감면(지방세법 제280조)

사업용 부동산에 대하여 취득세·등록세 면제, 재산세·종토세의 50%를 감면해 주고 있다.

[마] 인지세 면제(조감법 제114조)

창업 중소기업이 창업일로부터 2년 이내에 금융기관으로부터 융자받기 위해 작성하는 증서, 통장, 계약서 등의 인지세를 면제하고 있다.

[바] 과밀억제권역내 벤처기업 집적시설에 입주하는 기업에 대하여는 취득세·등록세·재산세의 5배 중과배제(지방세법 제280조)

1997년 8월 30일에 신설되었으며 과밀억제권은 수도권 정비계획법 제6조에 규정되어 있는데 그 권역은 서울특별시, 인천광역시(남동공단 제외), 의정부시, 구리시,

미금시, 하남시, 고양시, 수원시, 성남시, 부천시, 안양시, 광명시, 의왕시, 군포시, 시흥시(반월공단 제외) 등으로 지정되어 있다.

부록Ⅰ. 금융 지원자금

✣창업지원자금

1. 기술신용보증기금 협약 금융기관의 창업자금

벤처기업 등 우수기술보유 중소기업을 지원하기 위해서 금융기관이 기술신용보증기금과 협약을 체결하여 신용조사 및 보증심사 절차를 간소화함으로써 창업 등을 지원하는 제도로 전액보증부 대출과 부분보증부 대출로 구별되고 있음.

(1) 전액보증부 대출

구 분	내 용
지원규모	2조 4,300억원('99. 2월 기준)
지원대상	벤처기업 및 협약기관과 별도로 정하는 우수기술 보유기업(기술우대 보증대상 기업)
지원내용	◦우량 중소벤처기업에 대하여 창업단계, 사업화단계, 성장단계별 운전 및 시설자금 지원 ◦우대금리 : 통상의 대출금리에서 0.5~1.0%p 감면
문 의 처	◦기술신용보증기금 벤처기술부(☎02-789-9327) ◦협약체결 금융기관(21개 금융기관)

(2) 부분보증부 대출

구 분	내 용
지원규모	3조 3,300억원(99.2월 기준)
지원대상	벤처기업 및 협약기관과 별도로 정하는 우수기술보유기업(기술우대보증대상기업)
지원내용	◦보증부 대출시 금융기관별로 협약서에 정한 비율대로 대출금액의 80~85%까지만 기술신용보증기금 보증서가 발급되고 15~20%는 은행 신용으로 지원 ◦우대금리 : 통상의 대출금리에서 0.5~1.0%p 감면
문 의 처	◦기술신용보증기금 벤처기술부(☎02-789-9327) 협약체결 금융기관(13개 금융기관) ◦협약체결 금융기관(21개 금융기관)

2. 한국산업은행의 벤처 · 중소기업 투자펀드

벤처 · 중소기업이 발행하는 주식을 적정가격으로 인수하여 중소기업이 담보제공, 원금상환 및 이자지급 등과 같은 부담이 없이 자금을 안정적으로 사용할 수 있도록 투자펀드를 설치하여 지원하는 제도.

구 분	내 용
투자재원	벤처, 중소기업투자펀드(500억원)
지원대상	벤처기업, 기술의 독창성 및 사업성이 우수하거나 수출전망이 양호한 비상장중소기업 등
지원내용	◦총자본금의 50% 이하 ◦동일인 한도 - 상장예정 30억원 이내 - 코스닥등록예정 20억원 이내
기타조건	당사자간의 협의
문 의 처	한국산업은행 (☎02-3770-5078)

3. 중소기업은행의 기술창업자금

새로운 기술이나 경영감각을 지닌 중소기업의 창업활성화로 국민경제의 활력과 중소기업의 저변확대를 위해 창업과 창업 이후의 초기 경영활동을 지원하는 자금

구 분	내 용
지원대상	제조업을 영위하기 위하여 해당 업종 또는 관련분야에서 1년 이상 종사한 경력이 있는 자가 설립하는 중소기업으로서 다음 각호에 해당되는 기업 ◦중소기업창업지원법 시행령 제29조의 규정에 의한 기술집약형 중소기업 ◦수출산업 및 수입대체 소재 · 부품산업 시설자금대출 취급절차에서 정한 기계류, 소재 및 부품을 생산하고자 하는 중소기업 ◦중소기업은행이 출자하여 최다주식을 보유하고 있는 중소기업창업투자회사가 투자한 중소기업 ◦중소기업시책별 특별지원자금 취급지침에서 정한 기술개발 생산성 향상 부문에 해당하는 중소기업
지원내용	◦융자비율 : 소요자금의 80% 이내 ◦융자기간 : 10년 이내 ◦동일인 융자한도 - 시설 : 2억원 이내 - 운전 : 1억원 이내
문 의 처	중소기업은행 여신기획부(☎02-729-6755/6770 및 각 지점)

4. 국민은행의 창업부금 · 소기업지원자금

(1) 중소기업 창업부금

예비창업자를 위하여 장기저리로 창업자금을 융자하는 부금제도

구 분	내 용
창업부금 가입대상	제조업, 광업, 공학관련 서비스 및 도매업종(산업용 소재 및 중간재 도매업)으로 창업할 예정이거나 창업 후 1년 이내인 실명의 개인 또는 법인 ◦계약금액 : 만원 단위로 제한없음 ◦계약기간 : 3년, 4년, 5년
창업자금 지원내용	◦융자대상 : 중소기업창업부금을 순차월순에 따라 12회 이상 납입하고 동부금의 가입대상인 업종으로 창업하거나 창업 후 2년 이내인 개인 또는 법인 ◦융자기간 - 시설 : 10년 이내(1/3범위 내 거치기간 포함) - 운전 5년 이내 ◦금리 : 연 11%(융자기간이 1년 초과시는 연 11.5%)
문 의 처	국민은행 여신부(☎02-3779-8424/5 및 각 지점)

(2) 소기업 지원자금

소규모 기업에 금융편의를 제공함으로써 경제적 지위 향상을 도모하고자 지원하는 제도

구 분	내 용
지원대상	제조업을 영위하기 위하여 해당 업종 또는 관련분야에서 1년 이상 종사한 경력이 있는 자가 설립하는 중소기업으로서 다음 각호에 해당되는 소기업 ◦중소기업창업지원법 시행령 제29조의 규정에 의한 기술집약형 중소기업 ◦수출산업 및 수입대체 소재·부품산업 시설자금대출 취급절차에서 정한 기계류, 소재 및 부품을 생산하고자 하는 중소기업 ◦중소기업은행이 출자하여 최다주식을 보유하고 있는 중소기업창업투자회사가 투자한 중소기업 ◦중소기업시책별 특별지원자금 취급지침에서 정한 기술개발 생산성 향상 부문에 해당하는 중소기업
지원내용	◦융자비율 : 소요자금의 80% 이내 ◦융자기간 : 최고 10년 이내 ◦동일인 융자한도 ◦시설자금 : 90%이내 - 운전자금 : 1억원 이내
문 의 처	국민은행 중소기업부(☎02-3779-8187)

5. 창업투자회사의 창업자금

아이디어와 사업성은 있으나 자금력과 담보력이 취약한 창업자에 대해 무담보, 무이자, 무보증의 창업자금을 창업투자회사가 주식인수, 약정투자 등을 통하여 지원하는 제도

구 분	내 용
지원대상	제조업, 광업, 건축, 엔지니어링, 기타 기술서비스업, 정보처리, 기타 컴퓨터 운용관련업, 기계 및 장비임대업을 대상으로 하며 사업개시일로부터 14년 이내의 창업자
지원내용	◦주식인수 : 창업투자회사가 창업자의 의결권주 또는 자본금 총액의 50% 이내에서 우선주나 보통주 인수 ◦사채인수 : 주식인수총액의 200% 이내에서 전환사채나 신주인수권부사채 인수 ◦약정투자 : 투자기업 매출액의 일정비율 등을 약정수수료로 징수하며 사업 실패시에는 투자원금의 상환 감면
문 의 처	한국벤처캐피탈협회(☎02-785-0602)

▷투 · 융자 지원절차

상 담	•전화 또는 직접 상담
⇩ 예 비 검 토	•창업투자회사가 개략적인 사업계획을 검토
⇩ 본 절 차	•구체적인 사업계획서를 제출하고 경영능력, 기술력, 시장성, 수익성 등의 검토를 토대로 투자여부, 투자금액, 투자조건 등의 심사를 받음.
⇩ 투 · 융자 승인	•창업투자회사가 승인내역서 통지
⇩ 투 · 융자 실행	•투 · 융자계약서 작성, 투 · 융자금 수령
⇩ 사 후 지 도	•창업투자회사

6. 신기술금융회사의 창업자금

신제품, 신공정 개발, 제품개선을 위한 연구개발사업이나 연구개발성과의 기업화·제품화사업, 기술도입 또는 도입기술의 소화·개량에 필요한 자금을 투·융자를 통하여 지원하는 제도.

구 분	내 용
지원대상	신제품, 신공정개발, 제품개선을 위한 연구개발사업이나 연구개발성과의 기업화, 제품화사업, 기술도입 또는 도입기술의 소화◦개량작업
지원내용	◦융자 - 융자비율 : 소요자금의 80~100% 이내 - 금리 : 시중금리수준 - 융자기간 : 10년 이내(3년 거치 기간 포함) ◦조건부 융자 - 융자비율·기간·금리 : 계획사업의 위험도 및 기대수익률을 감안하여 신청업체와 협의 결정 ◦투자 - 지원한도 : 발행주식의 50% 이내, 5~10억원 이내 - 투자방법 : 주식 또는 전환사채 인수 - 상환방법 : 이익 발생시 이익배당, 성공 후 업체와 협의 후 자금회수
문 의 처	◦한국종합기술금융(☎02-3787-7600) ◦한국기술금융(☎02-739-5411) ◦한국개발투자금융(☎02-538-2411~5) ◦한국기술진흥금융(☎02-786-9800)

부록Ⅱ. 중소기업 창업지원법에 규정된 창업 사업계획서 (시·군·구 제출용)

[가] 사업계획승인 신청서

사업계획승인 신청서는 중소기업창업지원법 시행규칙 제8조 규정에 의해 공장을 설립하고자 할 경우, 해당 시·군·구에 제출하여 30개 법률에 의한 62개 인·허가 사항을 의제처리 받기 위한 양식이다.

[나] 사업계획서

다음은 창업사업계획승인 신청서 첨부서류중 하나인 사업계획서 양식이다. 이 사업계획서는 해당 시·군·구에서 검토하여, 타 허가권자와 협의가 필요한 경우 협의과정을 거쳐 승인을 하게 된다. 중소기업을 창업하는 경우, 이 양식에 의한 창업사업계획을 승인받음으로써, 개발이익환수에 관한 법률에 의한 개발부담금이 면제되고, 농지전용부담금이 50% 감면되는 등 세제상의 혜택이 있다. 또한 직접 작성하기가 어려운 경우에는 중소기업청에 등록된 상담회사에 대행을 의뢰할 수 있으며, 이 경우 용역비의 일부를 창업지원자금에서 지원해 주도록 되어 있다.

[사업계획승인신청서 양식]

<table>
<tr><td colspan="3">사업계획 □ 승 인
□ 변경승인 신청서</td><td colspan="2"></td><td>처리기간
30일</td></tr>
<tr><td rowspan="5">신
청
인</td><td>①회 사 명</td><td></td><td>②사업자등록번호</td><td colspan="2"></td></tr>
<tr><td>③대 표 자 성 명</td><td></td><td>④주민등록 번 호</td><td colspan="2"></td></tr>
<tr><td>⑤회 사 형 태</td><td></td><td>⑥설 립 년 월 일</td><td colspan="2"></td></tr>
<tr><td>⑦주소(법인소재지)</td><td></td><td>⑧회 사 자 산</td><td colspan="2"></td></tr>
<tr><td>⑨대행상담회사명</td><td colspan="4"></td></tr>
<tr><td rowspan="4">사
업
계
획</td><td>⑩공 장 소 재 지</td><td colspan="4"></td></tr>
<tr><td>⑪규 모</td><td>대지 ㎡</td><td>⑫건 물</td><td colspan="2">대지 ㎡</td></tr>
<tr><td>⑬업종(분류번호)</td><td></td><td>⑭종 업 원 수</td><td colspan="2"></td></tr>
<tr><td>⑮공사착공예정일</td><td></td><td>⑯공사준공예정일</td><td colspan="2"></td></tr>
</table>

중소기업창업지원법 시행규칙 제8조의 규정에 의하여 별첨과 같이 사업계획서를 작성하여 제출하오니 승인(변경승인)하여 주시기 바랍니다.

년 월 일

신청인 (서명 또는 인)

시장・군수・구청장 귀하

수수료
없 음

첨부서류

1. 사업계획서(승인신청의 경우에 한한다) 1부
2. 변경계획서 및 변경사유서(변경승인신청서의 경우에 한한다) 1부
3. 변경내용의 신・구 대비표(변경승인신청의 경우에 한한다) 1부
4. 중소기업창업지원시행규칙 제8조 제5호・제6호 및 제10호에 관한 서류 각 1부

사업계획승인신청서 작성 요령

1. **상호 또는 명칭** : 회사명을 기재한다.
2. **사업자등록번호** : 법인인 경우 법인사업자등록번호, 개인의 경우 개인사업자등록번호를 기입하고 작성시점에서 사업자등록증이 없으면 언제 신청예정이라고 기재한다.
3. **대표자 성명** : 대표이사 또는 사장 이름을 기재한다.
4. **주민등록번호** : 대표자의 주민등록번호를 기재한다.
5. **회사형태** : 상법상 주식회사, 유한회사, 합자회사, 합명회사인 경우에는 법인이라고 기입하고 개인기업인 경우에는 개인이라고 기입한다.
6. **설립년월일** : 법인은 법인설립 등기일을, 개인은 사업자등록증상의 등록일을 기재하고 작성시점에서 설립이 되지 않은 경우에는 설립예정일이라고 기입한다.
7. **주소** : 본사가 위치하는 곳의 주소를 기재하고 작성시점에서 미설립의 경우에는 본사 예정지 주소를 기재한다.
8. **회사자산** : 백만원 단위로 환산하고 그 이하는 반올림한다. 자산은 부지대금 + 건물 + 기계시설 + 재료비, 노무비, 제경비, 3개월치 운전자금의 합계로 한다. 물론 모든 금액은 예정금액이 될 것이다.
9. **대행상담회사명** : 중소기업청에 등록된 상담회사에 사업계획서 작성을 의뢰할 경우 상담회사의 전화번호 및 등록번호를 기입한다.
10. **공장소재지** : 공장이 위치할 곳의 주소를 기재하고 작성시점에서 미설립의 경우에는 공장설립 예정지 주소를 기재한다.
11. **규모** : 대지는 전체부지이며 대부분 몇 평으로 얘기를 하나 ㎡로 환산하여 기재한다. 1㎡는 0.3025평, 1평은 3.3025㎡로 환산한다.
12. **건물** : 총대지면적 중 건물이 차지하는 면적을 ㎡로 환산하여 기입한다. 건물은 건폐율, 용적율에 따져서 기입해야 하므로 건축사 등 전문가의 자문을 받도록 한다. 간단한 것은 건축법을 참고한다.
13. **업종(분류번호)** : 총매출에서 차지하는 금액이 많은 품목을 기재하고 그 제품에 대한 한국표준산업분류번호를 기입한다.
14. **종업원 수** : 초기년도의 종업원 수를 기입하며 임원도 종업원 수에 포함한다. 물론 상시 종업원만 포함하며, 일용직은 제외한다.
15. **공사착공 예정일** : 공사착공 연월일은 사업계획승인 이후에 시작하는 것으로 하여 예정일을 기입하는 게 좋다. 원칙적으로는 실제 착공일을 기입하되 승인신청 처리기간 30일을 고려하여 예정일을 기입한다.
16. **공사준공 예정일** : 공사착공후 1차 준공예정 연월일을 기입한다.

[사업계획서 승인신청시의 사업계획서 양식]

사 업 계 획 서

19 년 월 일

○ ○ ○ 주식회사

차 례

1. 사업개요

가. 사업목적
나. 사업의 기대효과 ① 고용효과 ② 소득증대 효과 ③ 지방부존자원 활용효과 ④ 수출증대효과 ⑤ 기　타
다. 투자계획<별첨 1>

❏ 별첨 1

다. 투자계획

(1) 시설투자(규모) 계획

(단위 : 백만원)

구 분	년	년	년	년	년
1계					

(2) 자금조달계획

(단위 : 백만원)

구 분	소요자금	자 기 자 금		타 인 자 금	
		창업투자회사	기 타	금융기관	기 타
시설자금					
운전자금					
계					

注. 1차 공사 준공일까지의 시설자금과 1차 년도의 운전자금을 기재

2. 생산제품 소개

구 분	제 품 명	표준산업 분류번호 (5단위)	규 격	환경오염 배출시설 설치대상 업종여부
① 주생산품				
② 기타 생산품				

< 제품설명 >

3. 사업계획 승인전후 제품별 생산액 비교

< 기존 사업계획 승인공장을 인수하여 창업하는 경우와 일반중소기업자들의 공장신설, 증설 및 이전 시에만 기재 >

(단위 : 백만원)

<table>
<tr><th rowspan="2">구 분</th><th rowspan="2">업 종 명</th><th rowspan="2">표준산업분류
(세분류)</th><th colspan="2">생 산 액</th></tr>
<tr><th>창 업 전</th><th>창 업 후</th></tr>
<tr><td rowspan="2">기존업종</td><td></td><td></td><td></td><td></td></tr>
<tr><td colspan="2">소 계</td><td></td><td>( )</td></tr>
<tr><td rowspan="2">신규업종</td><td></td><td></td><td></td><td></td></tr>
<tr><td colspan="2">소 계</td><td></td><td>( )</td></tr>
<tr><td colspan="3">합 계</td><td></td><td>(100.0%)</td></tr>
</table>

주. 1. 한국표준산업분류 중 세분류(4단계)별로 구분
2. 기존사업계획 승인업체의 최종년도와 사업계획 승인후 정상가동시 생산액을 1개 년 기준으로 기재할 것
3. ( )내는 구성비

❑참 고

□ 기존시설 보유현황 및 신규시설 설치계획

구 분	기존시설 보유현황		신규시설 설치계획	
	단 위	수 량	단 위	수 량
① 대 지				
② 공 장				
③ 기계 설비		<별첨 2>		
④ 기 타				
계				

❑별첨 2

□ 기계설비 및 설치계획

기계설비명	규격 및 용량	수 량	비 고

4. 용도지역변경 대상품목 확인

<table>
<tr><td rowspan="2">용도지역명</td><td>국토이용관리법</td><td></td><td rowspan="2">지 목
(다수인
경우열거)</td><td rowspan="2"></td></tr>
<tr><td>도 시 계 획 법</td><td></td></tr>
</table>

<table>
<tr><td rowspan="10">용
도
변
경
해
당
업
종</td><td rowspan="2"></td><td rowspan="2">① 동지역원자재 활용</td><td>지 역 명</td><td></td></tr>
<tr><td>원 자 재</td><td></td></tr>
<tr><td rowspan="2"></td><td rowspan="2">② 기존 공장 생산제품
(부산물 활용)</td><td>기존공장명</td><td></td></tr>
<tr><td>생산제품</td><td></td></tr>
<tr><td rowspan="2"></td><td rowspan="2">③ 창업공장 생산제품을
필요로 하는 경우</td><td>기존공장명</td><td></td></tr>
<tr><td>생산제품</td><td></td></tr>
<tr><td rowspan="2"></td><td rowspan="2">④ 기타 승인권자가
지역특성등을 감안,
창업입지를 허용할
필요가 있는 경우</td><td>기존공장명</td><td></td></tr>
<tr><td>생산제품</td><td></td></tr>
<tr><td rowspan="2"></td><td rowspan="2"></td><td></td><td></td></tr>
<tr><td></td><td></td></tr>
</table>

5. 공장설립 및 시설설치계획

구 분	년	년	년	년	년
① 설계용역					
② 부지	㎡	㎡	㎡	㎡	㎡
③ 조성공사	㎡	㎡	㎡	㎡	㎡
④ 공장건물건축	㎡	㎡	㎡	㎡	㎡
⑤ 기계설비					
⑥ 부대건물	㎡	㎡	㎡	㎡	㎡
- 사무실					
- 실험실					
- 창 고					
- 기숙사					
- 기 타					
⑦ 수배전시실					
⑧ 용수시설					
⑨ 폐수처리시설					
⑩ 기 타					
합 계					

부록Ⅲ. 창업관련 투자기관 현황

□ 중기 창업투자사 현황

회 사 명	전화번호(02)	회 사 명	전화번호(02)
CBF기술투자	051)633-7001/5	알파인기술투자	554-7913
서울창업투자	782-5470	에스디벤처캐피탈	780-1181
기은캐피탈	554-3131	벤처게이트기술투자	3486-6041
국민기술금융	561-0081	인베스텍창업투자	554-0320
우신개발금융	538-5906/9	영신창업투자	3424-1989
한국기술투자	3484-7300	베스트기술투자	581-7060
동원창업투자	6000-6530	윈윈창업투자	6259-5000
한국산업투자	730-1661	토러스벤처캐피탈	541-0800
대신개발금융	2185-5868	플레티넘기술투자	6246-3114
신영기술금융	780-2317/8	유니슨벤처	786-6647
한국창업투자	785-6414/6	넥스트벤처투자	6001-7700
신세기창업투자	784-0674/7	프라임벤처캐피탈	3424-3700
코미트창업투자	773-6810	에이스벤처캐피탈	3452-2202
인사이트벤처	053)551-7981	에이원창업투자	549-9001
경남창업투자	055)2815-001	케이아이티벤처투자	2188-7289
신보창업투자	6004-2100	케이브이씨창업투자	571-4300
성신창업투자	055)285-7261/4	이벤처캐피탈	672-9101
한림창업투자	511-6100	코스모에쿼치파트너스	501-7890
한미창업투자	555-0781	맥기술투자	783-7550
동양창업투자	773-7114	드림디스커버리	3441-5100
인텍창업투자	538-7877	아이파트너창업투자	031)607-6400
웰컴기술금융	531-3000	에스엘인베스트먼트	6261-6310
보광창업투자	558-2095	소빅창업투자	3787-7070
새한창업투자	565-4111	에이디엘파트너스	723-2020
일신창업투자	786-9933	새롬벤처스	511-7082
한솔창업투자	3474-4920	메리디안창업투자	564-4322
동아창업투자	569-1446	아이앤지벤처스	569-3313
교원나라벤처투자	785-2996/8	소프트뱅크벤처스	3484-9000
국민창업투자	508-2677	호서벤처투자	3429-0700
한빛창업투자	521-7141/3	아이원벤처캐피탈	3466-3050
한국벤처금융	761-9420	아이비벤처캐피탈	3486-4400
I&D창업투자	565-5655	한화기술금융	565-7500
삼영창업투자	756-4841	아이퍼시픽파트너스	2191-5670
제일창업투자	775-7302/4	와이즈기술금융	6673-3000
현대창업투자	3429-0100	골든보우창업투자	755-9977
대주창업투자	780-2566	지앤텍벤처투자	549-8045
옵셔널벤처스코리아	062)226-6055/6	페타캐피탈	3482-2010

회 사 명	전화번호(02)	회 사 명	전화번호(02)
중앙창업투자	6000-6161	네오플럭스캐피탈	3398-1070
한빛창업투자	521-7141/3	아이원벤처캐피탈	3466-3050
한국벤처금융	761-9420	아이비벤처캐피탈	3486-4400
I&D창업투자	565-5655	한화기술금융	565-7500
삼영창업투자	756-4841	아이퍼시픽파트너스	2191-5670
제일창업투자	775-7302/4	와이즈기술금융	6673-3000
현대창업투자	3429-0100	골든보우창업투자	755-9977
대주창업투자	780-2566	지앤텍벤처투자	549-8045
충북창업투자	043)273-3366/8	한능벤처기술투자	761-7001
대양창업투자	523-0256	텍슨벤처캐피탈	563-0021
LG벤처투자	3467-0500	프론티어인베스트먼트	552-3611
무한기술투자	559-4500	아이앤비골드문브이에이치	786-3790
우리기술투자	508-7744	와이비파트너스	6001-5610
현대기술투자	728-8990	마이벤처파트너스	6000-5858
포스텍기술투자	054)279-8486	아이벤처캐피탈	557-7221
한미열린기술투자	569-3900	에이씨아이코리아창업투자	730-8333
CKD창업투자	3453-3331	아이벤처투자	555-0417
아주기술투자	3484-3300	파트너스벤처캐피탈	3287-7600
세종기술투자	399-5900	오에이시스벤처투자	756-2596
한국IT벤처투자	3430-4800	쏘넷창업투자	761-5122
CDIB벤처캐피탈	6001-5200	한국바이오기술투자	6000-8259
UTC벤처	3415-2222	왕창업투자	753-3000
코웰창업투자	3476-4520	베이직기술투자	2008-0031
금창창업투자	501-4411	벤처플러스	6203-2727
와이즈내일인베스트먼트	531-0600	씨티코프캐피탈코리아	2004-1672
제우창업투자	421-7611	THE벤처캐피탈	768-4400
CCI기술금융	761-9524	윈베스트벤처투자	508-3777
신한창업투자	3705-5740	브이넷벤처투자	555-5540
아시아벤처금융	564-8338	녹십자벤처투자	031)260-9090
아스텍창업투자	557-0267	센츄리온기술투자	556-2563
미래에셋벤처투자	6258-6014	메타넷호라이즌	564-4014
스틱아이티벤처투자	3453-0808	마일스톤벤처투자	527-8400
드림벤처캐피탈	561-5111	한솔아이벤처스	531-8010
iBest창업투자	3446-2100	프로비스벤처캐피탈	786-7735
IMM창업투자	3783-0069	엠브이피창업투자	540-3696
새턴창업투자	3775-0115	연앤벤처투자	562-2111
벨류라인벤처	399-5070	라이트하우스인베스트먼트	3273-5462
밀레니엄벤처투자	3415-2070	리앤코인베스트먼트	528-4410
인터베스트	551-7340	코리아이십일벤처캐피탈	768-4900
테크노캐피탈	567-8444	텔레포인트인베스트먼트	776-3176
웹텍창업투자	574-0900	오거스트타이거벤처스	031)728-8190
튜브인베스트먼트	784-2820	KTBnetwork	3466-2000
그래닛창업투자	553-8844	TG벤처	538-2411
엠벤처기술투자	6000-5533	현대캐피탈	3770-9690
지식과창조벤처투자	561-3004	기보캐피탈	3451-9200

❑ 신기술사업 금융회사 현황

회 사 명	주 소	전 화 번 호
한국종합기술금융(주)(KTB)	서울시 영등포구 여의도동 45-21 KTB빌딩	02-3787-7600
한국기술진흥금융(주)(KTAC)	서울시 영등포구 여의도동 13-13 가보빌딩 7층	02-786-9800
한국기술금융(주)(KTFC)	서울시 종로구 인사동 대일빌딩 14층	02-3700-1114
(주)한국개발투자금융(KDIFC)	서울시 강남구 역삼동 735	02-538-2144

부록Ⅳ. 금융기관의 활용

❏ 신용보증기관

정부는 신용보증기관을 통하여 담보력이 취약한 중소기업에 신용보증서를 발급함으로써 이들 중소기업이 은행 등 금융기관으로부터 자금을 원활히 융통할 수 있도록 지원하고 있다.

1. 신용보증기금

신용보증제도는 기업자금 조달을 원활하게 하고 다른 경제주체와의 신용거래에 따른 채권자의 위험부담을 경감시켜 주기 위하여 물적 담보력이 부족한 기업에 대하여 그 채무의 이행을 보증해 주는 제도.

신용보증기금의 설립목적 및 기능

구 분	내 용
설립목적	• 담보력이 미약한 기업의 채무보증 • 기업의 자금융통 원활화 • 신용사회 구현 • 균형있는 국민경제발전에 기여(*신용보증기금법 제1조)
기 능	• 기업지원 측면 - 담보가 부족하나 성장·잠재력이 큰 기업의 신용력 보완 - 기업에 대한 금융 가교적 역할 수행 - 국민경제의 균형발전에 기여 • 금융발전 측면 - 물적담보 위주의 금융방식을 기업신용 위주로 전환 - 정책부문에 대한 신용금융지원으로 금융의 효율성 제고 - 신용대출을 보편화시킴으로써 물적담보 확보 재원을 생산재원으로 전환 - 기업의 자기신용 관리의식 제고로 신용질서의 조기 정착
주요업무	• 신용보증 • 신용조사 및 신용자료의 종합관리 • 신용질서 관리측면 • 경영지도 • 구상권의 행사

신용보증 종류 및 내용

구 분	내 용
보증 대상기업	• 개인기업 및 법인기업 • 중소기업협동조합법에 의해 설립된 중소기업협동조합 및 협동조합의 보증대상이 되는 사업
보증 대상업종	• 업종별 제한 없음 • 단, 사치성, 불건전 오락사업 및 산업연관효과가 작거나 국민경제 기여도가 작은 업종에 대하여는 자금용도 및 보증지원의 타당성 검토 후 보증지원여부를 결정
보증금지 및 보증제한 대상	◆ **보증금지대상** • "기보"가 보증채무를 이행한후 채권을 회수 못한 기업 • 위 1호 기업의 이사 또는 업무집행사원중 과점주주와 무한책임사원이 영위하는 기업 또는 이들이 대표자로 되어 있는 기업 • 거래운행간 협의를 통해 대출부적격으로 판명된 기업 ◆ **보증제한기업** • 휴업중인 기업 • 금융기관의 적색,황색. 주의거래처 및 금융부실거래처 • "업권별 신용불량정보 등록 및 해제기준"에 의한 신용불량정보등록대상자 • 금융기관의 적색거래처, 금융부실거래처 및 비은행금융기관 불량거래처와 지배종속관계에 있는 기업 • 파산, 화의개시, 회사정리절차 개시신청 및 채무불이행자 명부등재의 신청이 있거나 청산에 들어간 기업 • 재보증채무를 이행한 후 회수금의 반환을 받지 못한 기업 및 동기업의 이사 또는 업무집행사원중 시행령 제29조의 규정에 해당하는 자가 영위하는 기업 또는 이들이 대표자로 되어 있는 기업 • 보증채무(재보증채무 포함)를 이행한 후 채권을 회수 못한 기업의 연대보증인이 대표자로 되어 있는 법인기업
동일기업 보증 최고한도	• 중소기업 : 30억원, 대기업 : 50억원(일반보증 기준) ⇒ 기술신용보증기금 및 지역신용보증조합의 보증잔액을 포함하여 운용
보증료	• 기준보증료율을 기준으로 예) 중소기업 : 연 1.0%, 대기업 : 연 1.5% 등 • 기업의 신용도, 보증금액 및 보증기간에 따라 0.5%~2.0% 이내에서 차등화
보증 이용절차	• 보증상담(보증기금 : 담보문제, 자금 : 채권기관과 상담) • 보증신청서 접수(주사업장 소재지 관할 영업점) • 신용조사 • 보증심사 • 신용보증 약정 • 보증서 발급

일반보증종류	• 대출보증 : 기업이 금융기관으로부터 각종 대출 또는 급부를 받는 경우 금융기관에 대하여 부담하는 금전채무에 대한 보증 • 지급보증의 보증 : 기업의 각종 채무를 금융기관이 지급보증하는 경우에 그 보증채무의 이행으로 인한 금융기관의 구상에 응해야 할 기업의 금전채무에 대한 보증 • 사채보증 : 기업이 자본시장으로부터 거액의 자금을 직접 조달하기 위하여 발행하는 회사채의 원리금 지급에 대한 보증 • 납세보증 : 기업이 부담해야 할 국세(관세포함) 및 지방세 납부에 대한 보증 • 어음보증 : 기업의 상거래 활동에 수반된 어음에 대한 지급보증(지급어음 보증, 받을어음 보증, 담보어음 보증) • 제2금융보증 : 중소기업이 제2금융기관으로부터 자금융통을 위한 대출을 받음으로써 제2금융기관에 대하여 부담하는 금전채무에 대한 보증 • 시설대여보증 : 기업이 시설대여회사, 종합금융회사 및 중소기업진흥공단으로부터 시설, 기계, 기구 등을 대여받을 경우 발생되는 금전채무에 대한 보증 • 이행보증 : 기업이 건설공사, 물품, 납품, 용역제공 등을 위한 입찰 또는 계약시 납부해야 할 각종 보증금 대신 이용되는 보증
특별보증종류	• 담보부보증 • 환어음매입 및 환어음담보대출보증 • 무역금융보증 • 수입신용장개설 지급보증 • 벤처기업에 대한 지급보증의 보증 • 수출입은행 수출자금대출보증 • 폐쇄종금사의 벤처기업에 대한 지급보증의 보증 • 담보어음에 대한 특별보증 • 인력대체기업 특별보증 • 내국수입유산스에 대한 보증 • 공사대금 담보대출에 대한 보증 • 기술집약형 중소기업에 대한 보증

(1)신용보증 이용절차

◆신용보증 신청방법

- 대출받으실 금융기관 등을 경유하여 신용보증에 보증신청
- 신용보증에 직접 보증신청
- 대출받으실 금융기관이 기보에 신용보증을 추천

신용보증절차

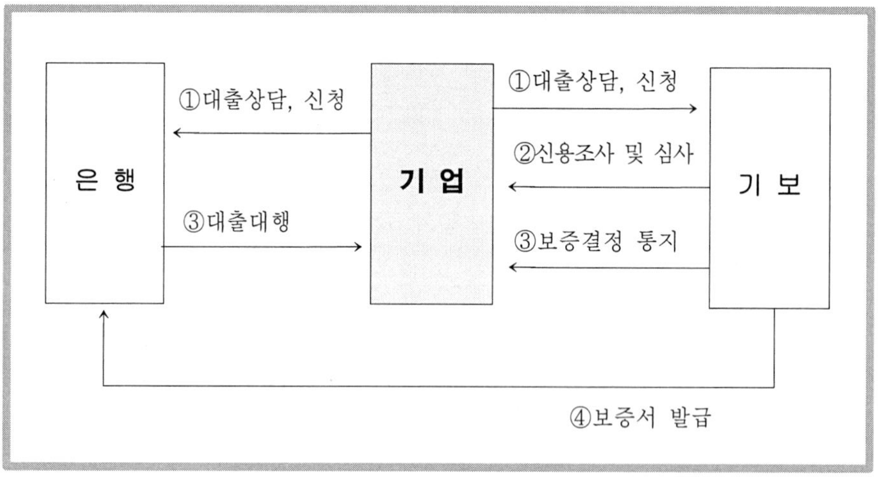

신용보증업무 처리절차

신용보증 상담	회사개요, 자금용도 등을 확인하고 보증절차 안내
⇩	
신용보증 신청	현장조사 및 신용상태 파악에 필요한 신청서류 제출
⇩	
신 용 조 사	신청서류 검토 후 사업장을 방문하여 경영상태, 가동상황, 기술력 등을 조사
⇩	
보 증 심 사	기업의 기술력, 신용도 등을 평가하고 보증제한 및 보증지원의 타당성 등을 검토
⇩	
보증서발급	채권관계서류 접수 및 신용보증약정 후 보증서 발급

신용보증 신청시 구비서류

서 류 명	내 용 구 분
신용보증신청서	• "기술신용보증기금"의 소정양식
재무제표 및 부속명세서	• 최근 3년간 재무제표 및 손익계산서 등 회계관련자료 (단, 간이심사 대상기업은 최근 1년분만 제출, 간이 소득금액계산서 작성 대상자는 제출생략)
금융거래확인서	• 모든 거래금융기관(제2금융권, 상호신용금고 등 포함)의 확인을 받음 • 기금소정양식
부가세 과세표준 증명원	• 결산을 완료하지 않은 경우 최근 1개년간 및 당해연도 경과분 (세부서 확인분)
부동산등기부등본	• 사업장 및 대표자 거주주택의 대지·건물 등기부등본 (접수일전 1개월 이내 발급분) (단, 임차의 경우는 임대차계약서(사본)를 제출하되, 등기부등본 제출은 생략가능)
대표자 주민등록등본	• 최근 1개월 발급분
법인등기부등본	• 법인의 경우에 한함(최근 1개월 이내 발급분)
기업실태표	• 기금 소정양식 주1)설립후 3년 미만의 창업기업은 위의 2,4호 제출서류는 가능한 기간까지만 제출 주2)보증신청금액(기보증포함)이 3천만원 이하인 기업은 2, 4, 8호 서류와 임차사업장의 부동산등기부 등본 제출을 생략하며, 상장법인 또는 장외 등록법인으로서 기술우대보증 대상기업은 4, 5, 6호 서류제출 생략
기타 필요서류	• 사업타당성 검토서 (생산성본부 등 국공립 연구기관 또는 정부 출연기관)

(2) 어음보험제도

중소기업이 물품이나 용역을 제공하고 구매자로부터 받은 어음을 보험에 가입하면 그 어음이 부도처리되는 경우 보험금을 지급받는 제도로써 계약자가 어음 보험을 신청하면 신용보증기금이 어음의 발행인에 대한 신용조사(수수료 없음)를 실시하여 보험을 인수한 후 보험에 가입한 어음이 부도 등으로 어음소지인이 어음금액을 지급받을 수 없게 되는 경우 기금이 어음금액의 최고 70%까지 보상해 주는 제도.

2. 기술신용보증기금

기술신용보증은 신기술을 개발하거나 개발한 기술을 사업화하는 기업이 금융기관 또는 신기술사업 금융회사로부터 자금을 대출받을 수 있도록 그 채무의 이행을 보증해 주는 제도.

기술신용보증지원의 내용

구 분	내 용
기술신용 보증기금의 목적	• 담보력이 미약한 신기술사업자의 채무보증 • 신기술사업자의 자금융통 원활화 • 기술개발 투자의 유도 촉진
기술신용보증 업무	• 신기술사업 금융지원에 관한 법률을 근간으로 기술신용보증기금을 설치 • 신용보증기금을 기술신용보증기금의 관리기관으로 지정 • 기술신용보증업무 수행
기술신용보증 대상	• 기술신용보증 대상기업 - 신기술사업을 영위하는 중소기업 - 중소기업 이외의 기업으로 신기술사업을 영위하는 상시종업원 1,000인 이하, 총자산액 1,000억원 이하인 기업 -『산업기술연구조합육성법』에 의한 산업기술연구조합 (단, 여신관리대상 계열기업군 소속기업은 제외) • 일반신용보증 - 상시종업원 1,000인 이하, 총자산액 1,000억원 이하인 기업 (단, 여신관리대상 계열기업군 소속기업은 제외)
동일기업당 보증한도	• 동일기업 최고보증한도(일반보증) : 30억원 ⇒ 신용보증기금 및 지역 신용보증조합의 보증잔액을 포함하여 운용
보증료	• 기준보증료율을 기준으로 예) 중소기업 : 연 1.0%, 대기업 : 연 1.5% 등 • 기업의 신용도, 보증금액 및 보증기간에 따라 0.5%~2.0% 이내에서 차등화

기술신용보증의 종류

<table>
<tr><th>1.기술보증</th><th>3.특별보증</th></tr>
<tr><td>• 기술대출보증
• 기술사채인수보증</td><td rowspan="3">• 부동산 담보부 보증
• 환어음 담보부 보증
• 무역금융보증
• 수입신용장 발행보증
• 중견기업 수입신용장 발행보증
• 내국수입 유산스보증
• 할인어음보증
• 환매자금보증
• 고용대책보증
• 담보어음보증
• 금융기관금융협약보증
• 창투사 등의 벤처기업지급보증의 보증
• 종금사 지급보증 인수보증의 보증</td></tr>
<tr><th>2.일반보증</th></tr>
<tr><td>• 대출보증
• 지급보증의 보증
• 사채보증
• 납세보증
• 어음보증
• 제2금융보증
• 시설대여보증
• 이행보증
• 무역어음인수 담보보증</td></tr>
</table>

(1) 특별보증 이용절차

▷신용보증서 발급절차와 동일함.

(2) 특별보증 제출서류

공통제출서류

자 료 목 록	부동산담보부보증	기타 특별보증
법인등기부등본	○	○
부동산 등기부등본(사업장, 거주주택)	○(담보부동산에 한함)	○
주민등록등본(대표자)	○	○
금융거래확인서		○
부가세과세표준증명원	○	○
재무제표(세무서확인 생략 가능)	○	○
기업실태표		○

※참고 : ○는 제출서류에 해당.

보증종류별 추가제출서류

보 증 서 류	추 가 제 출 서 류
부동산담보부 보증	• 급여대장 또는 전년도 연말정산용 소득세징수액 집계표 사본 • 금융기관의 대출관련 서류(감정평가서, 담보목록사본, 대출 및 담보현황 확인서, 여신계좌 조회표)
D/A, D/P방식 환어음담보부 보증	수출대금 입금증명원
벤처 특별보증	기술사업계획서

□ 벤처기업 지원내용

(1) 지원의 종류

✣ 기술우대보증제도

기술력이 우수하다고 인정되는 기업 또는 각종 기술개발자금을 배정받은 기업의 경우 기술력 위주의 신용조사 및 보증심사의 절차를 간소화함으로써 손쉽게 보증을 받을 수 있도록 한 제도.

✣ 금융기관협약 벤처특별보증제도

벤처기업 지원 활성화 및 외환위기에 따른 자금시장의 경색으로 어려움을 겪고 있는 벤처기업의 자금난을 해소하기 위해 기금과 금융기관간 업무협조체제 구축을 통하여 우량 중소벤처기업을 발굴하고 연계지원을 도모하는 제도.

✣ 금융기관협약 부분보증제도

금융기관과의 실질적 업무협조체제 구축을 통하여 건실한 중소·벤처기업에 대한 자금공급을 확대하기 위해 대출금액의 일정비율에 한해 신용보증을 실시하는 제도로서 금융기관과 신용보증기관이 상호 책임 분담.

✤벤처투자보증제도

벤처기업 투자환경 개선을 통한 우량 중소·벤처기업의 직접금융 활성화 및 재무구조 개선을 위해 투신사 및 창투사의 벤처펀드가 인수하는 전환사채 또는 신주인수권부 사채의 원리금 지급을 보증하는 제도.

벤처투자보증제도 운용현황

구 분	투 신 사	창 투 사
대 상 채 무	· 투신사 벤처펀드가 인수하는 벤처기업 발행 전환사채(CB), 신주인수권부 사채(BW)	· 창투사 벤처펀드가 인수하는 벤처기업발행 전환사채(CB)
대 상 기 업	· 특별조치법상 벤처기업	· 창투사 선정 우수기술 중소기업
보 증 비 율	· 100% 전액보증	· 70% 부분보증
협약 체결사	· 한국투자신탁, 대한투자신탁	· 대우창투, 기은개발, 한국기술 등 대다수 주요 창투사

(2) 기술지원 유관기관과의 연계를 통한 보증지원

✤창업보육센터 연계지원제도

기술전문인력의 창업의식 고취로 기술개발 및 사업화를 촉진하고 창업보육기관과 연계하여 신기술 보유창업기업을 육성하고자 하는 제도.

업무협약을 통한 상호연계지원 체제구축

창업보육센터

·개별입주 사업장 제공
·공동이용설비 제공
·기술, 경영지도 및 연수
·사업화 지원

보증추천 및
우수기술기업 선청 추천
⇨
⇦
입주추천 및 입주업체
선정시 공동참여

기술신용보증기금

·기술우대보증으로 지원
·벤처기업으로 전환 육성
·분야별 창업보육닥터 지원
·지역별 전담영업점 운영

협약체결 창업보육센터 현황('99. 2월말 현재)

운 영 주 체	운 영 기 관	협약체결일
중소기업진흥공단	서울 S/W센터, 안산·전주·광주·울산·원주·대구창업보육센터	1997. 5. 9
한국소프트웨어 지원센터	서울, 부산, 광주, 대구, 대전	1997. 5. 7
호 서 대	호서대 신기술창업보육센터	1997. 5. 2
서 울 시	서울대 서울창업보육센터	1997. 5. 20
한국생산기술연구원	지역별 대학 및 연구기관	1994. 5. 6
한국과학기술원	신기술창업지원단	1998. 7. 28
전자부품연구원	동 연구원 창업보육센터	1998. 11. 24

부록Ⅴ. 창업 및 운영관련 서류작성요령

❏ 법인설립등기신청서

(예 : 모집설립의 경우)

설립등기 신청서

1. 상 호 주식회사
2. 본 점 서울특별시 중랑구 망우동 ○○번지
3. 등기의 목적 주식회사의 설립등기
4. 등기의 사유 정관을 작성하고 공증인의 인증을 받아 발기인이 회사설립시에 발행하는 주식의 일부를 인수하고 주주를 모집하여 주금납입을 완료하고 1999년1월15일 창립총회를 종결하였으므로 다음 사항의 등기를 구함.

상호 : ○○주식회사

본점 : 서울특별시 중랑구 망우동 ○○번지

목적 : 세라믹(SIC, TIC)제조업, 제조품에 대한 판매업

회사가 발행한 주식의 총수 :○○주

壹주의 금액 : 금 ○○원

발행주식의 총수 그 종류와 각종 주식의 내용과 수 : ○○주 보통주식

자본의 총액 : 금 ○○원

공고방법 : 서울특별시내에서 발행하는 일간○○경제신문에 기재한다.

이사의 성명과 주소

이사 ○ ○ ○
서울특별시 중랑구 망우동 ○○번지

회사를 대표할 이사의 성명

대표이사 ○ ○ ○

감사의 성명과 주소

감사 ○ ○ ○
서울특별시 노원구 공릉동 ○○번지

5. 과세표준액

금 ○○○원

6. 등록세

금 ○○○원

7. 교육세

금 ○○○원

8. 첨부서류

정관 1통
주식인수증
주식청약서
발기인 주식발행을 증명하는 서면
창립총회의사록 壹통
발기인이 이사와 감사를 선임한 때 이에 관한 서면
이사와 감사 또는 검사인의 조사보고서와 그 부속서류
검사인의 보고에 관한 재판의 등본
이사・대표이사와 감사의 취임승낙서
인감증명서(대표이사・이사・감사)
명의개서대리인을 둔 때의 위임장
주금납입금 보관증명서
이사・감사의 주민등록번호를 증명하는 사본
위임장(대표이사 이외의 자가 신청하는 경우)

위와 같이 등기 신청함.

1999년 1월 23일

신청인 ○○주식회사

서울특별시 중랑구 망우동 ○○번지
대표이사 ○ ○ ○
서울특별시 서초구 서초동 ○○번지
이사 ○ ○ ○
서울특별시 용산구 원효1가 ○○번지
이사 ○ ○ ○
서울특별시 노원구 공릉동 ○○번지
감사 ○ ○ ○

※ 이사 전원의 서명 또는 기명날인이 있어야 함

○○지방법원 귀중

✤ 설립등기 신청서의 작성요령 ✤

1. 상호 : 정관에 기재한 회사의 상호를 기입한다.

2. 본점 : 정관에는 서울특별시와 같이 되어 있지만 등기신청서에는 주소와 번지까지 기재하여야 한다.

3. 등기의 목적 : "주식회사 설립등기" 라고 기재한다.

4. 등기의 사유

■ 발기설립 : "정관을 작성하고 공증인의 인증을 받아 발기인의 회사 설립시 발행하는 주식총수의 인수와 납입을 받아 발기인이 회사 설립시에 발행하는 주식총수의 인수와 납입을 하고 1999년 1월 15일 상법 제299조의 절차가 종료되었으므로 다음 사항의 등기를 구함" 이라고 기재한다.

■ 모집설립 : 설립등기신청서 참조

5. 등기해야 할 사항

① 회사의 목적, 상호, 회사가 발행할 주식의 총수, 1주의 금액, 회사 설립시에 발행하는 주식의 총수, 본점의 소재지 및 회사가 공고하는 방법

② 자본의 총액

③ 발행주식의 총수, 그 종류와 각종 주식의 내용과 수

④ 주식의 양도에 관하여 이사회의 승인을 얻도록 정한 때에는 그 규정

⑤ 지점의 소재지

⑥ 회사의 존립기간 또는 해산사유를 정한 때에는 그 기간 또는 사유

⑦ 개업 전에 이자를 배당할 것을 정한 때에는 그 규정

⑧ 주주에게 배당할 이익으로 주식을 소각할 것을 정한 때에는 그 규정

⑨ 전환주식을 발행하는 경우에는 상법 제347조에 게기한 사항

⑩ 이사와 감사의 성명과 주민등록번호

⑪ 회사를 대표할 이사의 성명·주민등록번호 및 주소
⑫ 2인 이상 대표이사가 공동으로 회사를 대표할 것을 정한 때에는 그 규정
⑬ 명의개서대리인을 둔 때에는 그 상호 및 본점소재지

6. 과세표준금액 : 설립시의 자본금액을 기재한다.

7. 등록세 : 자본금의 1,000분의 4(0.4%)이다. 그러나 대도시내에서 회사를 설립하거나 5년이내에 자본금이 증가한 경우에는 기본가액에 5배 중과하여 자본금의 1,000분의 20(2%)이 된다.

8. 교육세 : 등록세의 20%이다.

9. 첨부서류

10. 신청인 : 신청인은 회사이다. 회사의 주소의 상호를 기재한다.

11. 대표이사 성명, 주민등록번호 및 주소와 이사 전원의 성명과 주민등록번호를 기재한다. 신청절차를 대표이사 본인이 하는 때에는 대표이사인을 날인한다.

12. 등기소의 표시 : 관할 등기소명을 기재한다.

❑사업자등록신청서

[별지 제49호 서식] <개정 97. 3. 29>

접수번호 -	법인설립신고 및 사업자등록신청서	처리기간 7일

인적사항					
	법인명(단체명)		승인법인 고유번호(제적당시등록번호)		
	대표자		주민등록번호		
	사업장(단체)소재지			전화번호	

신 청 내 용

사업자기본사항

사업의 종류						수익사업 개시일	고유목적사업 개시일
주업태	주종목	주업종코드	부업태	부종목	부업종코드		

소유구분	자가	타가 개인	타가 법인	임대인명세 성명(법인명)	임대인명세 주민(법인사업자)등록번호	임차료 지급명세 전세(보증)금	임차료 지급명세 월세
	1	2	3			천원	천원

법인성격(해당란에 ○표)							주류면허구분								
영리법인 본점	비영리법인	국가지방자치	외국법인	영리법인 지점	법인으로 보는 단체 승인법인	법인으로 보는 단체 기타	제조	도매	직매장	전문소매	공업용 주정 소매	관광업소	일반소매	유흥음식점
1	2	3	4	5	8	9	1	2	3	510	520	530	541	542

부가가치세 여	부가가치세 부	교육세 여	교육세 부	특별소비세 제조	특별소비세 판매	특별소비세 장소	특별소비세 유흥	본점사항	본점여부 여	본점여부 부	본점법인(주사업장) 사업자등록번호
1	2	1	2	1	2	3	4		1	2	

법인기본사항

법인등록번호		설립등기일		사업년도	월 일 ~ 월 일

법인구분(해당란에 ○표)				회사구분(해당란에 ○표)									
내국	외국	외투	외국기업연락사무소	주식	합명	합자	유한	사단	재단	학교	복지	의료	기타
1	2	3	4	10	11	12	13	14	15	16	17	18	19

총발행주식수	주	액면가액	천원	자본금	천원

공공법인 해당여부	여	부	공익법인	해당여부	여 1	부 2	고유목적	외국·외투법인	국적	투자비율
	1	2		공익사업유형			사업명			
				주무주처명						
공공기관종류				출연자산여부	여 1	부 2				

신청사유	

법인세법 제60조 및 제67조의 규정에 의하여 위와 같이

- □ 본점
- □ 지점
- □ 외국법인의 국내사업장

법인의 설립신고 및 사업자등록을 신청합니다.

년 월 일

신청인 (서명 또는 인)

세무서장 귀하

구비서류	수수료
1. 등기부등본 1부 2. 정관 1부 3. 개시대차대조표 1부 4. 사업허가증(해당법인에 한함) 또는 설립허가증 사본(비영리법인에 한함) 5. 주주 또는 출자자명세서 6. 지점 등기부등본 또는 국내사업장의 사업영위 내용을 입증할 수 있는 서류(외국에 한함) 7. 조세협약에 의하여 국내사업장에 해당되지 아니한 경우에는 그 사유를 첨부하여 사업자등록 신청만 할 수 있음	없음

2226-21311민(97.1.28 승인) 210mm×297mm(신문용지 54g/㎡)

[별지 제3호 서식(1)] <개정 98. 3. 21>

접수번호	-	**사업자등록신청서(개인사업자용)** (법인이 아닌 단체의 납세번호 신청서)	처리기간 7(14)일

인적사항		시·도	시·군·구	읍·면·동	가·리	번지	호	아파트	동	호	통	반	전화번호
	상호(단체명)				면세포기한 등록번호	- -							
	성명(대표자)				주민등록번호	-							
	사업장(단체)	시·도	시·군·구	읍·면·동	가·리	번지	호	아파트	동	호	통	반	전화번호
	소재지												
	주소												

신 청 내 용

사업장명세	사업의 종류						개업일	종업원수
	주업태	주종목	주업종코드	부업태	부종목	부업종코드		

소유구분	자가	타가		임대인 명세		임차료 지급명세	
		개인	법인	성명(법인명)	주민(법인사업자)등록번호	전세(보증)금	월세
	1	2	3			천원	천원

사업자금명세(전세·보증금 포함)		사업장 면적	관허사업		공동사업	
자기자금	타인자금		여	부	여	부
천원	천원	㎡	1	2	1	2

납세의무구분													
과세유형	일반	간이	특례	면세	납세번호	아파트 관리사무소	특별소비세	제조	판매	장소	유흥	교육세	여	부
	1	2	3	4	5	6		1	2	3	4		1	2
주류면허	제조	도매	직매장	전문소매	공업용 주정소매	관광업소	일반소매	유흥음식점	원천징수의무	여	부		
	1	2	3	510	520	530	541	542		1	2		

과세유형 적용	과세특례배제기준해당여부 (직원 기재사항임)	여	부	연간 공급대가 예상액	기타 참고사항
		1	2		

공동사업자명세	출자금	천원		성립일				
	성명	주민등록번호	지분율	관계	성명	주민등록번호	지분율	관계
		-				-		
		-				-		

부가가치세법 [제5조제1항 / 제25조제3항] 및 동법시행령 [제7조제1항 / 제74조제4항] 의 규정에 의하여 위와 같이 사업자등록[□일반과세자 □간이과세자 □과세특례자 □면세사업자]을 신청합니다.

년 월 일

신청인 (서명 또는 인)

세무서장 귀하

구비서류 : 사업허가증 사본(법령에 의한 허가사업자인 경우) 1부	수수료 없음

기재요령 : 1. 사업장의 약도를 기재하여야 합니다.
2. 과세유형적용란에는 간이과세 및 과세특례의 적용을 받고자 하는 사업자만 기재합니다.

22226-00311민('96.12.28승인) 이 신고서는 무료로 배부합니다. 210㎜X297㎜(일반용지 60g/㎡)

❖사업자등록신청서 작성 요령❖

신청서는 다음의 작성요령에 의하여 한글과 아라비아 숫자로 정확하고 선명하게 기재해야 한다.

1. 인적사항

• 접수번호 : 전산에 의하여 자동부여됨으로 기재하지 않음.

• 면세포기한 등록번호 : 면세사업을 영위하다가 면세포기를 하고 부가가치세 과세사업자로 전환하는 경우 종전의 면세사업자등록번호를 기재.

• 사업장소재지 및 주소 : 법정동을 기입하며, 아파트 · 공동건물인 경우에는 반드시 동 · 호수까지 기재해야 함.

2. 사업장명세

• 사업의 종류 : 영위할 사업의 업종을 주업태 · 주종목란에 기재하며 겸업(예: 도 · 소매, 제조 · 서비스 등)의 경우, 주업종 외에 겸하는 업종을 부업태 · 부종목란에 기재하되 주(부)업종코드란은 기재치 않음.

• 개업일 : 제조업은 제조장별로 재화의 제조를 개시하는 날, 광업은 사업장별로 광물의 채취 · 채광을 개시하는 날, 기타의 사업에 있어서는 재화 또는 용역의 거래를 개시하는 날을 기재함.

• 종업원 수 : 고용계약에 의하여 근로를 제공하고 보수를 받는자로서 상시 근무하는 인원을 기재함.

- 소유구분 및 임대인명세 : 해당란에 "○"표시하고 임대인의 성명 · 주민등록번호를 기재하되, 임대인이 법인인 경우에는 법인명 · 법인사업자등록번호를 반드시 기재하여야 하며 자가인 경우에는 기재치 않음.
- 임차료지급명세 : 전세금 · 임대보증금과 월세를 구분하여 기재함.
- 사업자금명세 : 전세금 또는 임대보증금을 포함하여 사업과 관련한 자금을 기재하되 은행 대출금 · 사채 등은 타인자금란에 기재함.
- 사업장면적 : 사업을 영위하는 장소의 면적을 "㎡"단위로 기재함.
- 관허사업여부 및 공동사업여부 : 해당란에 "○"표시

3. 납세의무 구분

해당란에 "○"표시하되 구체 내용은 직원의 안내를 받는 것이 효과적임.

4. 과세유형적용

과세특례배제기준 해당여부는 기재하지 아니하며, 년간공급대가 예상액은 1년동안의 예상 총매출액을 기재함.

5. 공동사업자명세

출자금은 사업을 하기 위한 투자금액총액을, 설립일은 사업개시일을 기재하되 개시일 이전에 등록하는 경우에는 등록신청일을, 지분율은 백분율(%)로, 관계란은 주된 사업자(대표자)와의 관계를 각각 기재함.

☐ 공장등록신청서

[별지 제9호서식] <개정 97. 12. 12>

공장 ☐ 등 록 ☐ 등록변경 ☐ 부분가동 신청서							처리기간 구비서류란 참조
신청인	회 사 명	(전화 :)					
	대표자 성명			주민등록번호 (법인등록번호)			
	대표자 주소 (법인은 소재지)						
공장현황	공장소재지				지 목		
	용 도 지 역	국토이용관리법			종업원수		
		도시계획법			생 산 품 (등록신청)		
	공장의 업종(분류번호)		공장용지면적(㎡)		제조시설면적(㎡)	부대시설면적(㎡)	
변경내용	구 분	회사명	대표자성명	공장용지면적(㎡)	제조시설면적(㎡)	부대시설면적(㎡)	
	변 경 전						
	변 경 후						

공업배치 및 공장설립에 관한 법률 제16조제1항 내지 제3항 및 동법 시행규칙 제11조·제12조·제12조의2의 규정에 따라 위와 같이 신청합니다.

년 월 일

신청인 (서명 또는 인)

시장·군수·구청장·관리기관 귀하

수수료
없 음

※ 구비서류

등록변경신청시 : 1. 등록사항 변경의 경우에는 변경사항을 증명하는 서류 1부
2. 법 제16조의 규정에 의하여 공장등록을 한 자로부터 공장을 인수한 자의 경우에는 양수 또는 임차사실을 증명하는 서류 1부

※ 처리기간

1. 공장등록신청, 부분가동신청 : 10일
2. 공장등록변경신청 : 7일

28283-04911민 210㎜X297㎜
97. 10. 16 개정 (신문용지 54g/㎡)

■ 정관작성 요령

제1장 총 칙

제1조(상호) 이 회사는 한글로는 ○○○주식회사, 한문으로는 ○○○株式會社, 영문으로는 ○○○ Co., Ltd.라 칭한다.

제2조(목적) 이 회사는 다음 사업을 경영함을 목적으로 한다.

1. ○○○○○
2. ○○○○○
3. ○○○○○
4. ○○○○○
5. ○○○○○

제3조(본점 및 지점의 소재지) 이 회사는 본사를 ○○○시내에 두고 필요한 경우 이사회의 결의로서 국내 또는 국외에 지점, 출장소, 영업소, 공장 등을 둘 수 있다.

제4조(공고방법) 이 회사의 공고는 ○○○시내에서 발행하는 ○○일보에 게재한다.

제2장 주 식

제5조(발행예정주식의 총수) 이 회사가 발행할 주식의 총수는 ○○○주로 한다.

제6조(일주의 금액) 이 회사가 발행하는 주식 일주의 금액은 ○○○원으로 한다.

제7조(주식의 종류) 이 회사의 주식은 기명식 보통주식과 기명식 우선주식으로 하고 주권은 일주권, 십주권, 백주권, 천주권, 만주권의 5종으로 한다.

제8조(설립시 발행하는 주식의 총수) 회사가 설립시 발행하는 주식의 총수는 ○○○주로 한다.

제9조(우선주식의 발행) 회사는 의결권이 없는 우선 주식을 발행할 수 있으며 그 총수는 ○○○주로 한다.

제10조(신주인수권) ① 이 회사의 주주는 신주발행에 있어서 소유 주식수에 비례하여 신주의 배정을 받을 권리를 가진다. 다만, 주주가 신주인수권을 포기 또는 상실하거나 신주 배정에서 거래단위 미만의 주가 발생하는 경우에는 그 처리방법은 이사회의 결의로 정한다.

② 공모증자를 통한 신주발행에 있어서 신주인수권의 결정 및 기타 신주발행에 필요한 사항은 이사회의 결의로 정한다.

제11조(시가발행) ① 이 회사는 신주를 발행함에 있어서 그 일부 또는 전부를 시가로 발행할 수 있으며 이때 그 발행가액은 이사회의 결의로 정한다.

② 제1항의 경우 이사회는 제10조의 규정에 불구하고 시가로 발행하는 신주식을 증권거래법의 규정에 의하여 모집하거나 인수인에게 인수하게 할 수 있다.

제12조(전환사채의 발행) ① 이 회사는 이사회의 결의로 주주 이외의 자에게 전환사채를 발행할 수 있다.

② 전환으로 인하여 발행되는 주식은 보통주식 또는 무의결권 우선주식으로 하고 전환가격은 주식의 액면금액 또는 그 이상의 가액으로 하며 그 내용은 사채발행시 이사회에서 정한다.

③ 전환을 청구할 수 있는 기간은 당해 사채 발행 후 ○○월이 경과하는 날부터 그 상환기일의 직전일까지로 한다. 다만, 위의 기간내에서 이사회의 결의로 전환을 청구할 수 있는 기간을 조정하는 경우에는 그 조정된 기간내에 전환을 청구할 수 있다.

④ 전환으로 인하여 발행된 주식에 대한 배당은 전환을 청구한 사업년도말에 주식으로 전환된 것으로 본다.

제13조(신주인수권부 사채의 발행) ① 이 회사는 이사회의 결의로 주주 이외의 자에게 액면총액이 ○○원을 초과하지 아니하는 범위내에서 신주인수권부 사채

를 발행할 수 있다.

② 신주 인수를 청구할 수 있는 금액은 사채의 액면 총액을 초과하지 않는 범위 내에서 이사회의 의결로서 결정한다.

③ 신주인수권의 행사로 발행되는 주식은 보통주식 또는 무의결권 우선 주식으로 하고 그 발행가액은 액면금액 또는 그 이상의 가액으로 하며 그 내용은 사채 발행시 이사회에서 결정한다.

④ 신주인수권을 행사할 수 있는 기간은 당해 사채발행일후 ○○월이 경과하는 날부터 그 상환기일의 직전일까지로 한다. 다만, 위의 기간내에서 이사회의 결의로 신주인수권의 행사기간을 조정하는 경우에는 그 조정된 기간내에 신주인수권을 행사할 수 있다.

제14조(명의개서 대리인) ① 이 회사는 주식의 명의개서 대리인을 둘 수 있다.

② 명의개서 대리인 및 그 사무취급장소와 대행업무의 범위는 이사회의 결의로 정하고 이를 공고한다.

③ 이 회사의 주주명부 복사본을 명의개서 대리인의 사무취급장소에 비치하고 명의개서 대리인으로 하여금 주식의 명의개서, 질권의 발행, 신고의 수, 기타 주식에 관한 사무를 취급케 한다.

④ 제3항의 사무취급에 관한 절차와 방법은 명의개서 대리인의 증권대행업무 규정에 따른다.

제15조(주주 등의 주소, 성명 및 인감신고) ① 이 회사의 주주와 질권등록자는 그 성명, 주소 및 인감을 제14조의 명의개서 대리인에게 신고하여야 한다.

② 외국에 거주하는 주주와 질권등록자는 대한민국 내에 통지를 받을 장소와 대리인을 정하여 신고하여야 한다.

③ 제1항 및 제2항의 내용 변동이 생긴 경우에도 같다.

제16조(주주명부의 폐쇄 및 기준일) ① 이 회사는 매결산기 최종일의 익일부터 그 기에 관한 정기주주총회 종료일까지 주식의 명의개서, 질권의 등록 또는 말소와 신탁재산의 표시 또는 말소를 정지한다.

② 이 회사는 매 결산기 최종일의 주주명부에 기재되어 있는 주주로 하여금 그 권리를 행사하게 한다.

③ 임시주주총회의 소집, 기타 필요한 경우에는 이사회의 결의에 의하여 이를 2주 전에 공고한 후 3월을 초과하지 않는 일정한 기간에 걸쳐 명의개서 등을 정지하거나 기준일을 정할 수 있다.

제3장 주주총회

제17조(총회의 종류와 소집시기) ① 이 회사의 주주총회는 정기주주총회와 임시주주총회로 한다.

② 정기주주총회는 매사업년도 종료 후 3월 이내에, 임시주주총회는 필요에 따라 이사회의 결의로 대표이사가 소집한다. 다만, 대표이사의 유고시에는 제30조제2항의 규정을 준용한다.

제18조(소집통지 및 공고) ① 주주총회를 소집함에 있어 그 일시, 장소 및 회의의 목적 등을 주주총회일 2주 전에 각 주주에게 서면으로 통지하여야 한다.

② 의결권 있는 발행주식의 100분의 1이하의 주식을 소유한 주주에 대한 소집통지는 2주 전에 주주총회를 소집한다는 뜻과 회의의 목적 등을 제4조의 규정에 의한 ○○일보에 1회 이상 공고함으로써 서면에 의한 통지에 갈음할 수 있다.

제19조(의장) 대표이사는 주주총회의 의장이 된다. 다만, 대표이사 유고시에는 제30조제2항의 규정을 준용한다

제20조(의장의 질서유지권) 주주총회의 의장은 그 주주총회에서 고의로 의사진행을 방해하기 위한 언행을 하거나 질서를 혼란케 하는 자에 대하여는 그 발언의 정지, 취소 또는 퇴장을 명할 수 있으며, 그 명을 받은 자는 이에 응하여야 한다.

제21조(의결권의 대리행사) 이 회사의 주주는 대리인으로 하여금 그 의결권을 행사하게 할 수 있다. 이 경우 대리인은 주주총회 개시일전에 그 대리인을 증명하

는 위임장을 의장에게 제출하여야 한다.

제22조(의결권의 불통일 행사) ① 2인 이상의 의결권을 가지고 있는 주주가 의결권의 불통일 행사를 하고자 할 때에는 총회일 3주일 전에 회사에 대하여 서면으로 그 뜻과 이유를 통지하여야 한다.

② 회사는 제1항의 규정에 의한 주주의 의결권 불통일 행사를 거부할 수 있다. 다만, 주주가 신탁을 인수하였거나 기타 타인을 위하여 주식을 가지고 있는 경우에는 그러하지 아니하다.

제23조(주주총회의 결의방법) 주주총회의 결의는 법령에 다른 정함이 있는 경우를 제외하고 발행주식 총수의 과반수에 해당하는 주식을 가진 주주의 출석으로 성립하고 결의는 그 의결권의 과반수로 한다.

제24조(주주총회 의사록) 주주총회의 의사록은 그 경과요령과 결과를 기재하여 의장과 출석이사의 서명 또는 기명날인한 후 본사에 비치, 보관한다.

제4장 이사, 이사회, 감사

제25조(이사 및 감사의 수) 이 회사는 이사 3명 이상, 감사 1명 이상, 고문 및 상담역 약간명을 둘 수 있다.

제26조(이사 및 감사의 선임) ① 이 회사의 이사와 감사는 주주총회에서 선임한다.

② 이사와 감사는 발행주식 총수의 과반수에 해당하는 주식을 가진 주주의 출석과 그 의결권의 과반수로써 선임한다.

제27조(이사 및 감사의 임기) 이 회사의 이사의 임기는 3년으로 하고 감사의 임기는 2년으로 한다. 단, 그 임기가 최종의 결산기에 관한 정기주주총회전에 만료될 경우는 그 총회의 종결시까지 임기를 연장할 수 있다.

제28(이사와 감사의 보선) ① 이 회사의 이사 또는 감사의 결원이 생긴 때에는 임시 또는 정기 주주총회에서 이를 선임한다. 그러나 법정원 ○수를 결하지 아니하고 업무수행상 지장이 없는 경우에는 그러하지 아니한다.

② 제1항의 규정에 의해 선임된 이사 및 감사의 임기는 전임자의 잔여임기까지로 한다.

제29(대표이사 등의 선임) ① 이 회사는 이사회의 결의로 대표이사 1명, 전무이사, 상무이사 약간명을 선임할 수 있다.

② 이 회사는 감사의 호선으로 상임감사 약간명을 선임할 수 있다.

③ 대표이사 선임은 이사회의 결의로 이를 정한다.

제30조(이사의 직무) ① 대표이사는 이 회사를 대표하고 업무를 총괄한다.

② 전문이사, 상무이사 및 이사는 대표이사를 보좌하고 이사회에서 정하는 바에 따라 이 회사의 업무를 분장 집행하며 대표이사의 유고 또는 궐위시에는 위 순서에 따라 그 직무를 대행한다.

제31조(이사의 구성 및 소집) ① 이사회는 주주총회에서 선임된 이사로서 구성하며 이 회사 업무의 중요사항을 결의한다.

② 이사회의 의장은 대표이사가 되며 대표이사 유고시에는 제30조제2항의 규정에 따라 대행한다.

③ 이사회는 대표이사가 회일 3일전까지 각 이사 및 감사에게 통지하여 소집한다. 다만, 이사 및 감사전원의 동의가 있을 때에는 그 소집절차를 생략할 수 있다.

제32조(이사회의 결의방법) ① 이사회의 결의는 이사 과반수의 출석과 출석이사의 과반수 이상의 동의로 한다.

② 이사회의 결의에 관하여 특별한 이해관계가 있는 자는 의결권을 행사하지 못한다.

제33조(이사회의 의사록) 이사회의 의사에 관하여는 의사록을 작성하고 의장과 출석한 의사 및 감사가 서명 또는 기명날인하여 본사에 비치한다.

제34조(감사의 직무) ① 감사는 이 회사의 회계와 업무를 감사한다.

② 감사는 이사회에 출석하여 의견을 진술할 수 있다.

제35조(감사록의 작성) 감사는 감사의 실시요령과 그 결과를 감사록에 기재하고 당해 감사가 서명 또는 기명날인하여야 한다.

제36조(보수 및 퇴직금) ① 이사와 감사의 보수는 주주총회에서 결의로 이를 정한다.

② 이사와 감사의 퇴직금지급은 별도로 정하고 임원퇴직금 지급규정에 의한다.

제5장 결 산

제37조(사업년도) 이 회사의 사업년도는 매년 ○○월 ○○일부터 익년 ○○월 ○○일까지로 한다.

제38조(재무제표의 작성, 비치) ① 이 회사의 대표이사는 정기주주총회 회일의 ○○일 전에 다음 각 호의 서류와 그 부속명세서 및 영업보고서를 작성, 감사의 감사를 받은 후 이를 정기주주총회에 제출하여야 한다.

1. 대차대조표
2. 손익계산서
3. 이익잉여금 처분계산서 또는 결손금 처리계산서

② 감사는 제1항의 서류를 받은 날로부터 ○○일 이내에 감사보고서를 작성하여 대표이사에게 제출하여야 한다.

③ 대표이사는 제1항의 각호의 서류를 영업보고서 및 감사보고서와 함께 정기주주총회 회일 ○○일 전부터 5년간 그 사본을 비치하여야 한다.

④ 대표이사는 제1항의 각호에 대해 주주총회의 승인을 얻은 때에는 지체없이 대차대조표와 외부감사인의 감사의견을 공고하여야 한다.

제39조(이연자산의 상각) ① 이 회사는 법령 및 관계규정에 정하는 바에 따라 설립비용을 상각할 수 있다.

② 이 회사는 회사 설립 후 법령이 정하는 바에 따라 사업비를 이연자산으로 처리할 수 있으며 이연자산으로 처리된 사업비는 회사설립 후 6사업년도부터 10사업년도 이내의 기간에 매년 균등액 이상으로 상각한다.

제40조(이익금의 처분) ① 이 회사는 제수입금 및 전년도 이월금에서 제지출 및 차년도에 이월한 매입준비금, 비상위험준비금 기타 적립금을 공제한 잔액을 이익금으로 한다.

② 제1항의 규정에 의한 비상위험준비금은 법령이 정한 방법으로 특별히 계산하여 이를 적립한다.

③ 이 회사의 이익금은 다음 각 호와 같이 처분한다.

1. 이익준비금
2. 주주배당금
3. 차년도 이월금
4. 제1호 내지 제3호 외에 주주총회의 결의에 의하여 기타 필요한 처분을 할 수 있다.

제41조(주주 배당금) ① 이 회사의 주주 배당은 금전과 신주식으로 할 수 있다.

② 제1항의 주주 배당은 매결산기말 현재의 주주명부에 기재된 주주 또는 등록된 질권자에게 지급한다.

③ 제1항의 배당금 지급청구권은 5년간 이를 행사하지 않으면 소멸시효가 완성되고 시효완성으로 인한 배당금은 회사의 이익으로 귀속된다.

부 칙

제1조 이 정관은 ○○년 ○○일부터 시행한다.

제2조 이 정관에 규정되지 아니한 사항은 주주총회의 결의와 상법 등 관계법령에 따른다.

❑ 지방세감면신청서

[별지 제51호 서식] <개정 95. 4. 28>

지 방 세 감 면 신 청 서						처리기간 즉 시
신청인	①성 명 (법인명)		②주민(법인) 등록번호			
	③주 소					
감면대상	④감면대상 내 역	종 류		면 적(수량)		
	⑤소 재 지					
감면세액	⑥감면세목		⑦과세연도		⑧기 분	
	⑨과세표준액		⑩감면구분			
	⑪당초결정 세 액		⑫감면을 받고 자하는 세액			
⑬감면신청사유						
⑭관계증빙서류						

지방세법 제 조 및 동법시행령 제 조의 규정에 의하여 위와 같이 감면을 받고자 신청합니다.

년 월 일

신청인 (서명 또는 인)

시장(군수·구청장) 귀하

구비서류		수수료 없 음

주. 1. 감면대상 내역의 종류란에는 토지, 건축물, 법인등기 등 과세 객체의 종류 기재
2. 감면대상 내역의 면적(수량)란에는 토지의 경우 면적(㎡), 등기의 경우 건수 등 기재
3. 감면구분란에는 100% 과세면제, 50% 세액감면 등 감면비율 기재

21226-14611민
94.12.22승인

210㎜×297㎜
(신문용지 54g/㎡)

❑ 세액감면신청서

[별지 제2호 서식] (앞쪽)

세 액 감 면 신 청 서	처리기간
	즉 시

신청인				
신청인	①상호 또는 법인명		②사업자등록번호	
	③대 표 자 성 명		④주 민 등 록 번 호	
	⑤주소또는본점소재지	(☎ : -)		
	⑥창업(입주개설)연월일		⑦농공단지등지정일자	
	⑧농공단지등공장소재지			
	⑨최초소득발생과세연도	년 월 일부터 년 월 일까지		

신 청 내 용			
⑩과 세 연 도	년 월 일부터 년 월 일까지		
⑪사업명 및 종목			
⑫감면대상 사업(소득)	☐ 창업중소기업(☐기술집약형, ☐농어촌지역, ☐벤처기업) ☐ 창업보육센터 ☐ 중소제조업 등 ☐ 기술이전소득 ☐ 농공단지 등 입주기업 ☐ 의료취약지역 신설병원 ☐ 농업회사법인 ☐ 산림개발소득		
⑬감면대상 세액	원	⑭감 면 비 율	%
⑮감면받고자 하는 세액	☐ 소득세 ☐ 법인세 원		
⑯최저한세 적용 감면배제금액			
⑰감면세액			

조세특례제한법시행령
☐ 제 5 조 제9항
☐ 제 6 조
☐ 제 11 조 제2항
☐ 제 61 조 제3항
☐ 제 62 조 제3항
☐ 제 65 조
☐ 제 102 조
의 규정에 의하여 세액감면을 신청합니다.

년 월 일

신청인 (서명 또는 인)

세무서장 귀하

※ 구비서류	수수료
	없 음

1. 농공단지등 입주기업의 경우는 공업배치 및 공장설립에 관한 법률 제38조의 규정에 의한 입주계약서 사본 1부
2. 조세특례제한법시행령 별표 2 제1호·제4호 내지 제9호에 해당하는 경우에는 동 각호에 해당하는 기술집약형임을 확인할 수 있는 서류 사본 1부
3. 조세특례제한법시행령 별표 2 제2호·제3호·제10호의 사업에 해당하는 경우에는 주무부장관 또는 주무부장관이 지정하는 자가 당해 사업이 동 각호의 기술집약형임을 확인하는 서류 사본 1부
4. 조세특례제한법시행령 제5조제4항의 벤처기업에 해당하는 경우에는 중소기업청장이 확인하는 서류 사본1 부

※ 구비서류는 최초로 감면신청서를

이 신청서는 무료로 드립니다.

22226-45411민
' 98.3. 31 개정승인

210㎜×297㎜
(신문용지 54g/㎡)

✤ 세액감면신청서 작성요령 ✤

1. ⑭감면비율란을 작성함에 있어서 법령의 개정에 따라 종전규정을 적용받는 경우에는 해당 감면비율을 기입함.

2. ⑮최저한세적용감면배재금액란에는 소득세법시행규칙 별지 제75호서식 감면세액조정명세서 또는 법인세법시행규칙 별지 제8호서식 부표 2 공제감면세액계산서(2)상의 해당구분란의 최저한세 적용 감면배제금액을 기입함.

3. ⑰감면세액란에는 ⑮감면받고자 하는 세액에서 ⑯최저한세 적용 감면배제금액을 차감한 금액을 기입합니다.

참고문헌

【국 내】

김석호, 「주식매입 선택권의 회계 및 세무」, 1996.
김영규, 「최신경영학원론」, 박영사, 1994
김영우, 「벤처비지니스 육성의 정책방향」, 기술관리, 1983.
______, 「벤처비지니스의 모험성과 기술적 효과」, 한국기술개발, 1989.
김종재, 「중소기업경영론 : 이론과 사례」, 박영사, 1991.
김창수, 「경영전략측면에서의 스톡옵션제」, 세미나자료, 1996. 12.
김철교 · 조준희, 「벤처기업 창업과 경영, 삼영사」, 1999.
김춘열, 「벤처경영전략 이야기」, 한솔미디어, 1996. 8
대한상의 한국경제연구센터, 「모험기업, 모험자본, 기술창업인」, 1984. 11.
박춘엽, 「중소기업경영론」, 학문사, 1997.
______, 「중소기업창업과 사업성분석」, 도서출판 진선, 1991.
박춘엽 · 박영배, 「중소기업경영론」, 학문사, 1988.
박춘엽 · 양갑모, 「소매점창업과 사업성분석」, 도서출판 스몰비지니스, 1988.
송영석 · 이상정, 「지적재산법」, 세창출판사, 1996
신용하 · 이인우 · 장동훈, 「창업과 벤처」, 극동기술경영연구원, 1998.
오상락 · 김종진 「중소기업경영론」, 한국방송대학교 출판부, 1997.
이장우, 「벤처경영」, 매일경제신문사, 1997.
이장우 · 김선룡, 「벤처기업의 현황과 발전방향」, (사) 벤처기업협회, 1998.
조규호, 「작은부자들」, 도서출판 스몰비지니스, 1997.
중소기업은행, 「중소기업 창업실무」, 1994.
중소기업청, 「벤처기업창업 및 고용안정계획」, 1998. 4.
__________, 「중소기업청과 중소기업지원 제도」, 1996.
__________, 「벤처기업 육성에 관한 특별조치법 시행규칙」, 1997.
중소기업협동조합중앙회, 「'90년대 중소기업 경영전략」, 1990.
한국경영실무연구소, 「소자본 창업포인트」, 1994.
한국기술개발(주), 「기술개발자금지원사업의 효과분석」, 1986. 2.

한국생산성본부,「사업계획서 작성가이드」, 1993.
__________,「중소기업 창업총서」, 1989.
한국종합기술금융,「벤처기업 성공이야기」, 21세기북스, 1994. 9.
홍성도,「벤처기업 창업경영론」, 학문사, 1998.
_____,「벤처비지니스의 이해」, 학문사, 1998.
황만순,「창업실무」, 학문사, 1998.

【국 외】

百瀨惠夫,「日本のベンチャ-ビジネス」, 白桃書房, 1995.
社內企業硏究會,「起業家, ビジネスマンの條件」, 1991.
硏究開發型企業育成センタ-,「ベンチャ-フォ-ラム」, 1989. 各號
日刊工業新聞社,「ベンチャ-ハンドブック」, 1998.
日本創造學會,「創造的 起業家の適性テスト」, 1997.
田代貞之,「廣告と知的所有權」, 白桃書房, 1995.
早稻田大學Entrepreneur硏究會,「ベンチャー企業の經營と支援」,日本經濟新聞社, 1998.
淸成忠南,「ベンチャ · ビジネス論」, 越後和典 編, 1997. 「産業組織論」, 有斐閣, 1973.
Abernathy, William J. and Kenneth Wayne, *"Limits of the Learning Curve"*, Harvard Business Review, September-October, 1974.
Clifford. M. Baumback, *"How to Organize and Operate A Small Business"*, Prentice-Hall, Inc., 1985.
Cooper, Arnold C., Gary E. Willard, and Carolyn, Y. Woo, *"Strategic of High-Preformance New and Small Firms : A Reexamination of the Niche Concept"*, Journal of Business Venturing, 1, 1986.
D. McClelland., *"The Achieving Society"*, Preceton : D. Van Nostrand Co., 1961.
H. P. Coleman & J. D. Vandeberge, *"How to Follow the Leader"*, INC. 1988. 7
J. G. Logenecker & C. W. Moor, *"Small & Business Management"*, 1987.

Kotler, P.1983, *"Principles of Marketing"*, 2nd ed., Englewood Cliffs, NJ : Prentice-Hall,

Inc.

Ian MacMillan, *"Criteria Used by Venture Capitalists Evaluate New Proposals"*, Journal of Bussiness Venturing, McGraw-Hill Book Company, 1985.

Takeru Obe, Shuji Honjo & Ian MacMillan, *"Entrepreneurs in Japan & Sillicon Valley : A Studt of Perceived Differences"*, Journall of Business Venturing, 1991. 6

Takeru Obe, Shuji Honjo & Ian MacMillan, *"US Businesswomen : Are they different?"*, The Committee of 200, October, 1992.

Wendell O. Metcalt, *Starting and Managing a small Business of Your Own*, The Starting and Managing Series, Vol. 1 (3d ed.), U. S. Small Business Administration, Washington, 1973.

찾아보기

저자소개

■ 신용하(辛龍夏)

일본 오사까시립대학(大阪市立大學大學)에서 경영학박사(기술경영전공), 한양대학교에서 공학박사(연구개발·기술혁신전공)를 취득하였다. 미국 Iowa State University의 방문교수, 일본 와세다대학(早稻田大學), 오사까시립대학(大阪市立大學)의 객원연구원, 한국산업경영시스템학회수석부회장, 과학기술부 국가연구개발사업평가 위원장을 역임하였고, 현재는 경기대학교 공과대학 산업경영공학과 교수, 극동기술경영연구원 이사장으로 재직하고 있다.

► 주요저서

『기술경영원론』, 『기술·경영전략 길라잡이』,『기술경영의 이해』, 『창업벤처입문』, 『창업해결사』등 다수

► 주요논문

"Technology Management of Plant Industry"
"Chinese Introduction of Technology by Foreign Direct Investment & Its Function in the 1990s"
"Accident Prevention Strategy in Material Handling Activity for the Manufacturing Industry" 외 다수

► 상훈

- 대한민국 산업포상(운반하역용 호이스트 국산화 성공 공로)
- 산학연 기업인 대상
- 제7회, 12회 대한민국 과학기술 우수논문상

■ 김병찬(金炳贊)

경기대학교에서 공학박사(산업공학)를 취득하였다. 서일대학교 강의전담교수, 한국능률협회 평가위원, 한국능률협회 인증원 글로벌 스탠다드 경영대상 심사위원, 한국기술거래사회 부회장 및 사무국장을 역임하였고, 현재는 한국기술거래사회 부회장 및 극동기술경영연구원 원장으로 재직하고 있다.

► 주요저서

『TPM실무』, 『생산운영관리』,『기술경영의 이해』, 『생산혁신실무』등 다수

■ 김명환(金明煥)

한양대학교에서 안전공학 석사(소음 및 진동) 및 건축공학과 학사를 취득하였다.
현대건설 건축사업본부에서 해외 12년, 국내14년, 본사 5년, 근무하였으며, 서울과학기술대학교 건설학부 겸임교수, 경기도 및 인천광역시 기술심의위원, KOICA 기술평가 위원, 해외건설협회 중소기업 수주지원센터 자문위원으로 활동 중이며, 현재는 경기대학교 산학협력 단 건축공학 전공 교수로 재직하고 있다.

► 상훈

- 울산광역시장 공로표창 2000년
- 문화관광부 장관 공로표창 2001년

■ 이상기(李詳基)

경상대학교 이학사, 연세대학교 공학석사,
영남대학교 경영석사, 대전대학교 공학박사,
Ohio state univ. R&D PGM를 마쳤다.
관심 분야는 IT와 산업을 융합하는 융합산업과 미래 융합기술 개발이며, 한국전력공사 중앙교육원 교수, 대덕연구단지 전력연구원 책임연구원, 판매SI실장, 전력ICT처장, 한전지사장, PI추진처장, 행안부 국가지적정보위 위원, 이앤이텍 대표를 역임 하였고, 현재는 경기대학교 컴퓨터과학전공 부교수로 재직하고 있다.

► 주요저서

융합 그리고 넥스트 이상기 교우사 2014.2.
인터넷과 전자상거래실무 이상기
(주)인포커뮤니티 2001.6.

► 상훈

동탑산업훈장 2010.6.8.
국가산업지식정보화사회구현 행정안전부
직책인증 IC카드 및 이용한 컴퓨터
보호장치(제0271782호)다수 특허청

도서명 청년창업길라잡이

저 자 신용하, 김병찬, 김명환, 이상기
발행인 강 성 관
발행처 드림플러스
주 소 우 150-091 서울시 영등포구 경인로 83길 3-4 센터플러스 714호
전 화 02-2164-1880~2
팩 스 02-2164-1594
메 일 dream-plus@dream-plus.co.kr
등 록 2011. 07.26 제 406-2011-00097호
발행일 2014년 02월 28일 초판 1쇄 발행

ISBN 978-89-97546-24-4 93320

가격 18,000원

이 도서의 국립중앙도서관 출판시도서목록(CIP)은 서지정보유통지원시스템 홈페이지(http://seoji.nl.go.kr)와 국가자료공동목록시스템(http://www.nl.go.kr/kolisnet)에서 이용하실 수 있습니다.(CIP제어번호: CIP2014006401)